高等职业教育护理专业新形态一体化系列教材

护理学导论（第2版）

◎

主编

王清秀　张苹蓉　邓红艳

中国教育出版传媒集团

高等教育出版社·北京

内容简介

"护理学导论"是护理专业的基础核心课程,更是护理学的启蒙课,它引导学生了解护理学的发展史及其发展趋势,明确护理学的基础理论及学科框架。该课程设置的目的是让学生在护理专业学习的入门阶段,全面了解护理专业的基础理论、基本思维、工作方法、专业素养与思维要求等,为培养学生的基本专业素质、提高学生独立思考和评判性思维能力,深入学习其他专业课程奠定基础。

本书共分十章,主要内容包括:绪论、医疗卫生服务体系、护理学的基本概念、护士与病人、护理相关理论、护理理论、护理程序、评判性思维与临床护理决策、护理与法、护理职业安全与防护。

教师如需获取本书配套教学课件,请登录"高等教育出版社产品信息检索系统"(http://xuanshu.hep.com.cn/)免费下载。

本书可作为高等职业教育专科、本科护理、助产专业学生的教学用书,也可作为护理工作者的参考用书。

图书在版编目(CIP)数据

护理学导论 / 王清秀,张苹蓉,邓红艳主编.
2版. -- 北京:高等教育出版社,2025. 2. -- ISBN
978-7-04-063273-6

Ⅰ. R47

中国国家版本馆 CIP 数据核字第 2024G55M33 号

护理学导论

HULIXUE DAOLUN

策划编辑 陈鹏凯	责任编辑 陈鹏凯	封面设计 贺雅馨		版式设计 童 丹
责任绘图 马天驰	责任校对 胡美萍	责任印制 赵 佳		

出版发行	高等教育出版社	网 址	http://www.hep.edu.cn
社 址	北京市西城区德外大街 4 号		http://www.hep.com.cn
邮政编码	100120	网上订购	http://www.hepmall.com.cn
印 刷	人卫印务(北京)有限公司		http://www.hepmall.com
开 本	787mm×1092mm 1/16		http://www.hepmall.cn
印 张	15.25	版 次	2019 年 1 月第 1 版
字 数	290 千字		2025 年 2 月第 2 版
购书热线	010-58581118	印 次	2025 年 9 月第 2 次印刷
咨询电话	400-810-0598	定 价	42.00 元

本书如有缺页、倒页、脱页等质量问题,请到所购图书销售部门联系调换
版权所有 侵权必究
物 料 号 63273-00

《护理学导论》（第2版）编写人员

主　编　王清秀　张苹蓉　邓红艳

副主编　王　腾　朱海豫　钱俊轩

编　者（以姓氏汉语拼音为序）

陈　焕（仙桃职业学院）

邓红艳（宜昌市中心人民医院）

钱俊轩（鄂州职业大学）

苏　娟（武汉大学人民医院）

苏　莹（武汉大学人民医院）

王清秀（武汉大学第一临床学院）

王　腾（武汉大学人民医院）

杨　彦（湖北中医药高等专科学校）

张苹蓉（武汉东湖学院）

朱海豫（随州职业技术学院）

第 2 版前言

"护理学导论"是护理专业的基础核心课,课程设置的目的是让学生在护理专业学习的入门阶段,明确护理学的基础理论及学科框架,了解专业的核心价值观及其发展趋势,为全面提高学生的基本专业素质,培养学生独立思考和评判性思维能力,深入学习其他专业课程奠定基础。本教材第 1 版自 2019 年出版以来,被全国高等职业院校广泛使用,得到了广大师生的一致好评。

党的二十大报告指出"坚持人民至上、生命至上,最大限度保护人民群众生命安全和身体健康"。为贯彻党的教育方针,落实立德树人根本任务,我们组织了本次修订,将思政教育贯穿于护理学专业教育的全过程,着力培养"尚德精术、大爱无疆"的高素质护理人才。

本次修订在充分调研第 1 版教材使用反馈的基础上,与时俱进,吸取优点,作了一些增减。将每一章的教学目标细化为知识目标、能力目标和素养目标,每个目标设置具体、明确,可观察、可检测;结合课程特点,在相关章节中加入思政案例,深入挖掘思政元素,实现价值引领、知识传授及技能培养三位一体。

本书在编写过程中,得到各位编者所在院校及附属医院的鼎力支持,在此表示衷心的感谢!

由于能够参考与收集的资料有限,加之编者知识水平的限制,本教材难免会有疏漏之处,敬请使用本书的广大读者惠予指正,以使本教材能够日臻完善。

王清秀　张苹蓉　邓红艳
2024 年 8 月

第1版前言

"护理学导论"是护理专业的入门基础核心课。通过对该课程的学习,引导学生了解护理学的发展史及其发展趋势,明确护理学的基础理论及学科框架,掌握护理学的基本概念、基本工作方法,为全面提高学生的基本专业素质,培养学生独立思考和评判性思维能力,深入学习其他专业课程奠定基础。

随着社会的进步与科学技术的发展,护理学领域发生了很大变化,护理理念、知识、技术和方法不断创新,相继出台了诸多新的行业标准和指南。我们以《"健康中国2030"规划纲要》为指导,组织编写了本书。全书共分十章,主要内容包括:绪论、医疗卫生服务体系、护理学的基本概念、护士与病人、护理相关理论、护理理论、护理程序、评判性思维与临床护理决策、护理与法、护理职业安全与防护等。此次教材编写注重理论联系实践,以情景案例导入相关内容,使理论密切联系临床实践,另外文中增加了知识链接以拓宽学生的知识领域。为利于学生自我检测与评价,每章结束后增加了自测题。在教材编写过程中力求观点准确,逻辑合理,语言精练,内容翔实并适当体现护理学领域的新理论、新知识和新动态。

本书在编写过程中,得到高等教育出版社和参编院校及附属医院的大力支持,在此致以诚挚的感谢!

由于编者水平和能力有限,本书难免会有疏漏之处,敬请广大读者惠予指正,以使本教材日臻完善。

王清秀　张苹蓉　邓红艳

2018 年 5 月

目　　录

IV

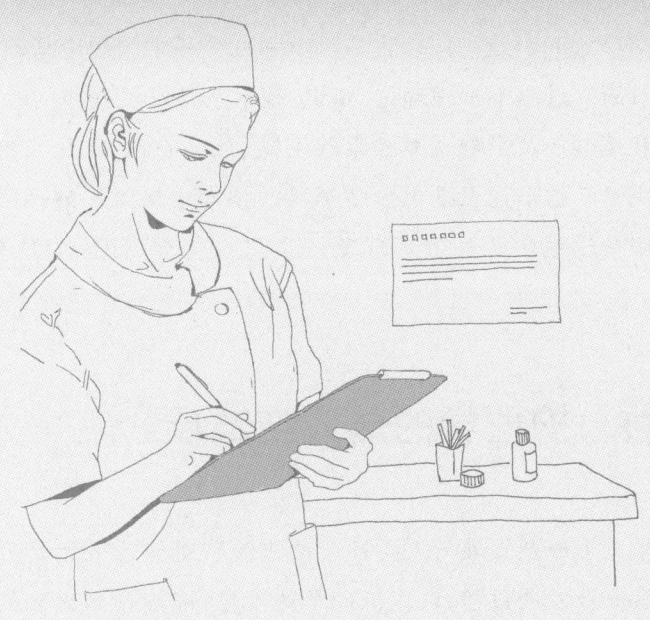

第一章　绪论

思维导图

学习目标

◇ **知识目标**

1. 掌握南丁格尔对护理学发展的贡献；

2. 掌握护理学的任务、范畴和工作方式；

3. 熟悉中国护理学的发展概况,熟悉护士应具备的素质；

4. 了解世界护理学的形成,中国护理工作的展望；

5. 了解护士素质的提高途径。

◇ **能力目标**

1. 能根据病人表现采用不同的护理工作方式；

2. 在实践工作中不断学习,提高自我修养。

◇ **素养目标**

1. 培养学生对护理工作的敬业精神和责任感；

2. 培养学生具有发展和提高职业素质的意识；

3. 具有对护理职业美好的憧憬；

4. 树立正确的价值观。

护理学(nursing)是一门以自然科学和社会科学为理论基础,研究有关预防保健、疾病治疗及康复过程中护理理论、知识、技术及其发展规律的综合性应用科学。护理学的内容和范畴涉及影响人类健康的生物、社会心理、文化及精神各个方面,其研究方法是应用哲学的辩证思维观和多学科的技术成果对护理现象进行整体的研究,以探讨护理服务过程中各种护理现象的本质及规律,并形成具有客观性及逻辑性的科学。

第一节　护理学的形成与发展

护理学的形成及发展与人类社会的进步和健康需要密切相关。回顾历史,才能更好地了解专业发展过程,认识护理学的现在,准确预测未来的发展趋势,从而推动护理学的发展。

一、世界护理学的形成

护理学是一门古老的艺术,同时也是一门年轻的专业。护理的起源可以追溯到原始人类,也就是说,自从有了人类,就有护理活动的存在。但直到19世纪中叶,护理才逐渐成为一门学科。纵观护理的发展,可以分为以下几个阶段。

(一) 古代护理

1. 公元前后的护理　地球上自从有了人类,就有了生、老、病、死的问题,人类为解除或减轻自身的疾病及痛苦,就需要护理,其护理照顾方式与当时人们对造成疾病和伤害的原因以及对生命的看法有关。

护理是人类谋求生存的本能和需要。远古人在与自然的搏斗中,经历了猛兽的伤害和恶劣环境的摧残,自我保护成为第一需要,北京猿人在火的应用中,认识到烧热的石块、砂土不仅可以局部供热,还可以消除疼痛,这就是最早的护理。护理是人类在与自然斗争中进行自我保护的产物,人类为了谋求生存,在同自然做斗争的过程中,积累了丰富的生活和生产经验,逐渐形成了原始的"自我保护"的医护照顾方式。

为了在恶劣的环境中求生存,人们逐渐聚居,并按血缘关系组成以家族为中心的母系氏族公社。这时,人们开始定居,组成家庭并初步分工,作为母亲所具有的慈爱本性和保护家人的责任,必然会去照顾家庭中的幼弱者。人们有了伤病,便留在家中由母亲或妇女给予治疗和照护。当时,常用一些原始的治疗护理方法为伤病者解除痛苦,促进康复,如伤口包扎、止血、热敷、按摩以及饮食调理等。这一时期的医疗和护理不分,形成了"家庭式"医护照顾。

在原始社会中,当人们对天灾、人祸或一些自然现象不能解释时,就产生迷信和宗教,巫师也应运而生。与此同时,也有人应用草药或一些治疗手段治病。此时,迷信、宗教与医药混合在一起,医巫随着社会发展,在征服伤病的过程中,经过实践和思考,一些人摒弃了祈求、献祭和巫术,只给病人用草药和一些简单的治疗手段,加上饮食调理和生活照顾,形成了集医、护、药于一身的原始医生,很多护理工作由病人母亲或家庭中其他女性成员担任,这种情况持续了数千年。因此,当时的护理记录主要是对一些文明古国的医疗及护理发展的记录。

早在公元前 16 世纪,古埃及人就开始计划安排当时古埃及人的卫生设施及食品制作过程,以减少疾病的传播。当时古埃及人已经能够应用各种草药、动物及矿物质制成丸、膏等制剂来治疗疾病,同时也有了对伤口进行包扎、止血、催吐、灌肠以净化身体等护理技术。但当时的宗教与医、护、药不分,治疗疾病的主要方法仍然为驱魔等宗教手段。当时的护理工作主要由古埃及妇女担任,为病人、老人及分娩的贵族妇女提供护理服务。

在古希腊神话中,医神为埃斯克雷庇,其女儿海吉亚是健康女神,并作为护士的化身深受人们的崇拜。从科学发展的角度讲,医学之父希波克拉底(Hippocrates)破除了宗教迷信,将医学引入科学发展的轨道,使公元前 6 世纪—公元前 4 世纪成为早期医学发展的黄金时代。他认为,从事医疗的人应以观察、诊断、记录等方法探求疾病的原因,然后对症治疗。他创造了"体液学说",并教会了人们应用冷热泥等敷法。他的医学誓言至今仍被许多国家尊为医学道德的规范,很多国家的护理学院也以修改的誓言作为护理专业学生毕业的誓词。

罗马最富有的家族法米利亚(Farrnilia)创建了私人医院。罗马医师伽伦(Galenos)以人体解剖的医学观点,创造了独特的医学体系。罗马人在当时非常注意环境卫生及个人保健,如供应清洁的饮水、修建浴室、修建大型的体育场所等,可以看成是预防疾病及促进健康的早期阶段。

印度早期是一个以佛教为主体的国家,医疗及护理都带有神秘的宗教色彩,以巫术及魔术为主要的治疗及护理手段。公元前 1600 年,在古印度波罗门教的经典《吠陀(The Ve-das)》中记录了道德及医疗行为的准则。要求大众注重公共卫生设施的建设、养成良好的卫生习惯,并叙述了医药、外科及预防疾病等方面的内容。

统一印度的国王阿索卡(Asoka)按照佛教的教义建立了多所东方最早的医院,并培养医护人员,重视疾病的预防,成立了类似现在的健康治疗小组,成员包括医师、护士、药剂师等,每个人的职责分明,共同承担预防及治疗疾病的任务。当时由于妇女不能外出工作,护理工作由男性承担,他们可以看成是最早的"护理人员"。当时对这些男护士的要求为身体健康、善良勤劳、忠于职守、具有照顾病人的技能,能满足病人的需要,顺从医师等。

2. 公元初期的护理(公元1年—公元500年)　公元初年,基督教兴起后,开始了教会一千多年对医护的影响。当时的护理带有很强的宗教色彩,主要是以基督教教会的宗教意识来安排及组织护理活动。教徒们宣扬"博爱""牺牲"等思想,神职人员在传播宗教信仰、广建修道院的同时,还开展医病、济贫等慈善事业,并建立了医院。这些医院最初为收容徒步朝圣者的休息站,后发展为收治精神病、麻风病等疾病的医院及养老院。远在公元330年时,一些献身于宗教的妇女,在从事教会工作的同时,还参加对老弱病残的护理,此时护理工作主要由修道院中女修道士执行,故有"修道派护理"之称,护理工作开始从家庭走向社会。修道士们多数虽未受过专门的训练,但她们出于宗教的博爱、济世救人的宗旨,工作认真,服务热忱,有奉献精神,受到了社会的赞誉和欢迎,是早期护理工作的雏形,对以后护理事业的发展有良好的影响。当时从事护理工作的除了女修道士外,还有贵族的妇女,她们具有丰富的学识、高尚的品格及热忱的服务态度。此阶段可以看成是以宗教意识为主要思想的护理最初阶段。

当时在基督教会的赞助下建立了许多医院、救济院、孤儿院、老人院等慈善机构,由女执事来访问服务对象。公元400年,基督教会的菲碧(Phoebe)首先组织修女建立了护理团体,从事护理工作。随后又有一些护理团体相继成立,使护理组织化、社会化。其中重要的影响人物有菲碧(Phoebe)、玛赛拉(Marcella)、菲毕奥拉(Fabiola)及波拉(Paula)等。

护士服装的演变源于公元9世纪,那时已有"修女应穿统一服装,且应有面罩"的规定。现今护士帽就由此演变而来,它象征着"谦虚服务人类"。图1-1为照顾病人的修女,她们的服装就是现代护士服的雏形。

图1-1　现代护士服的雏形

3. 中世纪的护理　中世纪的护理发展主要以宗教及战争为主题。当时的护理场所分为一般医疗机构及以修道院为中心的教会式医疗机构两种。教会式的医疗机构都遵循一定的护理原则,按照病人的病情轻重,将其安排在不同的病房。当时护理的重点是改变医疗环境,包括采光、通风及空间的安排等。

中世纪后期,基督教与伊斯兰教之间为了争夺耶路撒冷发动了十字军东征,这场战争长达200年之久。由于连年战争,伤病员数量大量增加,因此对随军救护人员的需求增加。战争中一些信徒组成救护团,男团员负责运送伤病员和难民,女团员负责在医院里护理伤病员,开始有了男性从事护理工作,护理人员的人数大量增加。当时的护理除了重视医疗环境的改善外,也重视护理人员的训练、护理技术的发展、在岗教育、对病人的关怀、工作划分等。但护理培训及护理实践很不规范。

当时在战争之外的欧洲各国，普遍建立了医院，大多数医院由教会控制，护理工作主要由修女承担，对需要接近男性身体方面的工作则被禁止，主要由地位低下的奴隶来做这些工作。

4. 文艺复兴时期的护理 从 14 世纪开始，由于文艺复兴、宗教改革及工业革命的影响，使文学、科学、艺术，包括医学等领域有了很大的发展及进步，出现了一批医学科学家，如比利时的维萨留斯（Vasalius）医师撰写了第一部人体解剖学书。随后，英国的威廉哈维（William Harvey）发现了血液循环的原理。从此，近代医学开始朝着科学的方向发展，并逐渐演变成了一门独立的专业。

而当时的护理工作仍然停留在中世纪的状态，并由于重男轻女、宗教改革及工业革命的影响，使护理事业落入了长达 200 年的黑暗时期。当时妇女得不到良好的教育，加上宗教改革，医院中的修女再也不能留在医院或其他医疗场所继续照顾病人。工业革命虽然促进了经济的繁荣，但同时也增强了人们的拜金意识，削弱了其博爱、奉献及自我牺牲精神，护理工作不再由充满爱心的神职人员来担任，而主要由因生活所迫的贫困人家的妇女担任。这类护理人员没有接受过护理训练，也没有护理经验，缺乏工作热情及爱心，爱慕钱财，服务态度恶劣，护理工作由此陷入了瘫痪状态。

直到 1576 年，法国的天主教神父圣·文森保罗（St. Vincent De Paul）在巴黎成立慈善姊妹会后这种状况才得以改观。他规定护理人员不一定是教会的神职人员，经过一定培训后，可为病弱者提供护理服务，因此深受人们的欢迎，也使护理逐渐摆脱教会的束缚，成为一门独立的职业。

（二）近现代护理学的发展

19 世纪后期，随着社会、科学和医学的发展与进步，欧洲相继开设了一些护士训练班，护理质量及护理人员的地位有一定的提高。1836 年，德国牧师西奥多·弗里德尔（Fliendner）在斯瓦茨开设了世界上第一个较为正规的护士训练班，招收年满 18 岁身体健康、品德优良的妇女给予护理训练。训练内容包括授课、医院实习、家庭访视。佛罗伦斯·南丁格尔（Florence Nightingale）曾在此接受训练。南丁格尔（1820—1910）是历史上最负盛名的护士，她对护理的贡献非常深远，被尊为现代护理的创始人。19 世纪中叶，南丁格尔首创了科学的护理专业，使护理学逐步走上了科学的发展轨道。这是现代护理学的开始，也是护理学发展的一个重要转折点。1860—1890 年，南丁格尔护士训练学校共培养学生 1 005 名，她们在各地创建护士学校，推行护理改革，弘扬南丁格尔精神，使护理工作有了崭新的面貌。国际上称这个时期为"南丁格尔时代"。现代护理学的发展主要是从南丁格尔时代开始的。

1. 南丁格尔生平　南丁格尔 1820 年 5 月 12 日出生于意大利的佛罗伦萨。她从小受过良好的教育,精通英、法、德、意大利、希腊及拉丁语,并擅长数理统计。她在上流社会非常活跃,但认为自己的生活应该更有意义。她曾在 1837 年的日记中写道:"我听到了上帝在召唤我为人类服务"。

当时在英国从事护理工作的除了修女之外,就是一些为生计所迫的贫困妇女,因此,社会上有一种鄙视护士的现象。南丁格尔不顾家庭的阻挠和社会舆论的压力,毅然决定去做护士。她曾经到法国、德国、希腊等地考查这些国家的护理概况,不但丰富了自己的阅历,而且坚定了立志于护理事业的决心。她自学有关护理知识,积极参加一些医学社团关于社会福利、儿童教育及医院设施的改善等问题的讨论。1850 年,她只身去德国的凯撒斯韦特(Kaiserswerth)参加一个护士训练班,并深入调查英、法、德国护理工作中存在的严重问题。

1853 年,南丁格尔又去法国学习护理组织工作,回国后被任命为英国伦敦妇女医院的院长。她强调新鲜的空气,舒适、安静的环境对病人身体康复的重要性,但当时的护理仍以家务劳动及生活照料为主。

1854—1856 年,为争夺巴尔干半岛的控制权,英、法等国与俄国爆发了克里米亚战争,英军的医疗设备及条件非常落后,当时在战场上浴血奋战的英国士兵由于得不到合理的救护而大批地死亡,伤员的死亡率高达 42%。这种状况被新闻媒体披露后,引起了英国朝野的极大震动及舆论的哗然。南丁格尔主动提出申请志愿前往战地医院担任看护工作,她率领精心挑选的 38 名护理人员抵达前线,凭着对护理事业的执着追求及抱负,顶住前线医院人员的抵制及非难,克服重重困难,在 4 所战地医院提供护理服务。在前线医院,她充分显示了自己各方面的才能,用自己募捐的 3 万英镑为医院添置药物及医疗设备,改善战地医院的环境及条件,优化医院的组织结构。她设法改善伤病员的伙食,为伤病员创造良好的环境,为解除伤病员的身心痛苦夜以继日地工作,被士兵誉为"提灯女神"。在她所率领护理人员的共同努力下,伤病员的死亡率由 42%下降到了 2.2%。她们的行为及工作成果,不仅震动了全英国,而且也改变了人们对护理的看法。经过克里米亚战争的护理实践,南丁格尔更加坚信护理是一门科学。她终身未婚,将自己的一生都奉献给了护理事业。1901 年,南丁格尔因操劳过度,双目失明。1907 年,英国国王颁发嘉奖令,授予南丁格尔一枚功绩勋章,她是英国历史上第一个接受此荣誉的妇女。1910 年,她在睡眠中与世长辞。她逝世后,遵照她的遗嘱,未举行国葬。

为了表彰南丁格尔对护理事业的贡献,国际护士理事会将南丁格尔的诞辰之日 5 月 12 日定为护士节,并成立了南丁格尔国际护士基金会,此基金主要作为各国的优秀护理人员继续学习的奖学金。在南丁格尔逝世后的第二年,国际红十字会正式确定颁发国际护理人员的最高奖项——南丁格尔奖。

知识链接

南丁格尔誓言

余谨以至诚,于上帝及公众面前宣誓:"终身纯洁,忠贞职守。勿为有损之事,勿取服或故用有害之药。尽力提高护理之标准,慎守病人家务及秘密。竭诚协助医生之诊治,勿谋病者之福利。"谨誓!

2. 南丁格尔对护理发展的贡献　南丁格尔对护理发展的贡献概括为以下几个方面。

(1) 开创了科学的护理事业　南丁格尔为护理事业向正规和科学化的方向发展奠定了基础,她所提出的护理理念是现代护理发展的基石。她认为护理是一门艺术,有其组织性、务实性及科学性。她确定了护理学的概念和护理人员的任务,提出了公共卫生的护理思想,重视病人的生理及心理护理,并发展了自己独特的护理环境学说。由于她的努力,护理逐渐摆脱了教会的控制及管理而成为一门独立的职业。

(2) 著书立说,阐述其基本护理思想　南丁格尔一生撰写了大量报告和论著,最著名的是《医院札记》及《护理札记》。在《医院札记》中她对医院建筑、管理和卫生保健工作,提出了很多有针对性和实用价值的改进意见。在《护理札记》中她阐述了护理工作应遵循的指导思想和原理,详细论述了对病人的观察及精神、卫生、饮食对病人的影响。这两本书被译成多种文字,多年来被视为各国护理人员必读的经典护理著作。同时,她先后发表了 100 多篇护理论文,答复了上千封各地的读者来信。

(3) 创建世界上第一所护士学校　南丁格尔坚信护理工作是一项正规的职业,必须由接受过正规训练的护理人员担任。1860 年,南丁格尔在英国伦敦的圣托马斯医院开办了第一所护士学校。她的办学宗旨是将护理作为一门科学的专业,采用新的教育体制及方法来培养护理人员,为正规的护理教育奠定了基础。其办学模式、课程设置及组织管理模式为欧洲许多护士学校的建立奠定了基础,促进了护理教育的迅速发展。

(4) 创立了一整套护理制度　南丁格尔提出护理要采用系统化的管理方式,强调在设立医院时必须先确定相应的政策,使护理人员担负起护理病人的责任,并要适当授权,以充分发挥每位护理人员的潜能;还要求护理人员必须接受专门的培训。在护理组织的设立上,要求每家医院必须设立护理部,并由护理部主任来管理护理工作。她还设立了医院设备及环境方面的管理要求,提高了护理工作效率及护理质量。

她同时强调护理伦理及人道主义护理观念,要求平等对待每位病人,不分信仰、种族、贫富,给病人平等的护理。

二、现代护理学的发展阶段

自南丁格尔创建科学的护理专业以来,护理学科不断发展变化,不断完善。从护理学的理论和实践研究来看,现代护理可概括地分为 3 个阶段。

(一) 以疾病为中心的护理阶段(1860 年—20 世纪 40 年代)

现代护理学的初期,医学科学的发展逐渐摆脱了宗教和神学的影响,各种科学学说被揭示和建立,在解释健康与疾病的关系上,人们认为疾病是由于细菌和外伤引起的机体结构改变和功能异常,认为"有病就是不健康,健康就是没有病"从而形成了"以疾病为中心"的医学指导思想。因此,协助医生诊断和治疗疾病成为这一时期指导护理工作的基本观点。

此期的护理特点:① 护理已成为一门专门的职业,从事护理的人员需要接受专门的培训。护理从属于医疗,护士是医生的助手。② 护理工作的主要内容是执行医嘱和各项护理技术操作,护理教育者和护理管理者都把护理操作技能作为保证护理工作质量的关键。在实践中逐步形成了一套较规范的疾病护理常规和护理技术操作常规。③ 以疾病为中心的护理观点以协助医生消除病人身体上的病灶为目的,忽视了人的整体性。

(二) 以病人为中心的护理阶段(20 世纪 40 年代—70 年代)

这个阶段主要是建立在新健康观和生物—心理—社会医学模式的基础上,20 世纪 40 年代,社会科学中许多有影响的理论和学说相继被提出和确立,如系统论、人的基本需要层次论、人和环境的相互关系学说等,为护理学的进一步发展奠定了理论基础,促使人们重新认识人类健康与心理、精神、社会环境之间的关系,使护理发生了根本性变革。同时,护理程序的提出使护理有了科学的方法,并相继出现了一些护理理论,提出应重视人是一个整体。在这些思想的指导下,护理发生了根本性的变革,从"以疾病为中心"转向"以病人为中心"的护理。

此期的护理特点:① 护理已经发展成为一个专业,逐步形成了自己的理论知识体系。② 应用具有专业特点的科学工作方法对病人实施整体护理。护士的实践领域从单纯被动执行医嘱和执行护理技术操作,扩展到运用"护理程序"对病人提供全身心的整体护理、解决病人的健康问题、满足病人的健康需求,体现出更多的护理专业特色。③ 护士主要的工作场所局限在医院内,服务对象以病人为主,未涉及群体保健及全民健康。

（三）以人的健康为中心的护理阶段（20 世纪 70 年代至今）

随着社会的发展，科学技术的日新月异，疾病谱发生了很大的变化。过去威胁人类健康的传染病得到了很好的控制，而与人的行为生活方式相关的疾病如心脑血管病、恶性肿瘤、意外伤害等成为威胁人类健康的主要问题。同时，随着人们物质生活水平的提高，人类对健康的需求也日益增强。1977 年世界卫生组织（WHO）提出了"2000 年人人享有卫生保健"的战略目标，这一目标成为各国健康保健人员的努力方向，对护理的发展起到了极其重要的作用，使"以人的健康为中心"的护理成为必然。

此期护理的特点：① 护理学已成为现代科学体系中一门综合自然、社会、人文科学知识的、独立的为人类健康服务的应用性学科。② 护理工作任务由护理疾病转向促进健康，工作对象由原来的病人扩大为全体人类，包括个体、家庭和社区。③ 护理工作场所由医院走向社区。护士成为向社会提供初级卫生保健的最主要力量。

三、中国护理学的发展概况

（一）中医学与护理

我国传统医学历史悠久，其特点是医、护、药不分；强调"三分治七分养"，养即护理；有其独特的理论体系，按阴阳、五行、四诊、八纲辨证施治；病因方面考虑内伤七情、外感六淫等心理及环境因素；治疗时把病人作为一个"人"来全面考虑。中医学丰富的医学典籍及历代名医传记中，有护理技术和理论的记载，许多内容对现代护理仍有指导意义。

春秋末年，齐国名医扁鹊提出"切脉、望色、听声、写形，言病之所在"，这不仅为创立医学做出了贡献，且说明了病情观察的方法和意义。西汉著名的《黄帝内经》是我国现存最早的医学经典著作，全书强调整体观念和预防思想，记载着疾病与饮食调节、精神因素、自然环境和气候变化的关系，如"五谷为养，五锅为助，五畜为益，五菜为充""肾病勿食盐""怒伤肝，喜伤心……"等。并提出要"扶正祛邪"，加强自身防御和"圣人不治已病治未病"的防御观点。东汉末年名医张仲景总结自己和前人的经验，著有《伤寒杂病论》，发明了猪胆汁灌肠术、人工呼吸和舌下给药法。三国时期外科名医华佗在医治疾病的同时，创造了模仿虎、鹿、猿、熊、鸟动作姿态的"五禽戏"，以活动关节，增强体质，预防疾病。晋朝葛洪所著《肘后方》中有筒吹导尿术的记载："小便不通，土瓜捣汁，人少水解之，筒吹人下部"（筒是导尿工具）。唐朝医学进一步发展，名家辈出，如巢元方、孙思邈、陈士良、张文仲等。巢元方等人编著的《诸病源候论》说明各种疾病的病因、症状、病理、诊断、预防及护理。孙思邈著有《千金要方》及《千金翼方》，除总结前人和自己的医学经验外，还提倡应有高尚的医德；他还改进了前人的筒吹导尿术，采用细葱管进行导尿。宋、元朝时，毕昇发明了活字印刷术，给医学著作的整理、研究、传播创造了有利的条件。明朝医药学专家李时珍所著《本草纲目》，后被译成多种文字，对我国及世界药物学的发展均有很大影响。吴有性著《温疫论》，对一些传染病的致病因素和防治方法作了探讨。清朝时期的医学名家通过实践和总结，使温病理论更趋完善，很多医生对"七分养"都很重视，并提出了一些具体措施。随着医药学的发展，有许多行之有效的调养和护理方法散在地记录于中医的著作中，但由于中医学之中医、护、药不分，护理没有得到独立发展的机会。

（二）中国近代护理的发展

中国近代护理的发展与我国的历史发展密切相关。鸦片战争后，各国的传教士涌入中国，除建立教堂进行传教外，还修建了一些医院和学校。

1820 年，英国医生在澳门开设诊所。

1835 年，美国传教士伯驾（Peter. Parker）在广州开设了第一所西医院，两年后，这所医院以短训班的形式开始培训护理人员。

1884 年，美国护士兼传教士麦克尼（E. Mckechnie）来华，在上海妇孺医院推行现代护理，于 1887 年开设护士训练班。

1888 年，美国护士约翰逊（Johnson）在福州一所医院里开办了我国第一所护士学校。

1900 年以后，中国各大城市建立了许多教会医院，一些城市设立了护士学校，逐渐形成了我国护理专业队伍。

1909 年，中国护理学术团体"中华护士会"在江西牯岭成立（1936 年改为中华护士学会，1964 年改为中华护理学会）。

1920 年，中华护士会创刊《护士季报》。中国协和医学院建立了协和高等护士专科学校，是中国第一所具有本科水平的护士学校。该校招收高中毕业生，学制 3～4 年，在燕京大学、金陵女子文理学院、东吴大学、岭南大学、齐鲁大学 5 所大学设有预科，学生毕业后发给"护士"文凭。

1922 年，中华护士会加入国际护士会，以加入顺序名列第 11 个会员国。

1931 年，在江西开办了"中央红色护士学校"，这是红军自己的第一所护士学校。

1932 年，国民政府中央护士学校在南京成立，学制 3～4 年，是中国的第一所正规的公立护士学校。

1934 年，国民政府教育部成立医学教育委员会，下设护理教育专门委员会，将护理教育改为高级护士职业教育,招收高中毕业生,护理教育纳入国家正式教育体系。

1941 年,在延安成立了"中华护士学会延安分会"。毛泽东同志于 1941 年和 1942 年两次为护士题词:"尊重护士,爱护护士""护理工作有很大的政治重要性"。

(三)中国现代护理的发展

中华人民共和国成立后,在卫生工作"面向工农兵,以预防为主,团结中西医及卫生工作与群众运动相结合"方针指引下,中国的医疗卫生事业有了很大发展,护理工作进入了一个新时期。特别是党的十一届三中全会后,改革开放政策进一步推动了护理事业的发展。

1. 护理教育 目前我国已经形成了中专、专科、本科、研究生 4 个层次的护理教育体系。

(1)中等护理教育 1950 年第一届全国卫生工作会议将中等专业教育作为培养护士的唯一途径,由卫生部制定全国统一教学计划和编写统一教材,高等护理教育停止招生。1961 年,北京第二医学院再次开办高等护理教育。1966—1976 年"文革"期间,护士学校被迫停办。1970 年后,为解决护士短缺的问题,许多医院开办了二年制的护训班。1979 年原卫生部先后下达《关于加强护理工作的意见》和《关于加强护理教育工作的意见》,加强和发展护理工作和护理教育,统一制定了中专护理教育的教学计划,编写了教材和教学大纲,接着恢复和发展高等护理教育。

(2)高等护理教育 1980 年,南京医学院率先开办高级护理专修班。1983 年,天津医学院首先开设护理本科课程。1984 年,教育部和卫生部召开全国高等护理专业教育座谈会,明确要建立多层次、多规格的护理教育体系,培养高层次护理人才,充实教学和管理等岗位,以提高护理工作质量,促进学科发展,尽快缩小与先进国家的差距。这次会议不仅是对高等护理教育的促进,也是我国护理学科发展的转折点。

1985年,全国11所高等医学院校设立了护理本科教育。

（3）硕士护理教育　1992年,从北京开始了护理学硕士研究生教育。目前全国已有百余个护理硕士授予点。

（4）博士护理教育　2004年,第二军医大学、中南大学护理学院开始招收护理学博士研究生,标志着我国（内地）护理学博士研究生教育的开始。截至2008年,我国进行护理学博士研究生招生的院校达10所,主要分布在各军医大学及卫生部直属院校中。

（5）护理岗位教育及继续教育　自20世纪80年代以来,许多地区开展各种形式的护理成人教育,促进了护理人才的培养,体现了终身教育对护理队伍建设的意义。1997年,中华护理学会在无锡召开继续护理学教育座谈会,制定了相应的法规,从而保证继续护理学教育走向制度化、规范化、标准化。

2. 护理管理

（1）护理行政管理体系　为了加强对护理工作的领导,完善护理管理体制,我国国家卫生健康委员会医政司设立了护理处,负责全国护士的管理,制定了有关政策法规。各省市自治区卫生厅（局）在医政处下设专职护理干部,负责管辖范围内的护理管理,各地医院也大力整顿护理工作,建立健全了护理指挥系统。

（2）晋升考核制度　1979年国务院批准卫生部颁发了《卫生技术人员职称及晋升条例（试行）》,明确规定了护理专业人员的高级、中级和初级职称。根据这一条例,为各地制定了护士晋升考核的具体内容和方法,护士的技术职称根据业务技术水平的高低分为主任护师、副主任护师、主管护师、护师、护士5级。

（3）执业注册制度　1993年3月卫生部颁发了我国第一个关于护士执业和注册的部长令和《中华人民共和国护士管理办法》,1995年6月首次举行全国范围的护士执业资格考试,考试合格获执业资格证书方可申请注册,护理管理工作开始走向法制化轨道。2008年5月12日,国务院颁布的《护士条例》开始正式实施,这是我国第一次为护士的权利和义务进行立法,标志着我国护士执业有了法律保障,护理管理也进一步被纳入了法制化。

3. 临床护理工作　自1950年以来,临床护理工作一直以疾病为中心,护理技术操作常规多围绕完成医疗任务而制定,医护分工明确,护士为医生的助手,护理工作处于被动状态。1980年以后,随着我国的改革开放,逐渐引入国外有关护理的概念和理论,认识到人的健康与疾病受心理、社会、文化、习俗等诸多因素的影响,护理人员开始加强基础护理工作,并分析、判断病人的需求,探讨如何以人为中心进行整体护理,应用护理程序为病人提供积极、主动的护理服务,护理工作的内容和范围不断扩大。同时,器官移植、显微外科、重症监护、介入治疗、基因治疗等专科护理,中西医结合护理、社区护理等迅速发展。

4. 护理学术交流　1950 年以后,中华护士学会积极组织国内的学术交流。1977 年以来,中华护理学会和各地分会先后恢复学术活动,多次召开护理学术交流会,举办各种不同类型的专题学习班、研讨会等。中华护理学会及各地护理学会成立了学术委员会和各护理专科委员会,以促进学术交流。1954 年创刊的《护理杂志》(1977 年复刊,1981 年更名为《中华护理杂志》)。《护士进修杂志》《实用护理杂志》等近 20 种护理期刊相继创刊。护理教材、护理专著和科普读物越来越多。1993 年中华护理学会设立护理科技进步奖,每两年评奖一次。1980 年以后,国际学术交流日益增多,中华护理学会及各地护理学会多次举办国际学术会议、研讨会等,并与多个国家开展互访活动,提供相互学习和了解的机会。各医学院校也积极参与国际学术交流,同时,选派一批护理骨干和师资队伍出国深造或短期进修,获硕士学位或博士学位后回国工作。1985 年,原卫生部护理中心在北京成立,进一步取得了 WHO 对我国护理学科发展的支持。通过国际交流,开阔了眼界,活跃了学术氛围,增进和发展了我国护理界与世界各国护理界的友谊,促进了我国护理学科的发展。

四、中国护理工作的展望

为进一步加快护理事业发展,满足人民群众健康需求,结合当前我国护理事业发展现状,原国家卫生计生委制定了《全国护理事业发展规划(2016—2020 年)》。

(一) 护理发展主要目标

坚持以改善护理服务,提高护理质量,丰富护理内涵,拓展服务领域为重点,以加强护士队伍建设和改革护理服务模式为突破口,以进一步推进优质护理服务向纵深开展,不断提升护理管理科学化水平,逐步健全老年护理服务体系,推动护理事业全面、协调、可持续发展。

(二) 护理发展重点任务

1. 加强护士队伍建设

(1) 落实相关法律法规,维护护士合法权益　采取有力措施督促医疗机构落实《护士条例》等,在保证人力配置、提升薪酬待遇、防控和减少护理职业健康危险因素等方面加大落实力度,切实维护和保障护士合法权益和身心健康,稳定和发展好护士队伍。

(2) 增加注册护士总量,满足临床工作需求　根据当前医药卫生体制改革和卫生事业发展的迫切需求,采取有效措施持续增加注册护士数量,特别是基层医疗机构的护士数量。

（3）建立护士培训机制，提升专业素质能力　建立"以需求为导向，以岗位胜任力为核心"的护士培训制度。重点加强新入职护士、专科护士、护理管理人员、社区护士、助产士等的培训，切实提高护理专业素质和服务能力。

（4）建立护士分层级管理制度，明确护士职业发展路径　将护士分层管理与护士的薪酬分配、晋升晋级等有机结合，明确护士职业发展路径，拓宽护士职业发展空间。

（5）发展专科护士队伍，提高专科护理水平　建立专科护士管理制度，明确专科护士准入条件、培训要求、工作职责及服务范畴等。加大专科护士培训力度，不断提高专科护理水平。

2. 提高护理服务质量

（1）完善护理工作制度、服务指南和技术规范　根据医学科学技术发展和临床诊疗工作需求，完善护理工作规章制度、临床护理服务指南和护理操作技术规范。

（2）继续深入推进优质护理　进一步扩大优质护理服务覆盖面，提高开展优质护理的县级医院和基层医疗机构比例。继续推动各级各类医疗机构深化"以病人为中心"的服务理念，大力推进优质护理服务，落实责任制整体护理。护士运用专业知识和技能为群众提供医学照顾、病情观察、健康指导、慢病管理、康复促进、心理护理等服务，体现人文关怀。

（3）持续改进护理服务质量　建立完善护理质量控制和持续改进机制，运用科学方法不断改进临床护理实践；明确护理质量控制关键指标，利用信息化手段，建立定期监测、反馈制度，不断提高护理质量，保障患者安全。

（4）提高基层护理服务水平　通过对口支援、远程培训、在岗培训等方式，加强基层护士的培养，提高其护理服务能力，特别是健康管理、老年护理、康复促进、安宁疗护等服务能力。

3. 加强护理科学管理

（1）完善护士执业管理制度　应对患者和群众健康需求，结合医学和护理专业发展，根据护士执业能力，修订护士执业注册和医疗管理制度。

（2）逐步实施医院护理岗位管理　完善并推进医院护理岗位管理制度，在提高护士薪酬待遇的基础上，建立科学的护士绩效考核和薪酬分配制度，体现多劳多得、优劳优酬。

（3）加强护理信息化建设　借助大数据、云计算、物联网和移动通信等信息技术的快速发展，大力推进护理信息化建设，积极探索创新优化护理流程和护理服务形式，强化移动医疗设备等护理应用信息体系，提高护理服务效率和质量，减轻护士工作负荷。同时，为实现护理质量持续改进、护理管理更加科学化、精细化等提供技术支撑。逐步实现护理资源共享、服务领域拓展，地区间护理工作水平共同提高。

4. 拓展护理服务领域

（1）大力推进老年护理　积极应对人口老龄化,逐步建立以机构为支撑、社区为依托、居家为基础的老年护理服务体系。健全完善老年护理相关服务指南和规范。加强老年护理服务队伍建设,开展老年护理从业人员培训,不断提高服务能力。要发展医养结合,为老年人提供治疗期住院、康复期护理、稳定期生活照料、安宁疗护一体化的健康养老服务。

（2）加快社区护理发展　加强社区护士队伍建设,增加社区护士人力配备,通过"请进来、送出去"等方式加强社区护士培训,使其在加快建设分级诊疗制度和推进家庭医生签约服务制度中,充分发挥作用。

（3）开展延续性护理服务　鼓励医疗机构充分发挥专业技术和人才优势,为出院患者提供形式多样的延续性护理服务,将护理服务延伸至社区、家庭,逐步完善服务内容和方式,保障护理服务的连续性;与基层医疗机构和老年护理服务机构等建立合作联系,完善双向转诊机制,建立预约就诊、紧急救治的"绿色通道",提高医疗效率,满足群众健康需求。

（4）加快护理员队伍建设　探索建立护理员管理制度,明确护理员资质、职责、服务规范及管理规则等,保障护理质量和安全。制定护理员培训大纲,大力加强护理员培训,规范服务行为,提高人员从业能力。鼓励有条件的医学院校、行业学会开展护理员的培养,切实增加护理员数量,满足群众和社会需求。

5. 加强护教协同工作,提高护理人才培养质量

以需求为导向,探索建立护理人才培养与行业需求紧密衔接的供需平衡机制,引导地方和学校根据区域健康服务业发展需求,合理规范确定护理人才培养规模和结构。加强护理专业人文教育和职业素质教育,强化临床实践教学环节,注重职业道德、创新精神和护理实践能力培养。加强师资队伍和临床实践教学基地能力建设。

6. 推动中医护理发展

大力开展中医护理人才培养,促进中医护理技术创新和学科建设,推动中医护理发展。充分发挥中医护理在疾病治疗、慢病管理、养生保健、康复促进、健康养老等方面作用。

7. 加强与国际及港澳台地区的交流与合作

全方位、多层次、多渠道开展护理领域与国际及港澳台地区间的合作交流,学习和借鉴先进护理理念、实践经验、教育和管理,按照国际交流部署和推进与"一带一路"沿线国家卫生与健康合作要求,加强在护理人才培养、业务技术、管理等方面的交流与合作,实现经验共享、互利共赢。

知识链接

优质护理服务

"优质护理服务"是指以病人为中心,强化基础护理,全面落实护理责任制,深

化护理专业内涵,整体提升护理服务水平。"以病人为中心"是指在思想观念和医疗行为上,处处为病人着想,一切活动都要把病人放在首位;紧紧围绕病人的需求,提高服务质量,控制服务成本,制定方便措施,简化工作流程,为病人提供"优质、高效、低耗、满意、放心"的医疗服务。优质护理服务的内涵主要包括:要满足病人基本生活的需要,要保证病人的安全,要保持病人躯体的舒适,协助平衡病人的心理,取得病人家庭和社会的协调和支持,用优质护理的质量来提升病人与社会的满意度。

第二节　护理学的任务、范畴和工作方式

情景案例

> 小丽第一天去医院实习,发现自己和其他同学分别被分配给不同的带教老师,并且每个人分管的事务也不一样。比如主班老师主要承担办理出入院手续,处理当日医嘱等工作;治疗班老师主要负责整个病房药品的领取、配制等工作;责任组老师负责 3~5 个病房患者的日常护理工作;夜班护士负责晚上病房所有病人的护理和治疗工作;早晚帮班护士主要负责晨晚间护理和辅助夜班和白班护士的治疗工作。
>
> 请思考:
> 1. 从上面的案例中,你能找出几种护理工作方式?
> 2. 如果你是小丽,你能说出各种工作方式的优、缺点吗?

一、护理学的任务

护理是用理论知识和操作技能满足人群的基本生理、心理、社会需要。护理学的任务是帮助人群促进健康、预防疾病、恢复健康、减轻痛苦。

1. 促进健康　帮助人群获取在维持和增进健康时所需要的知识和资源。对于尚未生病和健康状况良好的人,护理的任务是促使其维持健康或更加健康,帮助其达到最佳健康水平。

2. 预防疾病　保护个体免受感染,预防疾病的发生。

3. 恢复健康　帮助人们在患病或有影响健康的问题后,改善其健康状况,促进恢复。

4. 减轻痛苦　帮助病人减轻身心痛苦是护理人员的基本职责和任务。

二、护理学的研究范畴

护理学属于生命科学的范畴,包含理论与实践两大体系。

(一)护理学的理论范畴

1. 护理学的研究对象、任务、目标、科学发展方向　护理学的研究对象、任务、目标是护理学建设的基础,随着护理学的发展而不断变化,但在一定的历史条件下具有相对的稳定性。

2. 护理专业知识体系与理论架构　自 20 世纪 60 年代后,护理界开始致力于发展护理理论与概念模式,并获得相当成效。如奥瑞姆的自理模式(Orem;self-care model);罗伊的适应模式(Roy;adaptation model);纽曼的健康系统模式(Neuman;health care systems model)和罗杰斯的生命过程模式(Rogers;life-process model)等。护理人员也越来越能够通过研究改善业务、发展和验证理论。

3. 护理学与社会发展的关系　人们开始研究护理学在社会上的作用、地位和价值,研究社会对护理学的影响,社会发展对护理学的要求等。如老年人口的增多、慢性病患者的增加使社区护理迅猛发展,健康教育和与他人合作也成为护士的基本技能要求;信息高速公路的建成使护理工作效率得到提高,也使得护理专业向着网络化、信息化迈出了坚实的步伐。

4. 护理交叉学科和分支学科　随着现代科学的高度分化和广泛结合,护理学与自然科学、社会科学、人文科学等多学科相互渗透,在理论上相互促进,在方法上相互启迪,在技术上相互借用,形成许多新的综合型、边缘型交叉学科和分支学科。如护理心理学、护理教育学、护理管理学、护理伦理学、护理美学、老年护理学、社区护理学、急救护理学等,从而在更大范围内促进了护理学的发展。

(二)护理学的实践范畴

1. 临床护理　护理对象是病人,其内容包括基础护理和专科护理。

(1)基础护理　是专科护理的基础。以护理学的基本理论、基本知识和基本技能为基础,结合病人生理、心理特点和治疗康复的要求,满足病人的基本需要。如膳食护理、病情观察、排泄护理、临终关怀等基本护理操作技能。

(2)专科护理　以护理学及相关学科理论为基础,结合临床各专科病人的特点及诊疗要求,为病人进行身心整体护理。如各专科病人的护理、急救护理、康复护理等专科护理操作技能。

2. 社区护理　护理对象是一定范围内的居民和社会群体,以临床护理的理论知识和技能为基础,以整体观为指导,结合社区的特点,通过健康促进、健康维护、健康教育、管理协调和连续性照顾,直接对社区内个体、家庭和群体进行护理,以改变人们对于健康的态度,帮助人们实践健康的生活方式,最大限度地发挥机体的潜能,促进全民健康水平的提高。

3. 护理教育 以护理学和教育理论为基础,贯彻教育方针和卫生工作方针,培养护理人才,适应医疗卫生服务和医学科学技术发展的需要。护理教育一般分为基本护理教育、毕业后护理教育和继续护理教育三大类。基本护理教育包括中专教育、大专教育和本科教育;毕业后护理教育包括岗位培训、研究生教育;继续护理教育是对从事实际工作的护理人员,提供以学习新理论、新知识、新技术、新方法为目的的终身性在职教育。

4. 护理管理 运用管理学的理论和方法,对护理工作的诸要素——人、物、财、时间、信息,进行科学的计划、组织、指挥、协调和控制,以提高护理工作的效率和效果,提高护理质量。

5. 护理科研 运用观察、科学实验、调查分析等方法揭示护理学的内在规律,促进护理理论、知识、技术的更新。

随着科学技术的进步和护理科研工作的开展,护理学的内容和范畴将不断丰富和完善。

三、护理工作方式

(一) 个案护理(care nursing)

个案护理又称"特别护理"或"专人护理",由专人负责实施个体化护理,一名护士护理一位病人。适用于重症监护的病人或某些特殊病人,也适用于临床教学需要。

优点:护士责任明确,能全面掌握病人的情况,对病人实施全面细致的护理,满足其各种需要。

缺点:耗费人力。

(二) 功能性护理(functional nursing)

功能性护理是以完成各项医嘱和常规护理工作为主要内容的一种流水作业的工作方法。护士被分为"办公室护士/主班护士""治疗护士""护理护士"不同类型,分别完成护理工作不同阶段的内容。功能性护理产生有两个原因,其一是受20世纪30年代,工业化大生产分工协作的成功,以较少人力就能较好地完成工作的影响,其二是经济因素,医院不愿花费大量的金钱来雇水平较高的护士,于是将工业生产的方式用于护理工作,将护理工作分为若干项分配给不同的护士完成。

优点:护士分工明确,易于管理,节省人力。

缺点:工作机械,服务片面,较少考虑病人的心理、社会因素,护士工作满意度下降。

（三）小组制护理（team nursing）

小组制护理是以分组护理的方式对病人进行整体护理。将护理人员分成若干组,每组由一位业务能力强、经验丰富的护士任组长,小组成员由不同级别的护理人员组成,每组成员共同负责一组病人的护理。

优点:有利于发挥各级护理人员的作用,较好了解病人需要,因人施护。

缺点:护士的个人责任感相对减弱,对病人的护理仍然不全面,护理的质量受组长个人管理能力的影响。

（四）责任制护理（primary nursing）

责任制护理是以病人为中心,以护理程序为核心,以责任制为特点,对病人体现24 h 负责。从病人入院到出院期间所有的护理活动始终由责任护士实行 8 h 在岗,24 h 负责制。责任护士负责评估病人情况,由辅助护士按护理计划对病人实施护理。"护理程序"是关于临床护理工作的一个新的学说,是施行责任制护理的核心内容。"责任制护理"是护理程序在临床工作中的体现,是保证护理程序有效施行的护理形式。

优点:适应了医学模式的转变,病人由固定的护士负责。

缺点:责任护士的文字工作过多,24 h 负责过于理想化,有时出现流于形式的情况。

（五）整体护理（holistic nursing）

整体护理是在责任制护理基础上进一步丰富和完善的工作方式,是以护理对象为中心,为护理对象提供生理、心理、社会等全面的帮助和照护,解决护理对象现存的或潜在的健康问题,以达到恢复或增进健康为目标的护理观和护理实践活动。它包含护理哲理、护士职责与评价、标准护理计划、各种护理表格书写及护理品质保证等,皆以护理程序为框架,环环相扣,整体协调一致,以确保护理服务水平的全面提高。系统化整体护理的理论基础,除了护理学自身的基本理论外,还必须依托现代科学的一般理论,主要有一般系统论、人类基本需要层次论、解决问题学说、交流理论和角色理论。

优点:为护理对象提供科学、合理、连续的全方面护理。

缺点:需要较多的护理人员,对护理人员的素质提出了更高的要求,且表格制定有一定难度。

不同的护理方式在护理学发展历程中都起着重要作用,相互之间具有继承性,并在护理临床实践中交错使用。

第三节　护士素质

一、素质的概念

素质是指人在先天的基础上,受后天环境、教育的影响,通过个体自身的认识和社会的实践,形成的比较稳定的基本品质。素质的解释分先天与后天两方面,先天是自然性的一面,是指人在某些方面与生俱来的特点,即天生的感知器官、神经系统,特别是大脑结构和功能上的一系列特点;后天是社会性的一面,是指人在先天的基础上,受后天环境、教育的影响,通过个体自身的认识和社会实践而获得的一系列知识技能、行为习惯、文化涵养、品质特点的综合表现。素质包括思想道德素质、科学文化素质、专业素质、身体心理素质等方面。

护士素质是指在一般素质基础上,结合护理专业特性,对护理工作者提出的特殊的素质要求。随着护理工作范围的扩大和护理人员角色的多元化,对护理人员的整体素质提出了更高的要求。

二、护士素质的基本内容

(一)思想道德素质

1. 热爱祖国,热爱人民,热爱护理事业,具有为人类健康服务的奉献精神。

2. 具有诚实的品格、较高的慎独修养、高尚的道德情操。

3. 勇于开拓进取,忠于职守、救死扶伤、廉洁奉公、实行人道主义。

(二)科学文化素质

1. 具备一定的文化素养是深入理解医学、护理学理论的必备条件。掌握一门外语,以便直接迅速地了解国际信息,有利于对外开放和国际交流。为适应医学模式的转变和护理学科的发展,必须具备自然科学、社会科学、人文科学等多学科知识,同时还要掌握现代科学发展的新理论、新技术,如电子计算机的应用。

2. 具备一定的人文、社会科学知识。护理工作的对象是人,护士必须学会尊重人,理解人,进而才会真诚地关心人,体谅人。因而,护士要懂得爱,懂得美,掌握沟通技巧。所以学习心理学、伦理学、哲学、美学等人文和社会科学知识,对培养观察力、欣赏力、鉴别能力、思维和表达能力尤为重要。

（三）专业素质

1. 具有合理的知识结构、系统完整的专业知识和较强的实践技能。现代护士扮演着多重角色，不仅是医疗护理措施的实施者，还是健康教育的执行者和心理问题的疏导者。因此，护士的知识结构、实践技能也应与之相适应，才能为服务对象提供多方面、多层次、全方位、高水平的护理。

2. 具有敏锐的观察和综合分析判断能力，树立整体护理观念，能用护理程序解决服务对象的健康问题。

3. 具有良好的沟通交流能力，能随时将服务对象的病情进展与有关人员沟通，对服务对象的问题耐心倾听，给予适当解答。

4. 具有高度的人文关怀能力，严于律己，自觉保护病人的隐私权和知情权。

5. 具有同情心及能设身处地地为服务对象着想，体贴同情并理解服务对象。在服务对象需要时，能及时提供护理，尊重服务对象的人格、尊严及权利。

6. 具有科研和终身学习的能力。护士应具备获取新知识、新技术的能力，关注护理学科的发展和变化，在工作中不断学习，掌握新业务、新技术，完善自己的知识和技能，使自己能够在护理领域中开拓创新。

（四）身体素质

具有健康的体魄，仪表文雅大方，举止端庄稳重，衣着整洁美观，待人热情真诚、彬彬有礼，工作精力充沛、充满朝气。护理人员工作作风紧张明快、秩序井然、有条不紊、有始有终。

（五）心理素质

具有健康的心理，乐观、开朗、稳定的情绪，宽容豁达的胸怀。有较强的适应能力，良好的忍耐力及自我控制力，具有良好的人际关系与团队协作精神。

三、护士素质的形成、发展与提高

随着医学模式的转变，对护理人员整体素质提出了更高的要求。为适应现代医学模式的发展，护士必须提高自身素质。

1. 推行素质教育对护士素质的形成起重要作用　素质既有先天自然性的一面，也有后天社会性的一面，其中主要是靠后天不断培养、教育、实践锻炼而形成的。因此，在对护生的专业教育中，我们要结合护理专业特点，把素质教育融入日常教学中，这样才有利于护理学科的发展和护理质量的提高,有利于护理人员的成长。

2. 护士素质的教育应贯穿于各门课程中　护士的素质教育应贯穿于护理教育中。在护理学基础中应重点讲解护士素质的理论知识并训练护士素质的养成。在日常生活管理中注重点滴教育,养成良好的行为习惯,培养护生成为德、智、体、美全面发展的合格护士。

3. 护士素质的提高在于强调自我修养、自我完善　作为一名合格的护士必须掌握护士素质的内容、目标、要求,在实践工作中,不断学习加以提高和完善,努力使自己成为一名素质优良的合格护士。

（陈　焕　王清秀）

自测题

【A1 型题】

1. 世界上第一所护士学校创建于(　　)。

A. 美国纽约　　　　　B. 英国伦敦　　　　　C. 法国巴黎

D. 中国福州　　　　　E. 意大利佛罗伦斯

2. 我国第一所护士学校创建于(　　)。

A. 1921 年,北京　　　B. 1905 年,上海　　　C. 1895 年,苏州

D. 1888 年,福州　　　E. 1865 年,广州

3. 近代护理学形成于(　　)。

A. 16 世纪中叶　　　　B. 17 世纪中叶　　　　C. 18 世纪中叶

D. 19 世纪中叶　　　　E. 20 世纪中叶

4. 中华护士会加入国际护士会的时间是(　　)。

A. 1909 年　　　　　　B. 1920 年　　　　　　C. 1922 年

D. 1934 年　　　　　　E. 1921 年

5. 南丁格尔在克里米亚战争中救护伤员,使士兵的死亡率下降到(　　)。

A. 1%　　　　　　　　B. 2%　　　　　　　　C. 2.2%

D. 3%　　　　　　　　E. 3.3%

6. 中医理论"三分治,七分养"中的"养"指的是(　　)。

A. 减少活动　　　　　B. 护理　　　　　　　C. 增加营养

D. 营养加休息　　　　E. 增加睡眠

7. 我国最早开展高等护理教育的时间是(　　)。

A. 1921 年　　　　　　B. 1922 年　　　　　　C. 1980 年

D. 1981 年　　　　　　E. 1984 年

8. 下列不属于"以健康为中心阶段"护理特点的是(　　)。

A. 护理模式转变

B. 护理理论指导护理实践

C. 服务场所从医院扩展到了社区、家庭及各种机构

D. 护理的服务对象为所有年龄段的健康人及病人

E. 护理从属于医疗

9. 由责任护士和辅助护士按护理程序对病人进行全面系统护理的工作方法为（　　）。

A. 个案护理　　　　　　B. 功能制护理　　　　　　C. 小组护理

D. 责任制护理　　　　　E. 综合护理

10. 功能制护理的特点是（　　）。

A. 护士责任明确

B. 能发挥各级护士的作用

C. 护士责任 8 h 在岗,24 h 负责

D. 节省人力,易于组织管理

E. 以护理程序为框架

11. 由专人负责实施个体化护理,一名护士护理一位病人的工作方法为（　　）。

A. 个案护理　　　　　　B. 功能制护理　　　　　　C. 小组护理

D. 责任制护理　　　　　E. 系统化整体护理

【A2 型题】

12. 某男,30 岁,因肝炎入院,护士与医生双方配合,并按护理程序的工作方法对患者实施整体护理,其特点是（　　）。

A. 以病人为中心　　　B. 以健康为中心　　　　C. 以疾病为中心

D. 以治疗为中心　　　E. 以护士为中心

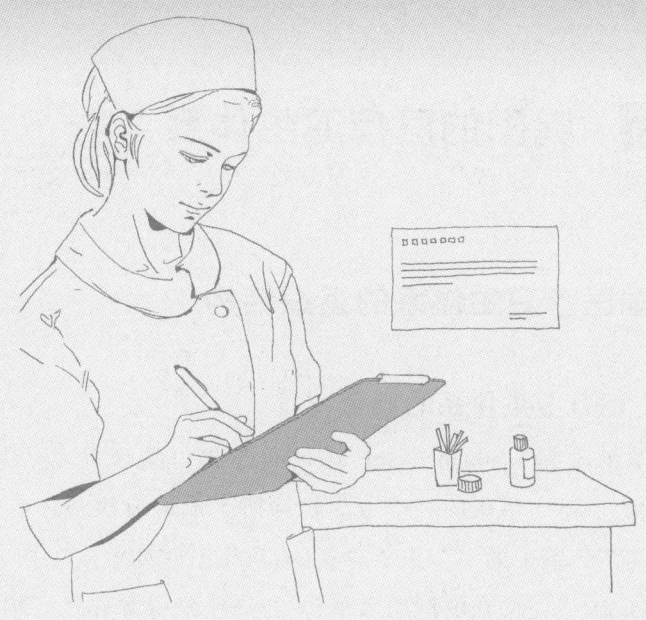

第二章　医疗卫生服务体系

思维导图

学习目标

◇ **知识目标**

1. 掌握医疗卫生体系、医院、社区卫生服务的概念;

2. 掌握医院的基本性质、功能和特点;

3. 熟悉三级医疗卫生网的组成,熟悉医院的分级和组织机构,熟悉我国护理组织结构;

4. 了解我国的卫生组织分类和功能。

◇ **能力目标**

1. 能看到通过不断优化医疗卫生资源配置,实现医疗服务的公平性和可及性;

2. 能致力于构建一个高效、协同、覆盖城乡的医疗卫生服务体系,确保医疗卫生资源的均衡配置和合理利用。

◇ **素养目标**

1. 强化医德医风建设,培养医护人员的专业技能和职业素养;

2. 培养学生热爱健康事业,并为之努力奋斗的职业道德品质。

第一节　我国的医疗卫生体系

一、我国医疗卫生体系的组织结构

（一）医疗卫生体系的概念

医疗卫生体系（medical health system）是指以医疗、预防、保健、医疗教育和科研工作为功能，由不同层次的医疗卫生机构所组成的有机整体。我国医疗卫生体系是整个国民经济体系中的一个重要分支，为执行新时期卫生工作方针，实现卫生工作总目标，提高广大人民群众的健康水平，承担着组织保障作用。构建完善的医疗卫生体系的目的是通过一系列防病治病的活动，增进人类的健康。现代医疗卫生服务的范围，已从治疗扩大到预防，从生理扩大到心理，从技术活动扩大到社会活动，从医院扩大到社区，形成了系统而又完善的综合性服务。现代医疗卫生体系所提供的医疗服务可以包括家庭保健、疗养院服务、社区服务、初级和专科的门诊治疗，手术治疗、康复、预防保健、计划生育和健康教育。同时医疗卫生体系也可以是医生、护士和其他专职医疗人员的培训基地。

（二）机构设置

《全国医疗卫生服务体系规划纲要（2015—2020年）》指出：医疗卫生服务体系主要包括医院、基层医疗卫生机构和专业公共卫生机构等（图 2-1）。医院分为公立医院和社会办医院。其中，公立医院分为政府办医院（根据功能定位主要划分为县办医院、市办医院、省办医院、部门办医院）和其他公立医院（主要包括军队医院、国有和集体企事业单位等创办的医院）。县级以下为基层医疗卫生机构，分为公立和社会办两类。专业公共卫生机构分为政府办专业公共卫生机构和其他专业公共卫生机构（主要包括国有和集体企事业单位等创办的专业公共卫生机构）。根据属地层级的不同，政府办专业公共卫生机构划分为县办、市办、省办及部门办四类。

（三）组织分类和功能

按照卫生工作的性质和任务，我国医疗卫生体系的组织结构大致可分为以下几类。

1. 卫生行政组织　国家设有国家卫生健康委员会（卫健委），主要职责是：拟定

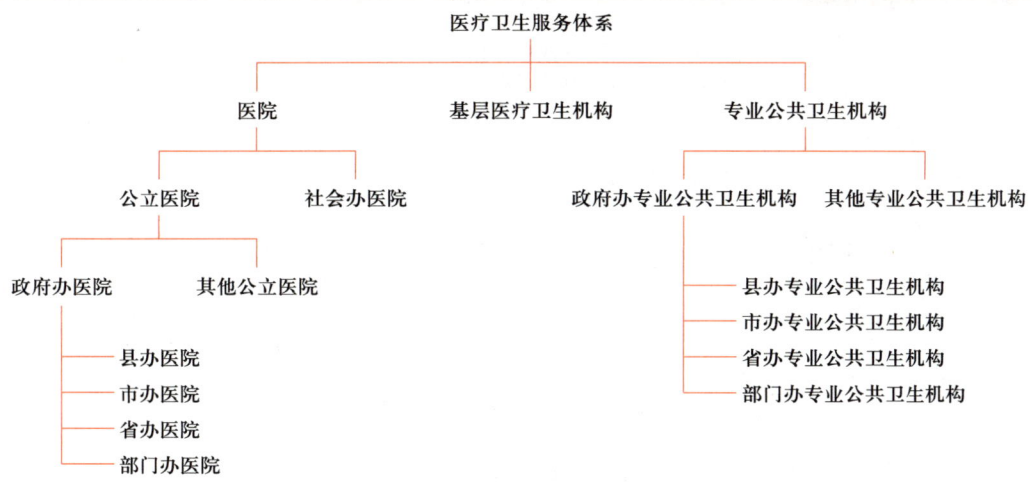

图 2-1 我国医疗卫生服务体系

国家健康政策,协调推进深化医药卫生体制改革,组织制定国家基本药物制度,监督管理公共卫生、医疗服务、卫生应急,负责计划生育管理和服务工作,拟订应对人口老龄化、医养结合政策措施等。

2.卫生事业组织　按照卫生工作的性质和功能,我国医疗卫生体系分别设立医疗预防、疾病预防控制、妇幼保健、药品检验、医学科学研究、医学教育、卫生监督执行等卫生事业机构。

3.群众卫生组织

(1)群众性卫生机构　如爱国卫生运动委员会、血吸虫病和地方病防治委员会。

(2)社会团体组织　如中华医学会、中华预防医学会、中国药学会、中华护理学会等。

(3)群众团体　如中国医师协会、农村卫生协会等。

二、城乡三级医疗卫生网

(一)城市医疗卫生网

大城市的医疗卫生机构一般分为市、区、基层三级(图 2-2),中小城市一般分为市、基层二级。

市级医疗卫生机构包括市中心医院、市专科医院及市中心防治机构等。市中心医院是全市医疗业务技术的指导中心,一般由技术水平高、设备完善、科别齐全的综合医院或教学医院担任。

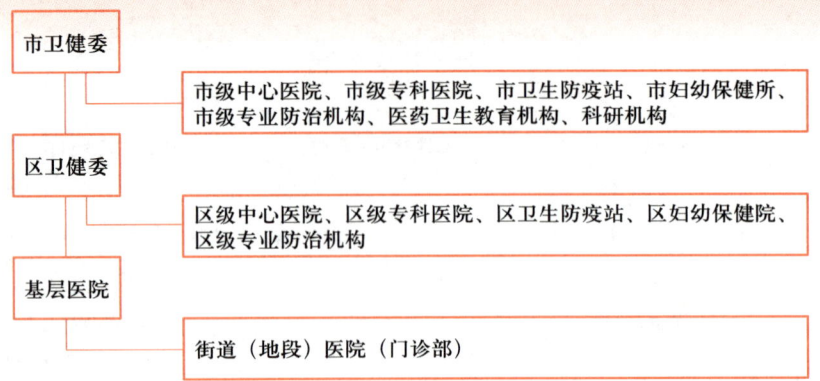

图 2-2　城市医疗卫生网

区级中心医院是一个地区内医疗业务技术指导的中心,是市级医疗机构与基层医疗机构之间的纽带。

城市基层医疗卫生机构是地段医院(街道医院),主要为居民提供医疗预防、卫生防疫、妇幼保健、计划生育等医疗卫生服务。各机关、学校、企事业单位的医务室、卫生所、门诊部等也属于城市基层医疗卫生机构。

(二) 农村医疗卫生网

我国农村已形成以县级医疗卫生机构为中心,乡卫生院为枢纽,村卫生室为基础的三级医疗卫生网(图 2-3)。

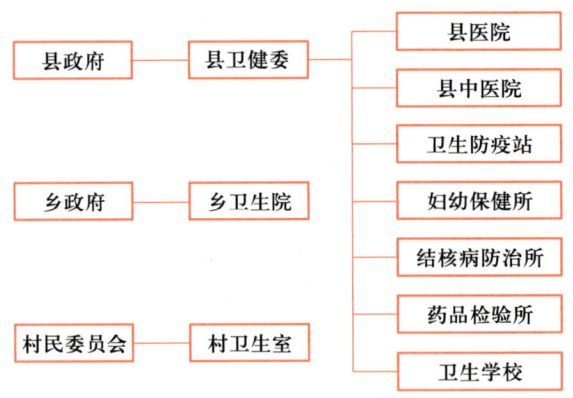

图 2-3　农村医疗卫生网

县级卫生机构包括县医院、县中医院、卫生防疫站、妇幼保健所、结核病防治所、药品检验所、卫生学校等,是全县妇幼保健、计划生育技术指导中心及卫生人员的培训基地。

乡卫生院是农村的基层卫生组织,负责本地区的卫生行政管理,开展日常的预防保健、计划生育等工作,对村卫生室进行技术指导和业务培训。

村卫生室是农村最基层的卫生组织,负责基层各项卫生工作,如环境卫生及饮水卫生的技术指导,进行计划免疫、传染病管理、计划生育、卫生宣传等。

第二节 医院

医院(hospital)是诊治疾病、护理病人的医疗机构,是面向民众或特定人群提供医疗保健服务的场所,备有一定数量的床位设施、必要的设备和相应的医务人员。通过依法获得执业资格的医务人员的集体协作,对住院或门诊患者实施科学、规范的诊疗护理服务。

一、医院的基本性质、功能和特点

(一)医院的基本性质

《全国医院工作条例》中指出:"医院是治病防病、保障人民健康的社会主义卫生事业单位,必须贯彻党和国家的卫生工作方针政策,遵守政府法令,为社会主义现代化建设服务。"这是我国医院的基本性质,主要体现在以下几个方面。

1. 公益性 医院是卫生事业的重要组成部分。卫生事业的社会公益性规定了医院的公益性。总的来说,医院不能以盈利为主要目的。即使是属于营利性的医院,也必须贯彻救死扶伤,实行人道主义的方针。

2. 生产性 医院不是纯粹的消费性服务场所,它主要通过医疗、预防及康复服务,使病人恢复健康,增强体质,保障社会劳动力的健康。医学科学属于生产力的范畴,医务劳动以医学科学技术为手段来防病治病,并在这一过程中使科学技术不断得到发展、丰富和提高。

3. 经营性 医疗活动需要人力、物力、财力的投入,必须讲究投入与产出的关系。医院是具有经济性质的经营单位,医疗服务活动中存在着社会供求的关系,受商品经济价值规律的制约,存在着医疗服务市场的一些规律和特点。

(二)医院的功能

《全国医院工作条例》中指出:医院的任务是"以医疗为中心,在提高医疗质量的基础上,保证教学和科研任务的完成,并不断提高教学质量和科研水平。同时做好扩大预防、指导基层和计划生育的技术工作。"

1. 医疗 医疗是医院的主要功能。医院医疗工作以诊疗和护理为业务主体,并与医技部门密切配合,形成医疗整体为病人服务。医院医疗分为门诊医疗、急救医疗、住院医疗和康复医疗。住院医疗是中心，门诊、急诊医疗是第一线。

2. 教学　教学是医院的普遍功能。医学生在经过学校的教育后，必须进行临床实习和实践阶段。毕业后在职人员也需要不断接受继续教育、更新知识和技术，以适应医学科技发展的需要。而医院是进行医学临床教育的重要基地，因此，教学也是医院的一项重要任务。

3. 科学研究　医院是医疗实践的场所，许多临床上的问题均是科学研究的课题。通过科学研究解决医疗护理中的难题，一方面为临床实践提供新手段、新方法、新技术，将科研成果转化为生产力，推动医学事业的发展；另一方面，这些科研成果也将不断充实教学内容，促进医学教育的发展。

4. 预防和社区卫生服务　各级医院不仅要治疗病人，还需进行预防保健工作，提供社会医疗护理服务，如开展社区及家庭卫生服务、进行健康教育、开展健康咨询、妇幼保健指导及疾病普查等工作，成为人民群众健康保健服务的中心。

（三）医院的特点

医院工作以服务对象为中心，组织医务人员运用医学知识与技能，诊断、治疗和护理病人。

1. 以病人为中心　医院所有部门都应以病人为中心开展工作，满足病人的基本需要，保证病人的安全。

2. 科学性和技术性　人是一个复杂的有机整体，要解决病人的健康问题，要求医务人员不仅要有扎实的医学基础知识和熟练的技术操作能力，同时还应具备人文科学、社会科学和预防医学等方面的知识，吸收世界先进的诊疗方法，引用尖端的技术和设备，与多学科专业人员共同协作，为病人提供优质的医疗护理服务。

3. 时间性和连续性　医院的诊疗和抢救工作要求有严格的时间性和连续性。面对病人的紧急情况，时间就是生命，因此医护人员必须分秒必争；面对病人病情的观察必须做到连续而不间断。

4. 社会性和群体性　医院是一个开放系统，其工作范围广泛。要满足病人、家属及社会对医疗护理的要求，需要调动各方面因素，与社会各行各业保持密切的联系。因此医院的建设和发展离不开社会的配合与支持。

5. 随机性和规范性　医院病人所患疾病种类繁杂，病情千变万化，突发事件和灾害性抢救任务繁重，医务人员随机调动较多。因此要求医院必须制定严格的规章制度，明确各级人员的岗位职责。另外，医务人员必须具有应付意外事件的能力，在医疗护理工作程序、技术操作方面要达到规范化和标准化。

6. 医院工作是复合型劳动　医疗护理工作是脑力与体力相结合的劳动，也是创造性的劳动。要提高医疗护理质量，需要因人施治（护），为病人提供高质量的技术服务和人文关怀,合理检查,合理用药,减少浪费。因此医院必须重视人才培养和技能训练,充分发挥医务人员的积极性和创造性。

二、医院的分级和组织机构

(一)医院的分级

目前我国医院实行标准化管理和分级管理,根据医院不同的任务和功能,以及不同的技术质量和管理水平,设施条件,将医院划分为三级(一、二、三级)十等医院(每级医院分甲、乙、丙等,三级医院增设特等)。

一级医院:是向具有一定人口(≤10万)的社区提供预防、医疗、保健和康复服务的基层医疗卫生机构。

二级医院:是向多个社区(其半径人口>10万)提供综合医疗卫生服务和承担一定教学科研任务的地区性医院。主要有市、县级医院和城市的区级医院。

三级医院:是省、自治区、直辖市或全国的医疗、预防、教学和科研相结合的技术中心,直接提供全面连续的医疗护理、预防保健、康复服务和高水平的专科服务,指导一、二级医院业务工作。主要有省、市级大医院和医学院附属医院。

(二)医院的组织机构

我国医院的组织机构设置具有一定的模式,虽然不同级别的医院所承担的社会职能和服务功能有所不同,但医院的机构基本类同,包括医院行政管理组织机构和医院业务组织机构。

1. 医院行政管理组织机构　医院行政管理组织机构一般包括院长办公室、诊疗部门、预防保健部门和行政部门。一级医院的院长办公室可设人事、保卫、文秘、档案等岗位;行政部门可设财务组、总务组;二级医院和三级医院可设院长办公室、护理部、医务科、科教科、门诊部、设备科、信息科、预防保健科、人事科、保卫科、财务科、总务科、膳食科等。三级医院行政管理组织机构模式如图2-4。

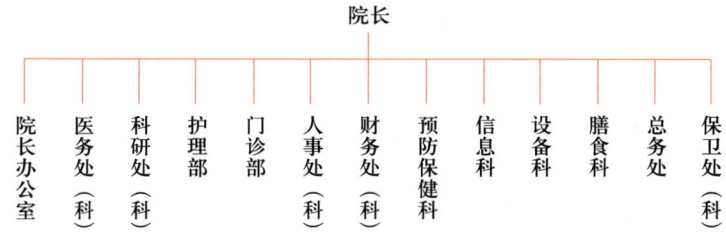

图2-4　三级医院行政管理组织机构

2. 医院业务组织机构　医院的业务组织机构主要由临床业务组织和医技组织两

个机构组成。由于各级医院的规模、任务不同,医院的机构设置也不相同。一级医院中的业务组织和临床科室的开设数量可根据本院的专业特色、人才情况而增减。二、三级医院有护理部和医教科(处),负责协调和管理临床各科室的工作。护理部主要承担医院的护理管理工作。

三、我国护理组织机构

为保证我国护理工作的高效运转和护理事业的稳定发展,我国的护理组织体系已初步建立并逐步健全。

(一)各级卫生行政部门的护理管理机构

1. 国家护理管理机构　国家卫生健康委员会负责为全国城乡医疗机构制定和组织实施有关护理工作的政策、法规、规划、人员编制、管理条例、工作制度、职责和技术质量标准等。

2. 各级地方卫生行政部门的护理管理机构　各省、自治区、直辖市卫健委负责制定本地区护理工作的具体方针、政策、法规、发展规划、工作计划和护理操作标准,听取工作汇报,组织检查执行情况,研究解决存在的问题。

(二)医院内的护理组织机构

县级以上医院和 300 张床位以上的医院设护理部。实行护理部主任—科护士长—护士长三级负责制;300 张床以下的医院实行总护士长—护士长二级负责制;护理部主任或总护士长由院长聘任,副主任由主任提名,院长聘任;100 张床位以上包括 3 个护理单元的大科,可设科护士长一名,并由护理部主任聘任,由护理部主任和科主任进行业务指导。病房护士长由护理部主任和总护士长聘任,在科护士长和病房主任的领导下工作,与病房主任配合做好病房管理工作。

第三节　社区卫生服务

一、社区及其相关概念

1. 社区　社区是若干社会群体或社会组织聚集在某一个领域里所形成的一个生活上相互关联的大集体。它是社会有机体最基本的内容,是宏观社会的缩影。

社会学家给社区下出的定义有 140 多种。尽管社会学家对社区下的定义各不相同,但在构成社区基本要素的认识上还是基本一致的,普遍认为一个社区应该包括一定数量的人口、一定范围的地域、一定规模的设施、一定特征的文化、一定类型的组织。综上所述,社区是指一定区域内具有某些共同特征的人群在社会生活中所形成的共同体。

2. 社区卫生服务　社区卫生服务(community health service,CHS)是指在政府领导、社区参与、上级卫生机构指导下,以基层卫生机构为主体,全科医师为骨干,合理使用社区资源和适宜技术,主动为社区居民提供的基本卫生服务。社区卫生服务是以人的健康为中心,以家庭为单位,以社区为范围,以需求为导向,以妇女、儿童、老年人、慢性病病人、残疾人、贫困居民等为重点,以解决社区主要卫生问题和满足基本卫生服务需求为目的,融医疗、预防、保健、康复、健康教育、计划生育技术指导为一体的一种有效、经济、方便、综合、连续的基层卫生服务。

2013 年 9 月,国务院印发《关于加快发展养老服务业的若干意见》,正式将"积极推进医疗卫生与养老服务相结合"作为养老服务业发展的六大主要任务之一。文件提出,卫生管理部门要支持有条件的养老机构设置医疗机构。医疗机构要积极支持和发展养老服务,有条件的二级以上综合医院应当开设老年病科,增加老年病床数量,做好老年慢病防治和康复护理。要探索医疗机构与养老机构合作新模式,医疗机构、社区卫生服务机构应当为老年人建立健康档案,建立社区医院与老年人家庭医疗契约服务关系,开展上门诊视、健康查体、保健咨询等服务,加快推进面向养老机构的远程医疗服务试点。

3. 社区护理　社区护理是在社区范围内开展以健康为中心,向个人、家庭及人群提供集医疗、预防、保健、康复、健康教育和计划生育技术指导为一体的系统化整体护理服务。社区护理以人的健康为中心,以社区人群为服务对象,以促进和维护社区内个人、家庭及人群的健康为主要目标。

知识链接

社区卫生服务中心

随着社会生产的发展,医学的进步,人们对防病治病的认识逐步加深,医疗保健从个体向群体转变,寻求群体防治疾病的措施和方法。社区卫生服务中心正是适应这种需要而产生的。社区卫生服务中心(Community Health Service center)是指在一定社区中,由卫生及有关部门向居民提供预防、医疗、康复和健康促进为内容的卫生保健活动的总称。社区卫生服务是一个保健系统,包括卫生保健的供应者(如卫生有关部门)和卫生服务的接受者(即社区人群),两者相互联系,相互影响。

二、社区卫生服务的原则

1. 坚持为人民服务的宗旨　社区卫生服务以为人民服务为宗旨，以方便群众获得基本的医疗预防保健服务和提高人民健康水平为目的。

2. 坚持把社会效益放在首位的原则　社区卫生服务要充分考虑群众的需要和切身利益，防止片面追求经济收益而忽视社会效益的倾向。

3. 坚持以社会需求为导向的原则　了解社区居民的卫生服务需求信息，改善服务态度，改革服务模式，提高服务质量，不断满足人民群众日益增长的卫生保健服务需求。

4. 坚持因地制宜，量力而行的原则　社区卫生服务的组织机构、服务内容、保障水平、服务价格等要与社会经济发展水平和群众承受能力相适应，要尊重客观实际，结合具体情况开展服务。

5. 坚持执行结构调整政策的原则　要明确发展社区卫生服务是对现有卫生服务体系的结构性调整，重点在于转变服务观念及服务模式，充分利用现有社区卫生资源，避免低水平重复建设和卫生资源的浪费。

三、社区卫生服务的特点

1. 广泛性　社区卫生服务的对象是社区全体居民，包括各类人群及健康人群、高危人群、患病人群、妇女、儿童及老年人。

2. 综合性　针对不同的人群，社区卫生服务的内容由医疗、预防、保健、康复、健康教育、计划生育技术指导等组合而成，并涉及与健康有关的生物、心理、社会各个层面。

3. 连续性　社区卫生服务贯穿于生命的始终，覆盖生命的各个周期以及疾病的发生、发展全过程，社区卫生服务不会因为某一个健康问题的解决而终止，而是根据生命周期及疾病各阶段的特点及需求提供具有针对性的服务。

4. 实用性　社区卫生服务，以满足服务对象的各种需求为宗旨，因此其服务的内容和价格都必须考虑实用性，以确保社区居民充分享受社区卫生服务，从而真正达到促进和维护社区居民健康的目的。

四、我国社区卫生服务的现状

目前，我国的社区卫生服务组织形式多种多样，机构名称也不完全统一。如社区卫生服务中心、社区卫生服务站和社区健康中心等,但其基本组织形式和功能大致相同。社区卫生服务人员主要由全科医师、预防保健医师、社区护士等有关专业卫生技术和管理人员组成。

社区卫生服务的主要内容包括:① 开展社区医疗、预防、保健、康复、健康教育、计划生育技术指导等工作;② 深入社区和家庭提供综合性卫生服务,积极探索全科门诊服务;③ 开展科普教育工作;④ 环境、职业健康与安全管理;⑤ 传染性与感染性疾病的预防和控制;⑥ 妇女、儿童、中老年及心理卫生与精神保健工作。

思政案例

健康守门人——农民健康的守护者和支持者

张发武,一位全心全意扎根农村的乡村医生,他将自己的一生都奉献给了偏远山村的基层卫生事业。他以高尚的医德和过硬的中医医术赢得了当地群众的广泛赞誉,成为了居民信任的"健康守门人"。张发武的工作不仅仅是治疗疾病,还包括与居民建立深厚的情感联系,成为他们生活中的"亲人"。

(张苹蓉)

自测题

【A1 型题】

1. 下列不符合医院工作的特点是( )。

A. 医院工作以病人为中心

B. 医院工作随机性小,规范性强

C. 医院工作科学性技术性强

D. 医院工作时间连续性强

E. 医院工作是脑力劳动和体力劳动相结合的复合型劳动

2. 有关三级医院,下列正确的描述是( )。

A. 直接为一定社区提供医疗服务的基层医院

B. 跨几个社区提供医疗服务的医院

C. 主要指农村乡镇卫生院

D. 主要指县级医院

E. 主要有省、市级大医院和医学院的附属医院

3. 三级医院所指的是( )。

A. 省辖市的区级医院
B. 一般市、县医院

C. 全国省、市直属的市级大医院
D. 农村乡、镇卫生院

E. 城市街道医院

4. 医院的主要功能是(　　　)。

A. 医疗和护理　　　　　　B. 教学　　　　　　　　C. 科学研究

D. 社区卫生服务　　　　　E. 预防疾病

5. 乡、镇卫生院和城市街道卫生院属于(　　　)。

A. 一级医院　　　　　　　B. 二级医院　　　　　　C. 三级医院

D. 四级医院　　　　　　　E. 五级医院

6. 社区组成的基本要素不包括(　　　)。

A. 一定的人群　　　　　　　　　　　　　B. 一定的区域

C. 特定的文化背景和生活方式　　　　　　D. 一定的社会效益

E. 一定类型的组织

【A2 型题】

7. 病人苏某,女性,34 岁。煤炭矿工,近日感胸闷气急,呼吸困难,X 线检查怀疑硅沉着病,该病人的诊治最好选择(　　　)。

A. 一级医院　　　　　　　B. 二级医院　　　　　　C. 三级医院

D. 四级医院　　　　　　　E. 五级医院

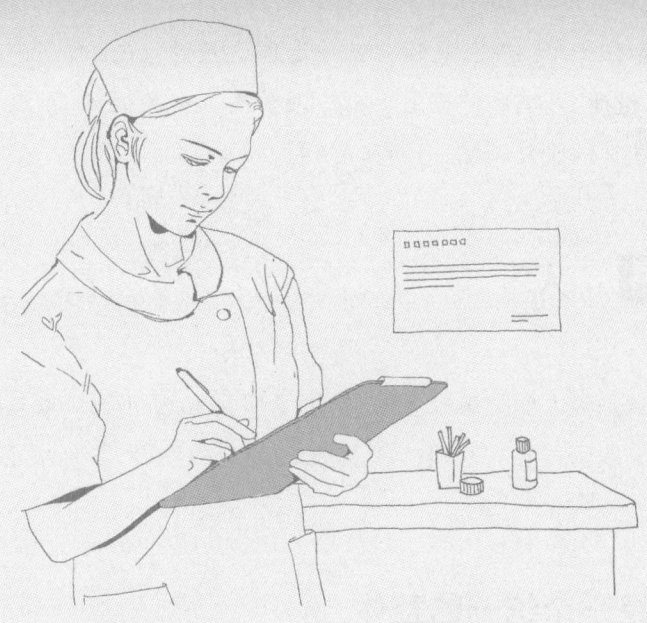

第三章 护理学的基本概念

思维导图

学习目标

◇ 知识目标

1. 掌握护理的概念,包括护理的定义、本质、目的和角色;

2. 掌握健康与疾病的相关概念;

3. 理解健康与疾病之间的关系,以及如何通过护理促进健康、预防疾病、恢复健康和提高生活质量。

◇ 能力目标

1. 能够辨别并分析护理实践中的社会文化因素对病人护理的影响,利用环境因素支持护理实践;

2. 能够明确护士在不同护理环境中(如医院、社区、家庭等)的角色和职责。

◇ 素养目标

1. 增强学生对护理职业的认同感和使命感;

2. 提高护士在提供护理服务过程中的决策和沟通技巧以及情感支持。

护理学作为一门学科是建立在一定理论基础上的,而理论则是由相关的概念来表达。人、健康、环境和护理是组成护理学最基本的概念,对这4个概念的认识直接影响到护理学的研究领域、内容和范畴。

第一节　人

护理学是为人的健康服务的,护理学研究和服务的对象是人。对人的认识是护理理论和实践的核心与基础,且影响护理理论的发展,并且决定了护理工作的任务和性质。

一、人是一个统一的整体

所谓整体,是指按一定方式、有目的、有秩序排列的各个个体的有机集合体。整体的概念强调两点:第一,组成整体的各要素相互作用、相互影响。任何一个要素发生了变化,都将引发其他要素发生相应的变化。第二,整体所产生的行为结果大于各要素单独行为的简单相加。整体中各要素功能的正常发挥,都有助于其整体功能的发挥,从而全面提高整体的功效。人是一个整体,具有社会和生物双重属性。首先人是一个生物体,由各个器官组成系统,由各个系统组成人这一整体。如人的消化系统是由口腔、食管、胃、大肠、小肠等组成的;而人体又是由呼吸系统、消化系统、泌尿系统、心血管系统、神经系统、生殖系统、免疫系统等组成人的整体。同时人又是一个有思维、有意识、有情感,从事创造性劳动、过着社会生活的人。二者结合起来构成一个完整的个体。因此人是统一整体,由生理、心理、社会、精神、文化组成。人的生理、心理、社会等方面相互作用,互为影响,其中任何一方的功能变化均可在一定程度上引起其他方面功能的变化;而人体各方面功能的正常运转,又能有力地促进人体整体功能的最大限度发挥,从而使人获得最佳的健康状态。

二、人是一个开放系统

人是一个开放系统包含两层含义。其一是指人体各个系统之间不断地进行着各种物质和能量的交换;其二是指人作为一个整体,又不断地与周围的自然环境和社会环境进行着物质、能量和信息的交换。人生命活动的基本目标是保持内外环境的协调与平衡。人必须不断地调节自身内环境以适应外界环境的变化。强调人是一个开放系统,要求我们在护理中不仅要关心各系统或器官功能的协调平衡,还要注意环境中其他人、家庭、社区甚至更大的群体对机体的影响,只有这样才能使人的整体功能更好地发挥和运转。护理的主要功能就是帮助个体调节内环境,并适应外环境的不断变化,以维持身心的平衡,达到健康水平。

三、人有基本需要

人的基本需要是指个体为了维持身心平衡并求得生存、成长与发展,在生理和心理上有最低限度的需要。美国著名心理学家马斯洛(Maslow AH)将人类的基本需要归纳为5个层次,即生理需要、安全需要、爱与归属的需要、自尊的需要、自我实现的需要(详见第五章第二节)。人为了生存、成长和发展,必须满足其基本需要才能使机体处于相对平衡的健康状态。如基本需要得不到满足,机体会因内外环境的失衡而导致疾病发生。护理的功能是帮助护理对象满足其基本需要。

四、人有健康需求

人有拥有健康的权利和责任。每个人都希望自己拥有健康的体魄和健全的心理,而且会采取不同的方式满足对健康的追求,每个人也有责任维持和促进自身的健康,患病后应努力让自身恢复健康。这些责任和义务不能完全由医务人员代替,护士有责任帮助服务对象认清和实现这一任务。

五、人的自我概念

(一)自我概念的定义

自我概念是指一个人对自己的看法,即个人对自己的认同感。自我概念不是与生俱来的,它是随着个体与环境的不断互动,综合社会中其他人对自己的看法与自身的自我觉察和自我认识而形成的。一些学者认为,一个人的自我概念是基于自身对以下各方面情况的感知和评价而产生的,包括个人的工作表现、认知功能、自身形象和外在吸引力、是否受人喜欢、解决问题的能力、特别的天赋以及独立能力、经济情况等。

(二)自我概念的组成

北美护理诊断协会(North American Nursing Diagnosis Association,NANDA)认为,自我概念由以下4部分组成。

1. **身体心像(body image)** 身体心像是指个人对自己身体的感觉和看法,是通过认识自己的外表、身体结构和身体功能形成对身体心像的内在概念。很显然,个人良好的身体心像有助于正性自我概念的建立。

2. 角色表现(role performance) 角色是对一个人在特定社会系统中一个特定位置的行为要求和行为期待。一个人一生中有许多角色需要履行,有时在同一时间,个人也要承担多种角色。如果个人因能力有限或对角色要求不明确等原因而不能很好地完成角色所规定的义务时,挫折与不适感便油然而生,其结果便是负性的自我概念。

3. 自我特征(personal identity) 自我特征是个人对有关其个体性与独特性的认识。通常人们是以姓名、性别、年龄、种族、职业、婚姻状况及教育背景等来确定其身份和特征的。自我特征也包括个人的信念、价值观、个人的性格与兴趣等。可见自我特征是以区别个人和他人为目的。

4. 自尊(self-esteem) 自尊是指个人对自我的评价。在个体与环境的互动中,若个人的行为表现达到了别人所期望的水平,受到了家人或对其有重要影响的人的肯定和重视,其自尊自然会提高。而自尊的提高又有助于个人正性自我概念的发展。

自我概念是个人身心健康的必要因素,它可影响个人的所思所想、所作所为以及个人的抉择等。拥有良好自我概念者对自身的能力、天赋、健康、外貌等抱有足够的信心,因此,他能更好地建立起良好的人际关系,能更好地面对人生,并能有效地抵御一些身心疾病的侵袭。而自我概念低下者则时常会流露出对自己的失望、不满甚至憎恨,难以与他人形成和谐的人际关系,生活中必然充满不协调的表现,对环境和自身的健康都造成不利的影响。

六、人的成长与发展

成长与发展贯穿于人生命的全过程,人在成长发展的不同阶段会有不同的特点及其需要解决的特殊问题(详见第五章第四节)。护理对象涉及各年龄阶段的人,处于不同的成长发展水平表现不同的身心特征。因此,了解生命过程中各阶段的特点及特征,以提供适合于护理服务对象所处生命阶段的护理。

第二节　健康

健康是人类的基本要求和权利,预防疾病与促进健康是护理人员神圣的职责,对健康和疾病的认识直接影响护理人员的护理行为。WHO在1948年提出:

健康不仅是没有疾病和身体缺陷,还要有完整的生理、心理状况与良好的社会适应能力。

一、健康的概念

(一)对健康定义的认识

健康是个变化的概念,不同的历史条件、文化背景与个体不同的价值观等都可能造成对健康的不同理解。尽管如此,许多学者还是在积极努力,试图对健康做出一个较为全面的释义。对健康定义的认识,归纳起来,其演变过程大致如下。

1. 健康就是没有疾病　人们认为健康是人体处于各器官系统发育良好,功能正常,体质健壮,精力充沛,并且具有良好的劳动效能的状态,认为没有疾病就是健康,人体感到舒适就是健康。这是人们对健康最一般的认识,是传统的健康观。这种观点忽视了人们的社会特征和心理特征,把健康和疾病对立起来,忽视了通常没有疾病也并非健康的现象。

2. 生理、心理健全就是健康　这是人体健康的重要特征,人正是通过其各种功能的正常发挥维持生长与繁衍。医学也正是基于这种认识逐步发展出了许多人体功能的正常活动指标。但这种观点忽视了人对社会的适应性。

3. 完整的生理、心理状况与良好的社会适应能力　这是 WHO 对健康给出的定义,其特点如下。

(1)指出了健康不仅仅是没有疾病,弥补了健康就是没有疾病这一观念的不足。

(2)明确指出健康包括生理、心理两方面,克服了把身、心机械分割开的传统观念,为医务工作者拓宽了工作领域。

(3)健康包括对社会环境的适应,把健康与人们充实而富有创造性的生活联系起来,将健康放入人类社会生活的广阔背景中,可见健康已不仅仅是医务工作者的目标,而且是国家和社会的责任。WHO 对健康给出的这一定义,综合考虑了影响健康的生物学、心理学、社会学等各方面因素,被公认为是现代健康观,得到了人们普遍的认可。

(二)亚健康

亚健康是指机体没有现存的健康问题,但却有潜在的健康问题,包括生理、心理和社会 3 方面。如机体整日处于头昏、疲劳、失眠、心悸、记忆力下降、工作学习效率低等状态,被称为第三状态即亚健康状态。机体的自稳状态发生紊乱,但尚未表现出疾病状态,可能由于心理问题、社会压力所致,如给予及时的健康教育指导和调整,机体可转向健康状态,否则会转向疾病状态。

二、影响健康的因素

为了更有效地维持和促进健康,护士应了解影响健康的有关因素,以便更好地为人类健康服务。影响健康的因素主要包括生物因素、环境因素、机体因素、生活方式和获得保健设施的可能性。

(一)生物因素

影响人类健康的生物因素主要指生物性致病因素。病原微生物引起的传染病、寄生虫病和感染性疾病,占影响健康因素的10%。现代医学已经对一些生物性致病因素找到控制的办法,如预防接种、消毒灭菌、应用抗生素等,但病原的危害依然存在。各类传染性疾病如艾滋病、结核等正在对人类健康构成严重威胁,而且病毒、细菌对抗生素的耐药性已成为世界性难题。

(二)环境因素

环境对人的健康影响很大,占影响健康因素的30%。除少数遗传性疾病外,几乎所有疾病都或多或少与环境相关。环境包括自然环境、社会环境、政治制度、社会经济因素、文化教育因素等。

1. 自然环境　人每时每刻都离不开自然界,自然界中的空气、水、食物、气候等给人类提供了各种各样的生存必需品。然而人类赖以生存的自然环境中又存在许多危害健康的因素,如粮食、蔬菜中残留的农药,空气中的一氧化碳、二氧化硫等。

2. 社会环境　社会环境是指关于社会与心理需要的状态,个体的身心发展受很多情况的制约。

3. 政治制度　是否将公民的健康放在重要位置,并积极采取措施以促进公众健康,政治制度能产生很大的影响。

4. 社会经济因素　社会经济状况与个人经济条件的好坏都直接影响到人们的健康水平。

5. 文化教育因素　文化教育通过影响人类素质间接影响到人们的健康意识。人不能脱离环境而生存,需要与家人、朋友和同事交往,与其所居住的社会发生交流,如城市快速发展,生活节奏加快,导致人际关系疏远,情绪处于紧张状态,往往易导致心理问题及高血压等疾病。

健康的四大基石

1992 年,世界卫生组织在加拿大维多利亚召开的国际心脏健康会议上,发表了庄严的《维多利亚宣言》,提出了健康的四大基石:合理膳食、适量运动、戒烟限酒、心理平衡。

（三）机体因素

1. 遗传因素　据统计,世界遗传性疾病患者有 6.4 亿,我国就约有 1.3 亿。遗传因素占影响健康因素的 10%,对人类健康的影响不容忽视。生物遗传因素包括生殖细胞或精卵遗传物质发生突变而引起遗传性疾病,如糖尿病、色盲、血友病等;因胚胎期受病毒感染而引起的先天性疾病,如先天性心脏病、畸形等,目前也呈上升势头。另外精神病、高血压、癌症等与家族史有关。由于遗传性疾病病种多且许多疾病目前尚无有效的根治方法,主要通过提倡科学婚配、优生和法制等手段来减少遗传性疾病的发生。

2. 心理因素　心理因素主要是通过情绪、情感发生作用,通过神经系统影响人体内脏器官生理和生化改变,从而造成功能紊乱、免疫力下降等。现代医学研究表明,许多慢性病的发病与心理因素有关,如心血管病、肿瘤、高血压、胃和十二指肠溃疡等。

（四）生活方式

生活方式是指人们长期受一定文化、民族、经济、社会、风俗、规范,特别是家庭影响,而形成的一系列生活习惯、生活制度和生活意识。生活方式占影响健康因素的 50%,现代研究表明许多疾病与不良的生活方式和生活习惯有关,因此科学家们指出应大力提倡良好的生活习惯。

（五）获得保健设施的可能性

卫生保健设施因素包括医疗保健网络是否健全、医疗保障体系是否完善、群体是否容易获得及时有效的卫生保健和医护等方面的照顾。

三、疾病的概念

人类对疾病的认识也在随着生产的发展、科学技术的进步而不断深化。作为护理工作者应了解疾病的概念及不同时期对疾病的不同认识,因为疾病观念的变化必将影响医疗、护理工作中的一些原则。

（一）疾病的定义

人类对疾病的认识和对健康的认识一样，经历了一个漫长和不断发展的过程。

1. 疾病是鬼神附体　这种观念是由于古代生产力的低下和认识自然的能力有限而出现的疾病观。认为世间有一些超自然的力量存在，疾病是鬼神附体，鬼神的惩罚或作祟是致病的原因，是疾病的本质，因此出现了巫与医的结合——"巫医"。

2. 疾病是机体阴阳失调　在我国春秋战国时期，随着人们对自然界认识的加深，逐步认识到人与自然界的关系，他们开始从巫术中解脱出来，将朴素的唯物自然观用于人体，将人体分为阴阳两部分，阴阳协调则健康，阴阳失调则会发生疾病，这就是我国古代劳动人民经过长期的观察和实践提出的对疾病及其本质的认识。

知识链接

阴 阳 学 说

阴阳学说是以自然界运动变化的现象和规律来探讨人体的生理功能和病理的变化，从而印证人体的机能活动、组织结构及其相互关系的学说。阴阳学说是我国古代朴素的辩证唯物哲学思想，古代医学家借助阴阳学说来解释人体生理、病理的各种现象，并用以指导医学知识和临床经验。

在同一时期的西方，著名的"医学之父"希波克拉底创立了他的"液体病理学"，认为人的健康取决于4种基本流质：血液、黏液（痰）、黑胆汁（静脉血）和黄胆汁，疾病是4种流质不正常的混合与污染的结果。

这些以古代朴素唯物论和辩证观为基础的疾病理论，虽是幼稚的、带有一定的主观猜测性，但能将疾病的发生同人体的某些变化联系起来，对医学的形成和发展有着重大而深远的意义。

3. 疾病是机体功能、结构与形态的改变　这是在生物医学模式指导下提出的疾病的定义，是疾病认识史上的一次飞跃，也是医学发展到一定阶段的结果。其特点是把疾病视为人体某个（些）组织、器官或细胞的结构、功能或形态改变，这就从本质上把握了疾病发生的原因，如肺炎有血白细胞的升高，肾炎有尿蛋白的出现。事实上，正是在这种疾病观的指导下，许多疾病的奥秘从本质上得以揭示，使人类在征服疾病的进程中取得了前所未有的成绩。然而这个定义也有其自身局限性，突出表现在无法解释一些无结构、功能与形态改变的疾病，如精神病；另外忽视了机体的整体性。

4. 疾病是机体内环境的恒定状态被破坏　这是在"人是一个整体"的观点指导下对疾病做出的解释。19世纪末，法国生理学家伯纳德在大量生理实验的基础上对致病原因提出了现代的概念。他认为："所有生命都是以维持内环境的平衡为目的，疾病是机体内环境平衡的破坏"。

在 20 世纪 30 年代，美国生理学家坎农又进一步发展了伯纳德的学说，他首次提出了"内环境稳定"一词，指出"机体整体及体内某一功能系统、器官或细胞在各种调节与控制机制作用下所保持的功能和结构上的动态平衡，是机体及其他所有生命系统的根本特征之一"。因此，疾病是由机体内环境恒定状态被破坏导致的。

20 世纪 50 年代，加拿大生理学家席尔的压力（应激）学说又进一步完善了现代整体观的疾病理论。他认为疾病是因各种刺激作用于机体，使垂体-肾上腺皮质系统功能改变而引发的一系列内分泌改变的表现。应该说将疾病看作是机体恒定状态的破坏，用整体的观点取代了局部的观点，是疾病认识上的又一进步。

综上所述，将疾病定义为：是机体身心在一定内外因素作用下出现的一定部位的功能、代谢或形态结构改变，表现为机体内部及机体与环境间平衡的破坏或偏离正常状态。生病一般指本人或他人对患者表现的一种主观感受。通常是通过对身体及心理上的不适、痛苦、厌倦、不愉快或难受等感知而形成的认识。如我们常听到的："我觉得病了""他看起来病了"。因此可以把身体或精神上的某些障碍造成的某些痛苦或不愉快确定为"生病"。而疾病是客观存在，作为护理人员，不仅应了解疾病的诊断与治疗，而且应敏锐观察病人对生病的表述与反应，分析有无陈述生病的不良动机，从而使治疗更有效。

（二）疾病的影响

疾病不只是对个体有影响，每个病人及其家属都必须面对疾病及其治疗所带来的变化与影响。由于病人对疾病的反应都有其独特的个体性，因此护理问题与护理措施应体现以服务对象为中心的个体化护理特征。通常疾病对病人及其家属造成的影响有以下几个方面。

1. 对个人行为与情绪方面的影响　一般来说，疾病所造成的个人行为与情绪改变可因疾病的性质、病人及他人对该病的态度不同而有所不同。通常，短期的、无生命危险的疾病不会引起病人与家人太大太久的行为改变；而重病，尤其是对生命造成威胁的疾病则可引起强烈的行为与情绪反应，如焦虑不安、震惊、否认、愤怒等，这些反应也可视为病人及家属对疾病的应激反应。

2. 对个人自主性与生活方式的影响　疾病常可降低个人的自主性，而出现更多的依从或遵医行为。如许多病人为了疾病的康复，愿意放弃自己原有的生活方式与生活习惯，在饮食、作息、卫生等方面采纳医护人员的建议。

3. 对个人和家庭经济的影响　疾病对家庭经济带来的影响是显而易见的。

4. 对身体形象所产生的影响　一些疾病可引起病人身体形象的改变，从而导致病人与家属的一系列心理反应。反应的程度取决于以下几个方面。

（1）外表改变的类型　如截肢,丧失某一感官或某一器官等。

（2）病人与家属的适应能力　如由于疾病的影响导致心理压力过重等。

（3）支持系统是否健全　反应的过程一般包括震惊否认、逐步承认、接受、配合康复4个阶段。

因此,护士应积极帮助病人进行心理调整和适应改变,以良好的心态对待疾病,促进病人早日康复。

5. 家庭角色的改变　无论是在家庭还是在社会中每个人都有自己的角色。然而当家庭成员患病后,他被允许免于承担一些角色,因此在疾病过程中,角色的改变是显而易见的。如病情不重,这种角色改变只是暂时的,随着疾病的恢复,他可很快恢复原有的角色。

6. 对自我概念的影响　疾病可影响病人及其家人的自我概念,特别是一些久治不愈的疾病以及一些使人带有一定偏见的疾病,如精神病、性传播疾病等。由于生活自理能力的下降和依赖性的增强,也常影响到病人的自尊心或使得病人不再可能重新回到自己原来的角色。

四、健康的模式

健康与疾病是两个复杂的概念,为了对其有更进一步的认识,现介绍两个有关健康的模式。

（一）健康—疾病连续相模式

在健康—疾病连续相模式中,健康是指人在不断适应内外环境变化过程中所维持的生理、心理、情绪、精神、智力及社会等方面的动态平衡状态;而疾病则指人的某方面功能较之于以前的状况处于失常的状态。健康—疾病连续相即指健康与疾病是一种连续的过程,同处于一条连线上,其活动范围可从濒临死亡至最佳健康状态(图3-1)。

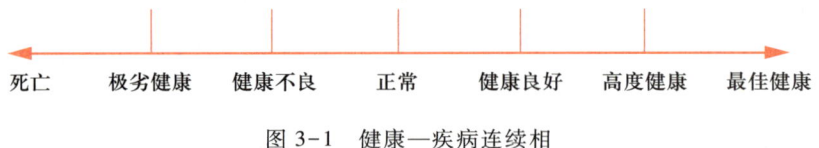

图3-1　健康—疾病连续相

任何人任何时候的健康状况都会在这连续相两端之间的某一点上占据一个位置,且时刻都处在动态变化中。如某人某日感觉精力充沛、心情舒畅、头脑反应灵敏、办事效率高,其健康就偏向最佳健康侧;第二天他感冒了,头胀、身感无力、周身不适、心情不佳、注意力无法集中,此时其健康则转向健康不良侧;经有效的治疗、休息后,感冒症状很快消除,精力恢复,故健康又转向较佳健康侧。

连续相上的任何一点都是个体身、心、社会等诸方面功能的综合表现,而非单纯的生理上的有无疾病。如一个生理功能正常但行为紊乱、社会适应不良的服务对象,其在连续相上所占的位置应在健康不良侧。

护士应用该模式可以帮助服务对象明确其在健康—疾病连续相上所占的位置,并协助其采取措施,从而尽可能达到健康良好状态。

(二)最佳健康模式

1961 年邓恩提出:健康仅仅是"一种没有病的相对稳定状态。在这种状态下,人和环境协调一致,表现出相对的恒定现象"。人应设法达到最佳健康水平,即在其所处的环境中,使人各方面的功能得以发挥到最佳,并发展其最大的潜能。

最佳健康模式更多地强调了促进健康与预防疾病的保健活动,而非单纯的治疗活动。因此,护士可应用最佳健康模式帮助其服务对象进行有利于发挥机体最大功能和发展潜能的活动,从而帮助其实现最佳健康。如对于有生理残障者,护士在制定护理计划时,不仅要考虑如何在生理方面发挥其残存功能,还要帮助其在社会、情感、认知等方面适应这种残疾,将其生理残疾融入新的生活方式中,以提高生活质量。

五、健康与疾病的关系

健康和疾病都是人生命过程中最为关注的现象,对健康与疾病关系的认识,在不同阶段有着不同的观点。

(一)两者各自独立且相互对立

过去多认为两者各自独立且相互对立,即为一种"非此即彼"的关系。有人认为,进了医院就是患者,离开医院就是健康人,这一观点忽略了中间的恢复过程。事实上,每个人的体质与精神状态差异性很大,即使年龄、性别、职业、文化程度及所患疾病都相同,其结果也不一定相同。

(二)健康与疾病是连续的统一体

20 世纪 70 年代,有人提出健康与疾病是连续统一体的观点,认为人的生命活动从出生到死亡是由健康与疾病构成的线性谱,即以良好的健康状况为一端,以疾病状态、衰老和死亡为另一端,在一定条件下两者可以互相转化。

(三)健康与疾病可在个体身上同时并存

现在更多地认为健康与疾病可在个体身上同时并存,即一个人可能在生理、心理、社会的某方面处于健康的低水平甚至疾病状态，但在其他方面却是健康的。如"身残志坚"，即一个生理残疾的人可通过自己的调整，扬长避短，达到自身健康的良好状态，并充分发挥潜能，同样能为人类、为社会做出贡献。

另外，健康和疾病之间有时很难找到明显的界限，存在过渡形式，是动态的、不是绝对的。如一个人自觉不适，可能是由于疲劳所致，并非是患了某种疾病，但也可能是某些疾病的先兆；一个早期癌症的病人，可能毫无症状，但疾病已潜伏在其体内并在继续发展中。

（四）健康与疾病是一种主观对客观的判断

这种判断的准确性是不断发展的，任何时候做出的判断只有相对的意义。许多慢性病患者，如高血压、心脏病、糖尿病患者，在医护人员的精心诊治、护理下其疾病处于稳定状态，生活能自理，可参加社会活动，即达到了他们自己的健康水平；又如某些因病致残者，经过康复和医护人员的努力，把伤残程度降至最低水平，使身体尚存的功能充分发挥作用，使其生活能够自理，生活质量得到保证，尽可能对社会有所贡献，这就达到了他们自己的健康水平。

因此，健康与疾病的关系可概述为：健康是一种状态，是不断变化的，没有绝对的、静止的健康状态。健康与疾病是生命连续统一体中的一对矛盾，这对矛盾的相互作用是以人的功能状态来体现的。维持健康的基本条件是人的多层次需要得到满足，使机体处于内外环境的平衡和协调状态。

第三节　环境

环境是我们每个人生活的空间，护理理论家罗伊把环境定义为："围绕和影响个体或集体行为与发展的所有因素的总和"；韩德森认为环境是"影响机体生命与发展的所有外在因素的总称"。环境是人类赖以生存的周围一切事物，包括内环境和外环境。

一、人的内环境

（一）内环境的概念

内环境是指人体内部的环境，包括生理和心理等方面。生理内环境是指细胞外液，即细胞生存的环境；心理内环境是指一个人的心理状态，对人的健康有很大影响。

（二）内环境与健康

第一个描述人的内环境的是法国生理学家伯纳德。他认为：一个生物体要生存就必须努力保持其体内环境处于相对稳定的状态。其后许多科学家致力于这方面的研究，大量研究表明：人体不断地使内部环境维持一种动态的相对稳定状态，这种状态是靠机体的各种调节机制（如神经系统和内分泌系统的功能）在无意识状态下以自我调整的方式来控制和维持的，只有内环境相对稳定，才能保持人体生理功能的正常，维持健康状态。

二、人的外环境

人的外环境可分为自然环境和人文社会环境，还有与护理专业相关的治疗性环境。

（一）自然环境

自然环境即生态环境，是存在于人类周围自然界中各种因素的总称，是人类及其他一切生物赖以生存和发展的物质基础。包括物理环境（如空气、阳光、水、土壤等）和生物环境（如动物、植物、微生物等）。近年来我国人民的物质生活水平得到迅速的改善和提高，但同时也承受了因经济增长而带来的新问题，如环境的污染。由于环境和人类的健康密切相关，医护人员有责任和义务通过各种渠道、运用各种方式宣传和影响公众，使其保护人类赖以生存的环境。

（二）人文社会环境

人文社会环境是人为的环境，是人们为了提高物质和文化生活而创造的环境。在这个环境中也存在许多危害健康的因素，如人口的超负荷增长、文化教育落后、人际关系不协调、缺乏科学管理及医疗保健服务体系不够完善等。

（三）治疗性环境

治疗性环境是专业人员在以治疗为目的的前提下创造的一个适合病人恢复身心健康的环境。个体在生命过程中都有机会接触医疗环境，而医疗环境中是否强调为病人提供治疗性设施与服务，不仅会影响病人在就医期间的心理感受，还会影响个体疾病恢复的程度与进程。因此，作为医务人员，提供一个安全、舒适、优美的适合病人恢复健康的治疗性环境是十分必要的。治疗性环境应主要考虑以下两方面因素。

1. 安全　治疗性环境应考虑病人的安全,这就要求医院在建筑设计、设施配置以及各部门相关人员在治疗和护理过程中均应有安全防护意识,以防意外事件的发生。如医院应设有防火装置、紧急供电装置;病房配有安全辅助用具或设施（如拐杖、轮椅、床栏、带扶栏的走廊等）;用热、冷治疗的过程中防烫伤和冻伤等。此外,安全也包括防止微生物的传播,因此医院中要设有院内感染控制机构,定期对医院内的空气、物体表面及无菌物品等进行细菌监测,以防院内感染的发生。

2. 舒适　舒适首先来自医院良好的物理环境,包括温度、湿度、光线、对噪声的控制与清洁的维持;舒适也源于医务人员优质的服务技术与良好的服务态度,使病人感到心情舒畅。此外优美的环境布置也可使病人感觉舒适。

三、环境与人类健康的关系

人类的一切活动都离不开环境,人类与环境相互依存,相互影响。人类的健康与环境状况息息相关,一方面,人们通过自身的应对机制不断地适应环境,通过改造自然不断地改善和改变自己的生存与生活环境;另一方面,环境质量的优劣又不断地影响着人们的健康。在人类所患疾病中,不少与环境中的致病因素有关,其中人为的生产活动所造成的环境破坏比自然环境中的危害因素对人类健康的威胁更为严重。人们在改造自然的同时,要有环境保护意识,自觉地保护自己的生存环境,使人类与环境相互协调,维持一种动态平衡状态,使环境向着有利于人类健康的方向发展。

第四节　护理

护理的概念随着护理专业的形成和发展不断地得到认识、变化和发展。护理人员只有对护理及护理专业有所认识,方能不断塑造自己的专业特征,培养自己的专业素质,扮演好自己的专业角色。

一、护理的概念

护理的英文名是"nursing",源于拉丁文"nutricius"。原意为抚育、扶助、保护、照顾幼小等。自从南丁格尔开创现代护理新时代100多年以来,护理定义的内涵和外延都发生了深刻的变化,这种变化可以从不同年代学者或组织对护理的定义中反映出来。南丁格尔认为:"护理既是艺术,又是科学"。1859年她在《护理札记》中写道:"护理应从最小限度地消耗病人的生命力出发,使周围的环境保持舒适、安静、美观、整洁、空气新鲜、阳光充足、温度适宜,此外还要合理地调配饮食。"美国护理学家韩德森在 1966 年指出:"护士的独特功能是协助患病的或健康的人,实施有利于健康、健康恢复或安详死亡等活动。这些活动,在个人拥有体力、意愿与知识时,是可以独立完成的,护理也就是协助个人尽早不必依靠他人来执行这些活动"。美国护理学家罗杰斯 1970 年指出:"护理是一种人文方面的艺术和科学,它直接服务于整体的人。护理要适应、支持或改革人的生命过程,促进个体适应内外环境,使人的生命潜能得到发挥"。国际护士会 1973 年提出:"护理学是帮助健康的人或患病的人保持或恢复健康(或平静地死去)的学科"。美国护士协会在 1980 年提出:"护理是诊断和处理人类对现存的和潜在的健康问题反应的科学"。因此,仔细分析这些定义所包含的在服务对象、服务场所与服务手段等方面的异同,可反映出护理在特定时期的大致轮廓。

二、护理的内涵

尽管护理在近 100 年来发展迅猛,变化颇大,然而它所具有的一些基本内涵,即护理的核心却始终未变。

1. 照顾　照顾是护理永恒的主题。纵观护理发展史,无论是在什么年代,亦无论是以什么方式提供的护理,照顾(病人或服务对象)永远是护理的核心。

2. 人道　护士是人道主义忠实的执行者。在护理工作中提倡人道,首先要求护理人员视每一位服务对象为具有人性特征的个体,是具有各种需求的人,从而尊重个体,注重人性;提倡人道,也要求护理人员对待服务对象一视同仁,不分高低贵贱,不论贫富与种族,积极救死扶伤,为人类的健康服务。

3. 帮助　帮助性关系是护士用来与护理对象互动,以促进健康的手段。护士和病人的关系是帮助与被帮助、服务与被服务的关系。这就要求护理人员用自己特有的专业知识、技能与技巧为服务对象提供帮助与服务,满足其特定的需求,与之建立良好的帮助性关系。护士在帮助病人的同时也从病人那里深化了自己所学的知识,积累了工作经验,自身也有获益,因此,这种帮助性关系是双向的。人、环境、健康、护理 4 个基本概念之间是相互关联、相互作用的。4 个概念的核心是人,人是护理服务的对象;护理是以人的健康为中心的实践活动;护理对象存在于环境中并与环境互相影响;健康即机体处于内外环境平衡、多层次需要得到满足的状态。护理的任务是创造良好的环境并帮助护理对象适应环境,从而达到最佳健康状态。

护理研究必须注意人的整体性,即人与社会的整体性、人与自然的整体性,只有把人和自然、社会看成一个立体网络系统,把健康和疾病放在整个自然、社会的背景下,运用整体观念,才能探索出护理学的规律,促进护理学的发展。

三、整体护理

整体护理是在现代科学交叉整合发展趋势，以及由此而形成的大科学观的深刻影响下产生的，是人类对自身认识及对健康与疾病认识不断深化的必然结果。它标志着当代护理思想与观念的重大改革，极大地丰富和完善了护理学的理论体系。整体护理的开展，促进了我国护理人员思维模式的转变，并通过科学的工作方法，有效地解决了护理对象的健康问题，扩大了护理专业的自主权和独立性，使护理质量得到了实质性提高。

（一）整体护理的概念

整体护理是以人为中心，以现代护理观为指导，以护理程序为基本框架，把护理程序系统化地运用到临床护理和护理管理中去的指导思想。

（二）整体护理的内涵

整体护理是一种思想，一种理念，作为护理学的基本概念，引导人们进一步认识护理学的科学内涵，确立了以人为中心的现代护理观，明确了护理的宗旨，即通过整体护理提供适合个人的优质护理服务，从而达到最佳健康状态。整体护理的科学思想内涵体现在如下几个方面。

1. 护理应对人的整个生命过程提供照顾　护理服务的范围是人生命周期的全过程，从出生到衰老，直至临终各个阶段。人在生命过程的各阶段，特别是在生、老、病、死时都有着不同的护理需求，因此，护理应服务于人类生命的全过程，针对个体所处的不同生命阶段，给予相应的照顾和健康指导。整体护理以护理对象是开放的整体为思考框架，把人看作一个整体，即从生理、心理、社会、文化、精神等方面考虑人类现存或潜在的健康问题，并按护理程序解决这些问题，提供适合护理对象需要的最佳护理。

2. 护理应关注健康与疾病的全过程并提供服务　护理是健康科学中一门独立的学科，护士肩负着人群健康服务的重任。由于人的健康需要是多方面的，包括健康促进、健康维护、疾病预防以及疾病康复，特别是对于生病的个体，护士不仅要注重疾病的痊愈，还要关心患者的康复、自理，注重健康教育、预防保健等，从而达到个人健康的最佳水平。

3. 护理应对整个人群提供服务　护理服务的对象从病人扩大到健康人。为达到全民健康的目标，要求护理人员不仅对服务对象个体给予帮助和照顾，更重要的是将服务对象扩展到家庭、社区的整个人群，提高人群的整体健康水平。

（三）整体护理的实践特征

1. **以现代护理观为指导** 护理是以人的健康为中心，护理对象不仅是病人，而且包括健康人；护理服务范围不仅在医院，而且还包括家庭和社区。在护理工作中为满足病人的身心需要，促进身体和精神的健康，确立了以人的健康为中心的现代护理观，为整体护理的开展奠定了实践基础。

2. **以护理程序为核心** 护理程序是科学地认识问题、解决问题的工作方法。整体护理是以护理程序为核心结构，把护理哲理、护士的职责与行为评价、人员的组成结构、标准护理计划和教育计划、护理表格的制作与作用、护理质量控制等各个环节有机地结合在一起，做到紧密联系，协调一致，确保护理人员在临床护理和护理管理工作中自觉地运用护理程序的科学思维方式和行为方式进行工作，从而促进护理专业的发展和护理质量的提高。

3. **实施主动的计划性护理** 整体护理从本质上改变了医嘱加护理常规的被动护理局面，护士不再只是医生的助手，而是与医生一道，相互合作、相互补充，形成新型的合作伙伴关系。护理人员的主动性、积极性和潜能得到充分发挥。护士工作的思维方式发生了改变，护理不再是被动地执行医嘱和盲目地完成护理操作，代之以全面评估、科学决策、系统实施、客观评价的主动调控过程，充分显示护理专业的独立性和护士的自身价值。

4. **体现护患合作的过程** 服务对象是护理服务的核心，其思想、行为与情绪等都应受到护理人员的重视，整体护理十分注重服务对象及家属的自护潜能，强调通过健康教育，提高服务对象及家属的自护能力，并提供机会让他们参与自身的治疗、护理和康复活动，从而促进护患关系的良好发展。

四、人、环境、健康和护理的关系

人、环境、健康、护理4个基本概念之间是相互联系、相互作用的。这4个概念的核心是人，人是护理的服务对象。护理实践是以人的健康为中心活动的，护理对象存在于环境中并与环境互相影响，健康即为机体处于内外环境平衡、多层次需要得到满足的状态。护理的任务就是创造良好的环境并帮助护理对象适应环境，从而达到最佳健康状态。

（钱俊轩）

自测题

【A1型题】

1. 护理理论的4个基本概念是（　　）。

A. 预防、治疗、护理、环境   B. 健康、环境、社会、护理

C. 人、环境、健康、预防   D. 人、环境、健康、护理

E. 病人、预防、治疗、护理

2. 世界卫生组织对健康的定义不包括(   )。

A. 没有躯体疾病   B. 有完整生理状态

C. 有一定的劳动能力   D. 有完整的心理状态

E. 有良好的社会适应能力

3. 下列对环境的认识,不妥的是(   )。

A. 环境是客观存在的   B. 人的活动离不开环境

C. 环境决定人的健康   D. 环境是动态的和持续变化的

E. 人可以改变环境

4. 护理理论和实践的核心是(   )。

A. 人   B. 环境   C. 健康   D. 疾病   E. 护理

5. 关于整体护理的概念,下列不妥的是(   )。

A. 护理工作是对病人生活和疾病的护理

B. 护理工作能满足护理对象生理、心理、社会等方面的需求

C. 护理服务的对象包括病人也包括健康人

D. 护理服务人的生命全过程

E. 护理工作服务于个体、家庭和社区。

6. 下列对疾病说的认识正确的是(   )。

A. 疾病是鬼神附身

B. 疾病是人体某个(些)组织、器官或细胞功能的失调

C. 疾病是人体某个(些)组织、器官或细胞结构的异常

D. 疾病是人体某个(些)组织、器官或细胞功能或形态的改变

E. 疾病是机体恒定状态的破坏

7. 有关现代护理人的概念,下列不妥的是(   )。

A. 人具有生物属性和社会属性   B. 人有多层次的需要

C. 人包括个体也包括群体   D. 人包括医院、家庭和社区中的病人

E. 人是由生理、心理和社会等综合因素组成的整体的人

【A2 型题】

8. 张某,女,25岁,子宫癌患者,手术后焦虑不安,常哭泣,下列首选的护理措施是(   )。

A. 通知主管医生   B. 注射镇静药

C. 通知家属探视   D. 允许家属陪伴

E. 让其倾诉并给予安慰

9. 李护士在工作中总是想方设法地与同病区工作人员搞好关系,这是为了满足自身(　　)。

A. 生理方面的需要　　　　　　B. 社会方面的需要

C. 情感方面的需要　　　　　　D. 认知方面的需要

E. 精神方面的需要

10. 大学生小张认为自己体形太胖而节食减肥,这种对自己的看法属于自我概念的(　　)。

A. 身体心像　　　　　　　　　B. 自我感知

C. 角色表现　　　　　　　　　D. 自我特征

E. 自尊

11. 张某,女,53岁,因与他人争吵导致冠心病心绞痛发作,急诊入院治疗,下列影响病人健康状态的因素是(　　)。

A. 环境因素　　　　　　　　　B. 遗传因素

C. 心理因素　　　　　　　　　D. 生活方式

E. 获得保健设施的可能性

【A3型题】

(12~13题共用题干)

李某,男,41岁,因为长期酗酒导致酒精性肝硬化,肝功能异常而入院治疗。

12. 你认为影响其健康状态的因素是(　　)。

A. 环境因素　　　　　　　　　B. 心理因素

C. 生活方式　　　　　　　　　D. 家庭因素

E. 医疗保健网络不健全

13. 你认为健康与疾病的关系是(　　)。

A. 呈动态变化　　　　　　　　B. 彼此适应

C. 非此即彼　　　　　　　　　D. 由环境决定

E. 可自身调节

第四章　护士与病人

学习目标

思维导图

◇ **知识目标**

1. 掌握现代护士的角色；

2. 掌握病人角色适应过程中的问题；

3. 掌握护士的权利和义务；

4. 掌握护患关系的基本类型；

5. 熟悉病人角色特征；

6. 熟悉病人的权利和义务；

7. 了解角色的基本概念和特征；

8. 了解护患关系的性质。

◇ **能力目标**

1. 通过学习，能够运用所学知识准确评估病人的角色适应状况，并制定相应的护理干预措施；

2. 分析护患关系的类型，调整护理策略，建立良好的护患关系；

3. 结合病人的权利和义务，为病人提供合法、合理且个性化的护理服务。

◇ **素养目标**

1. 具有高度的责任心和敬业精神；

2. 具有良好的沟通能力和人文关怀素养；

3. 塑造良好的职业道德，严守行业规范和职业操守；

4. 适应护理学科的发展和变化，为病人提供最前沿的护理知识和技术。

第一节　角色

一、角色的基本概念

角色（role）是社会心理学中的专门术语，是对某特定位置的行为期待与行为要求，是个体在多层面、多方位的人际关系中的身份和地位。也可以说，角色是一个人在某种特定场合下的权利、义务和行为准则。每个社会角色都代表着一定行为的社会标准。个体在不同的时间和空间里，会扮演着许多不同的角色，如一个中年女性在医院是医生，在家中对父母而言是女儿，对丈夫而言是妻子，对子女而言是母亲等。在这种一对一的关系中，会因其对象的不同，而扮演不同的角色，承担不同的责任。

二、角色的特征

1. 角色之间互相依存　角色在社会中不是孤立无援的，而是与其他角色相互依存，即一个人要完成某一角色，必须有一个或一些互补的角色存在。
2. 角色行为由个体完成　只有在个体存在的情况下，才会拥有某一角色。
3. 多种角色共存　每个人的一生中会获得多种角色，在不同的时间、空间里会同时扮演多种不同的角色。

第二节　护士角色

一、历史上的护士角色

1. 民间形象　护士最初的角色形象是"母亲代理人"。母亲或妇女哺育幼儿、照顾患者和老年人，扮演着护士的角色。护士在人们心中以"温柔、慈祥"的"母亲形象"留下了美好的职业形象。不需专业知识，只需向母亲一样去照顾老弱病幼的日常生活。

2. 宗教形象　中世纪的欧洲，由于受宗教影响，许多教会都开办医院，拯救受苦受难的民众。基督教徒们认为照顾患者与拯救人们的灵魂一样重要，强调爱心、仁慈。宗教形象强化和丰富了民间的护士形象,众多修女、基督教徒从事医疗护理工作,由修女照顾患者的生活,护士被赋予了"宗教形象"。

3. 仆人形象　16—19世纪,这是护理历史上的黑暗时期,当时疾病被认为是一种惩罚,生病被看成是上帝对罪人的惩罚。没有人愿意去照顾这些"罪人",而由出生卑微、贫穷或者道德不好的妇女甚至酒鬼和罪犯来担任护士。不为患者祈祷,不能提供良好的护理服务,只能做一些仆役式的工作,因此,护士被看成仆人,视为"奴仆"。

二、现代护士角色

由于科技的发展,人民生活水平的提高以及对健康的重视,护士的角色及功能范围不断扩大及延伸,对护士素质的要求也越来越高。要求护士受过专业教育,取得执业资格,在执行护理活动时,有一定的专业知识及技能,并遵守护理伦理道德的规范要求,为服务对象提供高质量的护理服务。

随着护理专业的不断发展,专业护士的角色越来越多,近年来,随着人们对护理专业要求的不断增加,专业护士的角色范围也在不断地扩展。

1. 护理者(care giver)　即应用自己的专业知识及技能满足服务对象在患病过程中的生理、心理、社会文化、情感精神等方面的需要,并帮助服务对象最大限度地保持及恢复健康、预防疾病、减轻病痛、控制感染、减少服务对象对疾病的各种压力反应等。

2. 决策者(decision maker)　指护士应用护理专业的知识及技能,收集服务对象的有关资料,判断其健康问题及原因或诱因,做出护理诊断,并根据服务对象的具体情况制定护理计划,执行计划并判断及评价,在整个护理活动中,护士是服务对象健康问题的判断者及护理的决策者。

3. 计划者(planner)　护理程序本身就是一连串经过计划的步骤与措施,有效地满足病人的需要,解决病人的健康问题。在这一系列的计划过程中,护士必须应用自己扎实的专业知识及敏锐的观察与判断能力,为服务对象做出符合需要及特征的整体性护理计划。

4. 沟通者(communicator)　包括收集资料与传递信息。为了提供适合服务对象情况的个体化的整体护理,护士必须与服务对象、家属、医生、同事及其他健康工作者沟通,以更好地了解服务对象的情况,使各种健康服务人员更加明确服务对象的需要及疾病的发展过程,最大限度地满足服务对象的需要。

5. 管理者及协调者(manager and coordinator)　专业护士有责任管理及组织服务对象护理的过程,并注意协调护理过程中与各种人员之间的关系,以保证良好的护理质量。

6. 促进康复者(rehabilitator) 在服务对象由于疾病或意外伤害出现伤残或失去身体的某种功能时,护士应想方设法提供康复护理的专业技术及知识,以帮助病人最大限度地恢复身体健康,并做到最大限度的独立及自理。

7. 教育者及健康咨询者(teacher and counselor) 护士必须应用自己的知识及能力,根据服务对象的具体情况对服务对象及家属实施健康教育或提供咨询,包括向服务对象及家属讲授或解答他们有关如何预防疾病、维持健康、减轻疼痛及恢复健康的问题,以最大限度地获得自理的知识及技能。

8. 代言人及维护者(advocator and protector) 护士应为服务对象提供一个安全的环境,采取各种预防措施以保护服务对象免受伤害及威胁。在服务对象自己没有能力分辨或不能表达自己的意图时,护士应为服务对象辩护。当护士发现一些损害服务对象利益或安全的人或事时,或者当护士发现有任何不道德、不合法或不符合服务对象意愿的事情时,应挺身而出,坚决捍卫服务对象的安全及利益。

9. 研究者、著作者和改革者(researcher、author and innovator) 实施护理科研,可以检验成果,促进护理专业的发展,提高护理质量,进一步丰富护理理论及专业基础知识。同时将自己的科研结果写成论文或专著,在会议上宣读或在专业杂志上发表,有利于专业知识的交流。同时,护士应具有改革精神,运用科学思维,在实践中通过应用和检验,不断改革护理方式,推动护理事业的不断发展。

10. 权威者(authority) 在护理领域,护理人员拥有丰富的专业知识及技能,能自主地实施各种护理功能,在护理领域最具权威性。因此,对有关护理的事务,护士最具有权威性的发言权。因为护士知道何时、何地、如何应用其专业知识及能力去满足服务对象的需要。

知识链接

护士执业资格考试

根据 2008 版《护士条例》对护士执业资格考试的要求,护士执业资格考试是评价申请护士执业资格者是否具备执业资格所必须要的专业知识、技能和能力的考试。考试的重点是贴近临床实践。考试的试卷内容结构包括 3 个方面:① 主要护理任务。② 完成任务所需要的护理知识。③ 各类常见疾病。整套试卷包括一组试题,每道试题都可以归属在特定的常见疾病背景下,护士为完成某一特定的护理任务所需要的特定知识。

试题全部采用单选题,并采用计算机阅卷评分。根据考试内容设计需求,试题题型采用包括临床背景的题型,主要使用 A2、A3、A4 型题,逐步增加案例分析、多媒体试题,辅以少量考察概念的 A1 型题。

小唐是某市医院急诊科护士，凌晨 2 点，一名酒气熏天的壮汉走进护士站，诉不适，要求治疗，但是值班医护人员正在抢救一名车祸患者，小唐负责接待醉汉，为其进行生命体征的测量均正常，向患者解释医生稍后过来诊治。但是该醉汉不予理解，掀翻了办公桌上的计算机，并大声辱骂小唐。

请思考：

1. 遇到上述情况，小唐该怎么办？

2. 小唐的哪些权利受到损害？

三、护士的权利与义务

（一）护士的权利

1. 获得与自己工作相称的经济报酬的权利 护士执业，有按照国家有关规定获取工资报酬、享受福利待遇、参加社会保险的权利。任何单位或者个人不得克扣护士工资，降低或者取消护士福利待遇等。

2. 获取开展执业活动所需条件的权利 护士执业，有获得与其所从事的护理工作相适应的卫生防护、医疗保健服务的权利。从事直接接触有毒有害物质，有感染传染病危险工作的护士，有依照有关法律、行政法规的规定接受职业健康监护的权利。

3. 参加专业培训和开展科学研究的权利 伴随着护理学的发展，护士的知识技能需要不断提高和更新。因此，护士有按照国家有关规定获得与本人业务能力和学术水平相应的专业技术职务、职称的权利；有参加专业培训、从事学术研究和交流、参加行业协会和专业学术团体的权利。

4. 对医疗卫生管理提出意见和建议的权利 护士有获得疾病诊疗、护理相关信息的权利和其他与履行护理职责相关的权利，可以对医疗卫生机构和卫生主管部门的工作提出意见和建议。

5. 要求人格尊严、人身安全不受侵犯的权利 护理职业是崇高的职业，它关系到人的健康和生命安危。从事护理职业的护士应该受到人们的尊重和爱戴，拥有较高的职业人格和社会地位。

（二）护士的义务

1. 护士执业，应当遵守法律、法规、规章和诊疗技术规范的规定。

2. 护士在执业活动中,发现患者病情危急,应当立即通知医师,在紧急情况下为抢救垂危患者生命,应当先行实施必要的紧急救护。

3. 护士发现医嘱违反法律、法规、规章或者诊疗技术规范规定的,应当及时向开具医嘱的医师提出,必要时,应当向该医师所在科室的负责人或者医疗卫生机构负责医疗服务管理的人员报告。

4. 护士应当尊重、关心、爱护患者,保护患者的隐私。

5. 护士有义务参与公共卫生和疾病预防控制工作。发生自然灾害、公共卫生事件等严重威胁公众生命健康的突发事件时,护士应当服从安排,参加医疗救护。

四、护士在维持和促进健康中的作用

实施促进健康的护理活动,有利于个体和群体促进健康行为的建立。护士在促进健康活动中的任务不仅仅是解除病痛,延长患者的生命,还要努力提高病人的生存质量。促进健康的护理活动包括以下几个领域。

1. 生理领域　为了促进健康、提高人们的生存质量,首先必须做好生活护理,避免不良刺激,保证病人有良好的生理舒适感。具体内容如下。

（1）采取一定的措施减轻或消除病人的疼痛及不适,如保持病人处于舒适的体位、按照医嘱适时应用镇痛药、运用松弛疗法、协助病人适量运动等。

（2）保证周围环境的安静,使病人有足够的休息和睡眠。

（3）根据病人的具体情况,满足其饮食、饮水、排泄等方面的需要。

2. 心理领域　护士应运用良好的沟通技巧,进行心理疏导,鼓励病人宣泄,帮助病人认识生存的价值,树立正确、豁达的健康观。

3. 社会领域　鼓励病人家属及其有重要关系的人经常探望和陪伴病人,给予病人更多的温暖和支持,使其获得感情上的满足感。

第三节　病人角色

一、病人角色的特征

病人亦称患者,一般常指患有病痛的人,它还与英文 patient（忍耐）一词有关,意味着患者是忍受疾病痛苦的人,但是这种理解还不够确切,现实社会人群中有不少人患有各种疾病,但是他们没有求医,仍然像健康人一样承担着社会责任,社会也没有把他们当病人。相反,有些人虽然未患病,但是出于某种生理、心理和社会需求前去就医,仍被列入病人的行列。因此,社会学中的病人概念专指在医疗环境(包括医院、社区、家庭)中,寻求诊疗或正处于诊疗中的人。

病人角色(patient role)最初由美国社会学家帕森斯(Parsons)于1951年在其所著的《社会制度》一书中提出。他认为病人角色的概念应该包括以下几个特点。

1. 免除或减轻日常生活中的其他角色和义务,免除的程度取决于所患疾病的性质及严重程度。

2. 病人一般不需为其患病承担责任,患病是超出病人意志所能控制的事情,不是病人的过错,因而也免除了其因疾病所造成问题的责任。

3. 病人应该努力使自己康复,有接受治疗、恢复健康的义务。多数人患病后都期望早日康复,并为治疗疾病做各种各样的努力。然而由于病人角色有一定的特权,可成为其继发性获益的来源。因此,一些人努力地去寻求病人角色,安于病人角色,甚至出现角色依赖等。

4. 病人有寻求有效帮助、并在治疗中积极配合医疗和护理的责任。人处于患病状态时都应该寻求他人的帮助,包括可靠的技术帮助和感情帮助。在恢复健康的医疗和护理活动中,病人不能凭自己意愿行事,必须和有关的医务人员合作,如按照医务人员的要求服药、休息和配合治疗等。

二、病人的权利与义务

人们一旦成为病人,便享有病人角色应有的权利和应尽的义务。

(一)病人的权利

我国对"病人权利"尚未专门立法,但是根据我国有关法律的间接规定和伦理要求,参照国际有关病人权利的规范,病人的权利应包括以下基本内容。

1. 医疗健康权　指病人有获得平等、适宜的医疗护理服务,从而恢复、维护和增进健康的权利。具体体现在:① 凡是病人,不分性别、国籍、民族、信仰、社会地位和病情轻重等,都有权受到友善、耐心的接待;② 有权获得良好的医疗诊疗和精心护理;③ 有权要求清洁、安静的医疗环境;④ 有权要求医疗服务的公平、及时、安全和费用的合理等。

2. 社会责任免除权　指病人在生病期间有权要求医方出具证明,暂时停止履行正常的社会职责和义务。一般情况下,成年人无论从事什么职业,处于何种社会地位,担任哪些社会角色,都要承担一定的社会责任,履行一定的社会义务。但是,当人生病时,暂时不能或无力继续履行其社会义务时,有权要求医方和社会对自己原有社会义务暂时全部或部分免除,以助于自身疾病尽快痊愈、康复,重新承担社会责任,为社会尽义务。

3. 知情同意权　病人有权得到自己所患疾病的诊断和预后的相关信息。

4. 隐私保密权　指在不违背法律、公德,不侵害他人、社会利益的前提下,病人有权要求医护人员对自己的个人隐私给予尊重和保护,不泄露给他人。

5. 选择自主权　具有完全行为能力的人应以本人意愿为准,当父母、配偶同病人意见不一致时,应尊重病人本人意愿。病人自主权不是盲目的、绝对的,需要得到医方的指导帮助,以对情况客观、全面、科学了解为基础,以不违背法律和社会公德,不侵害他人、社会利益为前提。而对病人的"非分选择",医护人员应给予干涉拒绝。

6. 医院管理监督权　指病人有权为保护自身利益而监督医院的医疗护理管理工作。包括:① 有权对医疗、护理服务中的问题提出批评、质询和建议;② 有权检举、控告侵害病人权益的行为和国家机关及其工作人员在保护病人权益工作中的违法失职行为;③ 有权在自身健康和生命遇到危险而又遭拒绝治疗时,直接或间接向有关部门及个人提出举报、批评,求得解决;④ 有权对施治单位或个人的诊疗工作做出客观评价;⑤ 有权审查医方涉及自身治疗费用的明细账单,并要求对各项支出用途的合理解释。

7. 损失补偿权　有因医疗事故所造成损害获得赔偿的权利(包括请求鉴定权、请求调解权、诉权)。

(二) 病人的义务

1. 及时就医及安心、配合医疗的义务　指病人患病时应尽早就医,尽快完成病人角色转变和适应,安心治疗。治疗过程中应如实、准确地向医护人员陈述病情,不得有所隐瞒,同时配合诊治、遵从医嘱,争取早日康复,节约卫生资源。

2. 遵守医院规章制度的义务　指病人应自觉遵守医院的作息、陪护、探视、隔离、物品摆放等各项规章制度,服从医护人员的管理,不得提出超越范围和实际情况的要求。

3. 负担合理医疗费用的义务　指病人应负担并按时、按数支付合理的医疗卫生费用,不得将经济负担转嫁给医院。这是市场经济条件下,维持医院卫生服务工作正常运转的必要条件。

4. 有尊重医务人员的劳动及其他病人的义务　指病人要理解、尊重和支持医护人员的工作。病人之间要相互鼓励、友好相处,不得损人利己。

5. 遵守医疗机构规章制度的义务,病愈后有及时出院的义务,有协助医院进行随访工作的义务。

6. 有爱护公共财物的义务。

7. 有接受强制性治疗的义务(如急危重症、戒毒、传染病、精神病等)。

三、病人角色适应过程中的问题

病人不能正常地行使其权利和义务,就会产生角色适应不良。一般常见的病人角色适应不良及主要的心理原因如下。

1. **角色行为冲突**　指病人在适应病人角色过程中,与患病前原有的各种角色发生心理冲突所引起的行为矛盾。现实生活中,人们总是承担着多种社会角色,当病人从其他角色转变为病人角色时,其他角色则处于从属角色,若病人不能很好地由常态下的社会角色转向病人角色,则会对治疗和康复带来很大的不利。实际上,角色行为冲突是一种视疾病为挫折的心理表现。

2. **角色行为强化**　指病人因为患病而导致自信心减弱,对家庭和社会的依赖性增强;当病情好转,由病人角色向常态角色转变时,仍然安于病人的角色,产生退缩和依赖心理。表现为依赖性增强,害怕出院,害怕离开医务人员,对正常的生活缺乏信心等。角色行为强化主要是由于患病后体力和能力的下降,以及因病享受到的额外的精神和经济待遇所致,是病人角色适应中的一种变态现象。

3. **角色行为缺如**　指病人没有进入病人角色,否认自己是病人,这是一种心理防御的表现。常发生于由健康角色转向病人角色及疾病突然加重或恶化时。

4. **角色行为退化**　指病人已经适应了病人角色,但由于某种原因,使其又重新承担起原来扮演的其他角色,而放弃了病人的角色。

5. **角色行为异常**　指久病、危重病人及难治之症等病人,因受到疾病折磨而出现的失落、悲观、厌倦、甚至他杀和自杀等行为表现。

病人在角色的转变过程中常出现各种各样的问题,这些问题不解决或解决得不好,将会对病人康复造成严重的威胁。因此,护士护理病人的过程中,应该注意评估病人的角色适应情况,帮助其尽快适应病人角色。

第四节　护患关系

护患关系(nurse-patient relationship)是护理工作过程中护士与服务对象在相互尊重并接受彼此文化差异的基础上,形成和发展的一种工作性、专业性和帮助性的人际关系,有广义和狭义之分。广义的护患关系是指围绕服务对象的治疗和护理形成的所有人际关系,包括护士与服务对象、医生、家属和其他人员之间的关系。狭义的护患关系单指护士与服务对象之间在特定的环境及时间段内互动所形成的一种特殊的人际关系。

一、护患关系的性质

护患关系是一种人际关系,但不同于一般的人际关系,是帮助者与被帮助者之间的关系。有时还是两个系统之间的关系,即帮助系统(包括与病人相互作用的护士和其他工作人员)和被帮助系统(包括寻求帮助的病人和家属、重要成员等)之间的关系。每个人在不同时期都可以成为帮助者或被帮助者,如朋友之间相互帮助,父母是子女的主要帮助者,但子女有时也可帮助父母。护患关系的特点是护士对患者的帮助一般是发生在患者无法满足自己的基本需要的时候,其中心是帮助患者解决困难,通过执行护理程序,使患者能够克服病痛,生活得更舒适。因而作为帮助者的护士是处于主导地位的,这就意味着护士的行为可能使双方关系健康发展,有利于患者恢复健康,但也有可能是消极的,使关系紧张,病人的病情更趋恶化。

护士作为一个帮助者有责任使其护理工作达到积极的、建设性的效果,而起到治疗的作用,护患关系也就成为治疗性的关系。治疗性的护患关系不是一种普通的关系,它是一种有目标的、需要谨慎执行、认真促成的关系。由于治疗性关系是以患者的需要为中心,除了一般生活经验等因素有影响外,护士的素质、专业知识和技术也将影响到治疗性关系的发展。

二、护患关系的基本类型

护患关系是医学模式在护理人际关系中的具体体现。关于护患关系的类型,不少学者进行了探讨和研究,并从不同的角度提出了护患关系的基本模式。美国学者萨斯(Szasz)和荷伦德(Houenmdory)将医(护)患关系归纳为主动—被动型、指导—合作型、共同参与型等 3 种模式,称为"萨斯—荷伦德模式"。

(一)主动—被动型

这是一种传统的、单向性的、以生物医学模式及疾病的护理为主导思想的护患关系模式。其特征是"护士为服务对象做什么"。在此模式下,护士处于主导地位,将自身的意见施加于服务对象,服务对象处于被动接受护理的从属地位,绝对服从护士的决定,而不会提出任何异议。护患双方存在显著的心理差位。

这种模式过分强调了护士的权威,而忽略了服务对象的主观能动作用,主要适用于昏迷、休克、精神病、智力严重低下的病人及婴幼儿等,此类服务对象缺乏正常的思维及自理能力,需要护士具有高度的责任心、耐心和职业道德。

（二）指导—合作型

这是一种以生物—医学—社会心理及病人的护理为指导思想的护患关系模式。其特征是"护士教会服务对象做什么"。在此模式下，护士仍然处于主导地位，但是服务对象有一定的主动性，可以向护士提供有关自己疾病的信息，也可以提出意见和要求，但以执行护士的意志为基础，以主动配合为前提。护患双方存在微弱的心理差位。

这种模式中护患关系仍然不完全对等，如果护士过分强调"合作"，就很容易忽视病人的意见，主要适用于急危重症病人，此类服务对象神志清楚，但是病情重，病程短，对疾病的治疗及护理了解少，需要依靠护理人员的指导，以便更好地配合治疗与护理。此模式临床中最为常见。

（三）共同参与型

这是以生物医学—社会—心理模式及人的健康为中心的护患关系模式。其特征是"护士帮助服务对象自我恢复"。在此模式下，护患双方处于平等地位，双方互相尊重，相互学习，相互协商。服务对象不仅是合作者，还是参与者和决策者。护患双方的关系建立在平等地位上，双方为心理等位关系。

此模式中，护士积极协助病人进行自我护理，双方对护理目标、方法及结果都较为满意。主要适用于慢性病患者。此类服务对象不仅神志清醒，而且对疾病的治疗及护理比较了解。因此，护士应全面了解疾病对病人生理、心理、精神等各方面的影响，以服务对象的整体健康为中心，尊重其自主权，使其在功能受限的情况下有较高的生活质量。

在临床实践中，这3种模式是客观存在的，并没有好坏之分，选择哪一种关系模式不仅取决于服务对象的疾病性质，而且需要考虑到服务对象的人格特征等。此外，护士同服务对象之间的关系类型不是固定不变的，而是随着病人病情的变化，可以由一种模式转向另一种模式。

三、护患关系的发展过程

护患关系的建立与发展一方面是出于服务对象身心健康的需要，另一方面是出于护士工作的需要。因此，护患关系的建立与一般人际关系的建立规律有所区别，可以分为以下3个阶段。

（一）初始期

初始期是指护患双方从开始接触到熟悉，并初步建立信任关系的阶段。此期护士需要向服务对象介绍治疗环境及设施、医疗场所的各项规章制度、参与治疗的医护人员等,并初步收集服务对象生理、心理、社会文化及精神等各方面信息与资料。服务对象也应该主动向护士提供相关资料,为进一步治疗与沟通奠定基础。在此阶段,护士与服务对象接触时展现的良好仪表、言行及态度等有利于护患间信任关系的建立。

(二)工作期

工作期是指护患双方在初步建立信任关系的基础上开始护患合作,是护患关系最重要的阶段。此期护士需要与服务对象共同协商制定护理计划。护士对服务对象应该一视同仁,尊重服务对象的人格,维护其权利,主动提供周到的服务,而服务对象也应做到遵守相关制度,配合护士完成护理计划。在此阶段,护士的知识、能力及态度等都是建立良好护患关系的基础。

(三)结束期

结束期是指从服务对象康复(护理问题解决,护理目标达到)起至服务对象出院这段时间。此期护士应在此阶段来临前为服务对象做好准备,并进行有关评价,如护理目标是否实现,服务对象对自己目前健康状况是否满意,服务对象对护理服务是否满意等。此外,护士也需要对服务对象进行有关健康教育及咨询,并根据服务对象具体情况制定出院计划及康复计划。服务对象也应对自身健康状况及护理服务做出正确评价,为结束护患关系做准备。在此阶段,护士还应继续关注服务对象的健康状况,不能掉以轻心,避免服务对象病情反复。

四、建立良好护患关系对护士的要求

护患关系是一种专业性的帮助关系,良好的护患关系不仅可以帮服务对象战胜疾病,恢复身体健康,而且对保障及恢复服务对象的心理健康有重要意义。而在促进护患关系向良性方向发展的过程中,护士起着主导作用。因此,护士必须掌握促进护患关系的方法及技巧。

(一)建立信任关系,减少理解分歧

信任感是建立良好护患关系的前提,相互信任的双方可以在交流过程中营造一种支持性的气氛。这样一方面可以使服务对象充分信任护士,配合治疗,并主动提供自身的健康信息;另一方面,护士也可以了解服务对象存在的生理、心理等各方面的问题,保障服务对象的合法权利。因此,护士在护理过程中,应通过表达自身的爱心、耐心、责任心、同理心,以良好的言行,端正的态度努力增加服务对象对自己的信任

感,发展良好的护患关系。

(二) 提高业务水平,维护双方权益

精湛的业务水平不仅可以增加服务对象的信任感,也是保障护患双方合法权益的重要条件。护士是维护服务对象权益的主导者,必须为服务对象提供安全的护理服务。如果由于护士的理论及技能因素为服务对象的健康问题埋下隐患,甚至导致不利于病人健康的后果,护士责无旁贷。因此,护士在工作过程中,应注重业务的不断钻研,知识的持续更新。除了强化专业方面的知识外,还应注重心理、法律、社会等相关交叉学科的学习,以维护服务对象及自身的合法权益。

(三) 主动沟通交流,提供疾病信息

主动与服务对象沟通交流,并提供关于疾病的信息,可以帮助服务对象缓解焦虑、不安的不良情绪,而且主动与服务对象沟通,将人文服务技巧应用于护理工作过程中,也可增强服务对象对护士角色功能及分工的认识,消除由于角色定位模糊对护患沟通造成的影响,更好地满足服务对象的需求。

(四) 注重安全文化,避免责任冲突

许多疾病的发生,与人们的不健康行为有关,如吸烟、酗酒、吸毒等。事实上,这些不健康的行为可以通过医务人员的卫生宣教和健康指导而得到纠正。此外,对于可能发生或已经发生的健康问题,通常情况下可以通过有效的护患沟通得到解决。因此,护士应该注重护理安全文化理念对服务对象健康的影响。

(五) 讲究职业修养,克服交往阻抗

护士在工作中应该不断地提高自身的职业道德修养,注意控制不良情绪,平衡不良心理。在与服务对象沟通过程中尊重对方,注重运用语言及非语言的沟通技巧,不把自己的观念强加给服务对象,解除服务对象的阻抗心理。

思政案例

耐心细致——以人为本

一天,病房里收住了一位年逾古稀的老人,他因严重的心脏病而入院治疗。老人脾气古怪,对医护人员的态度也十分冷漠,这让护士小李感到有些棘手。每天,小李都会花时间倾听老人讲述过去的故事,逐渐了解到老人内心的孤独和恐惧。在一次护理过程中,老人对治疗方案产生了质疑,情绪激动地拒绝配合。小李以温和但坚定

的态度向老人解释治疗的必要性和益处,同时也充分尊重老人的意见,与医生沟通调整了部分方案。最终,老人同意了治疗。在小李的悉心照料下,老人的病情逐渐好转,心情也变得开朗起来。出院时,老人紧紧握住小李的手,眼中满是感激和不舍。从这个案例,同学们学到了什么?

(邓红艳)

自测题

【A1 型题】

1. 下列不属于护士义务的是(   )。

A. 护士执业,应当遵守法律、法规、规章和诊疗技术规范的规定

B. 护士在执业活动中,发现患者病情危急,可不通知医师,进行抢救工作

C. 护士发现医嘱违反法律、法规、规章或者诊疗技术规范规定的,应当及时向开具医嘱的医师提出

D. 护士应当尊重、关心、爱护患者,保护患者的隐私

E. 护士有义务参与公共卫生和疾病预防控制工作

2. 下列不属于患者权利的是(   )。

A. 医疗健康权   B. 社会责任免除权   C. 知情同意权

D. 隐私保密权   E. 医院管理权

【A2 型题】

3. 患者,男,48 岁。因车祸致全身多处骨折,处于昏迷状态,送入重症监护病房,此时采用的护患关系模式是(   )。

A. 主动型   B. 主动—被动型   C. 指导—合作型

D. 支配—服从型   E. 共同参与型

4. 患者,女,28 岁。因异位妊娠急诊入院手术。术后宜采用的护患关系模式是(   )。

A. 主动型   B. 主动—被动型   C. 指导—合作型

D. 支配—服从型   E. 共同参与型

5. 李某,男,40 岁。被诊断肺炎,需住院治疗,但病人认为医生诊断有误,不配合治疗。其角色适应不良是(   )。

A. 角色行为缺如   B. 角色行为强化   C. 角色行为异常

D. 角色行为冲突   E. 角色行为消退

6. 在儿科的实习护士下班后在电梯中与外科护士说"告诉你,×××大明星的女儿今天入住我们病房,你想不想知道是啥原因?"外科护士的正确回答是(   )。

A. 我们去病房说吧,这里是公众场所,不适合讨论病情

B. 你简单跟我说说病情好了,我不能去看她

C. 请不要跟我说这些,你不能透露这些消息

D. 如果是外科的疾病就告诉我,我也许能帮你

E. 快告诉我,我最喜欢这个明星了

7. 护士李莉是某医院的产科护士,其闺蜜从事奶粉销售工作,李莉经常将产妇的电话号码告知该闺蜜,其行为属于( )。

A. 未尽护理患者义务   B. 未尽保护患者隐私的义务

C. 未尽紧急救治患者的义务   D. 享有获得物质报酬的权利

E. 享有履行护士职责的权利

8. 患者,男,27岁,因深夜酒后驾驶发生车祸,全身多处骨折,严重颅脑损伤,被送至某医院急诊科,值夜班护士处理错误的是( )。

A. 立即通知医生

B. 医师不能马上到达,护士先行必要的急救措施

C. 虽然值夜班,但护士没有权力独立抢救患者

D. 护士必须依照诊疗技术规范救治患者

E. 护士可等患者家属来后进行抢救

【A3型题】

(9~10题共用题干)

患者,男,36岁,诊断为"肝癌",患者告诉医护人员,自己是家庭经济的顶梁柱,上有年迈体弱的老母亲,下有尚未成年的儿子,妻子刚下岗在家待业,因此,必须坚持工作,一边工作一边接受治疗,并要求医护人员为其保密。

9. 医护人员为患者保密的重要性,不包括( )。

A. 不引起医患矛盾   B. 不危害他人及社会

C. 不引起患者家庭纠纷   D. 不导致患者自残等后果

E. 不影响患者的工作

10. 患者病情日益加重,医护人员为患者保密的原则,在必要时可以除外( )。

A. 保护患者隐私   B. 保护患者家庭隐私

C. 告知患者家属必要信息   D. 不公开患者提出保密的不良诊断

E. 保护患者的社会地位

【A4型题】

(11~13题共用题干)

李红,女,48岁,因化脓性关节炎入院,其伤口分泌物检查为铜绿假单胞菌多重耐药,需要进行接触隔离,住进单间病房。

11. 李红不愿入住单间隔离病房,其角色适应不良是( )。

A. 角色行为缺如　　B. 角色行为强化　　C. 角色行为异常

D. 角色行为冲突　　E. 角色行为消退

12. 李红不愿入住单间隔离病房,作为一名患者,她没有履行(　　)。

A. 及时就医及安心、配合医疗的义务

B. 有爱护公共财物的义务

C. 协助医院进行随访工作的义务

D. 有尊重医务人员的劳动及其他病人的义务

E. 负担合理医疗费用的义务

13. 责任护士小唐为李红介绍多重耐药的危害时,其护士角色为(　　)。

A. 护理者　　　　B. 计划者　　　　C. 沟通者

D. 管理者　　　　E. 代言人即保护者

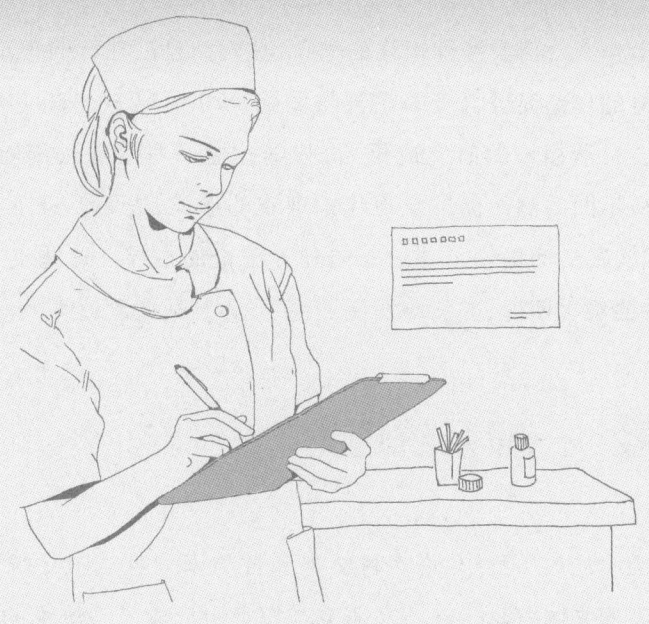

第五章 护理相关理论

思维导图

学习目标

◇ **知识目标**

1. 掌握马斯洛的基本需要层次理论的内容;

2. 掌握压力、压力源和压力反应的概念,掌握应对压力的防卫模式;

3. 熟悉一般系统论理论及其在护理中的应用;

4. 熟悉成长与发展理论主要内容及在护理中应用。

◇ **能力目标**

1. 能应用基本需要层次理论指导日常的工作和生活;

2. 能应用压力防卫和压力适应理论指导实践。

◇ **素养目标**

1. 通过角色扮演、换位思考,培养学生关心关爱他人的品质;

2. 通过学习成长与发展理论,引导学生自我反省自己的成长之路,不断进步和成长。

护理学作为一门实践性很强的学科,在建立自己独特的理论体系的同时,也需借鉴其他学科的理论促进自身的完善与发展。20世纪20—30年代一些理论家在吸取了心理社会科学领域的研究成果后,相继建立了有着深远影响的人文社会学理论。这些理论从不同的侧面促进了现代护理观的形成,进而促进了护理理论的产生和发展,为护理实践活动提供了总的方向和方法论的指导。这些支持性理论包括一般系统理论、需要层次理论、成长与发展理论、压力与适应理论等。

第一节　一般系统理论

在人类发展的历程中,许多科学家和哲学家一直试图寻找一个能把世界上的万事万物联系起来的概念。在不断研究与探索中形成了系统论的观点。最早提出系统论的是美籍奥地利生物学家路得维格·贝塔朗菲(Ludwig von Bertalanffy)。

知识链接

系统理论的产生

系统作为一种思想,早在古代就已萌芽,但作为科学概念的使用,却是在现代。1925—1926年,系统论的创始人,美籍奥地利理论生物学家路得维格·贝塔朗菲提出把有机体当作一个整体或系统来考虑的观点。1932—1934年,他先后发表了《理论生物学》和《现代发展理论》,提出用数学模型来研究生物的方法和机体系统论概念,可视为系统论的萌芽。1937年,贝塔朗菲首次提出"一般系统论"的概念。1954年,以贝塔朗菲为首的科学家们创办了"一般系统论学会"。

1968年,贝塔朗菲发表了《一般系统论——基础、发展与应用》,全面总结了他自己40年来研究一般系统论的成果,为系统科学提供了具有指导意义的理论纲领,被公认为是一般系统论的经典性著作。在贝塔朗菲的倡导下,20世纪60年代后,系统论得到广泛发展,其理论与方法渗透到有关自然和社会的许多科学领域和生产、技术领域,日益发挥重大而深远的影响。

一、系统的概念

系统(system)是由若干相互联系、相互依赖、相互作用的要素组成的具有一定结构和功能的整体。各种系统尽管其组成要素有多有少,具体构成千差万别,但总可分为两部分,一部分是要素的集合,一部分是各要素间相互关系的集合。

二、系统的分类

不论是自然界还是人类社会，都存在着千差万别的各种系统，不同角度有着不同的分类方法。常用的分类方法有以下几种。

1. 按组成系统的要素性质分类　可分为自然系统和人造系统。自然系统是由自然物所组成的、客观存在的系统，如生态系统、消化系统等。人造系统是指为达到某种目的而人为建立起来的系统，如科学理论系统、机械系统等。实际上，大多数系统是自然系统与人造系统的结合，称复合系统，如卫生系统、教育系统等。

2. 按组成系统的内容属性分类　可分为实体系统和概念系统。实体系统是指以物质实体构成的系统，如生物、材料等。概念系统是指由非物质实体构成的系统，如科学理论系统、计算机程序系统等。实体系统是概念系统的基础，概念系统为实体系统提供指导和服务。大多数情况下，实体系统与概念系统是相互结合，密不可分的。

3. 按系统与环境的关系分类　可分为开放系统和封闭系统。开放系统是指与外界环境不断进行物质、能量和信息交换的系统，如生命系统、医院系统等。由环境向系统的流入称输入，反之则称为输出。与外界环境不发生这种交换的系统称封闭系统。绝对封闭的系统是不存在的，但是为研究问题的方便，我们可以忽略某些对研究问题影响不大的交流，而把系统简化为封闭系统。在开放系统中，系统的输出反过来影响系统的输入，称系统具有"反馈"，如图5-1。没有反馈的系统称开环系统，有反馈的系统称闭环系统。

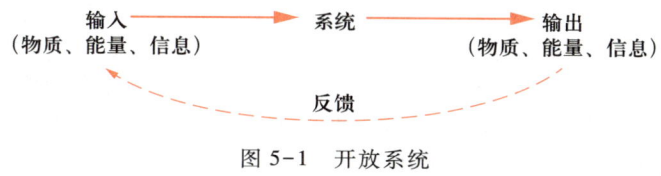

图 5-1　开放系统

4. 按系统运动的状态分类　可分为动态系统和静态系统。动态系统是指系统的状态随着时间的变化而变化的系统，如人体系统、生态系统等。静态系统是指系统的状态不随时间变化，具有相对稳定性的系统，如一个建筑群、基因分析图谱等。静态系统只是动态系统的一种暂时的极限状态，绝对静止不变的系统是不存在的。

三、系统的特点

（一）整体性

系统由要素组成，每一个要素都具有自己独特的结构与功能，但系统功能不是各要素功能的简单相加。当要素以一定方式有机组织起来,构成一个整体时,就具有了孤立要素所不具备的新功能。这时,系统的功能大于系统中全部要素功能的总和。

(二) 相关性

系统的各要素之间都是相互联系、相互制约的,其中任何要素的性质或行为发生变化,都会影响其他要素,甚至于影响系统整体的性质或行为的变化。如一种生物的灭绝将会影响和改变其他生物的生存。

(三) 层次性

系统的层次性体现在,某一个系统,它既是由某些要素组成的,同时,它自身又是组成更大系统的一个要素。例如,人是一个系统,它是由神经、骨骼、肌肉等要素组成的,而人本身又是构成社会大系统的一个要素。系统的层次间存在着支配与服从的关系。高层次系统支配低层次系统,决定其系统的性质。高层次系统一般是主导力量,低层次系统通常是基础结构。

(四) 动态性

系统的变化是随着时间而变化的。一方面,系统必须要通过内部各要素的相互作用而进行活动,内部结构的不断调整以达到最佳功能状态。另一方面,系统总是存在于一定环境中,为维持自身的生存与发展及适应环境,必须与周围环境进行物质、能量、信息的交换。

(五) 主动性

有机体构成的系统不是被动的、机械的东西,而是具有高度主动性的活动中心,它是由能动的极其复杂的诸多部分组成的。

(六) 预决性

系统的预决性是指系统运动最终趋向于有序性和稳态。由于系统具有自我组织、自我调节的能力,通过反馈来适应环境,保持其稳态,这样就表现出某种预决性。系统组织水平的高低是预决性程度的标志。自然界、生物界、人类各有不同的组织等级,预决性也不在一个水平上。

四、一般系统理论在护理工作中的应用

一般系统论在护理领域应用范围很广,它不仅孕育了整体护理思想的产生,同时

也是诸多护理理论或模式发展的框架,为护理人员提供了强有力的理论支持。

(一)孕育了整体护理思想

根据一般系统论的观点,人是由生理、心理、社会、精神、文化组成的统一体,是一个系统。人的生理、心理、社会等方面互相依存、互相作用。人总在不断与周围环境进行着物质、能量和信息的交换。当机体的某一器官或组织发生病变,表现出疾病征象时,护士应如何护理? 根据一般系统论,护士不仅应考虑该病变器官或组织的问题,还应考虑到其所在系统的问题,考虑到环境对机体的影响,因此,护士仅仅提供疾病护理是不够的,还应提供包括生理、心理、社会等要素的整体性照顾,即整体护理。因此可见,一般系统论孕育了整体护理思想的产生。

(二)护理理论或模式发展的理论依据

一般系统论作为发展护理理论或模式的基本框架,为许多护理理论家所借用,如罗伊的适应模式、纽曼的健康系统模式等。而这些理论或模式为护理实践提供了科学的理论指导。

(三)指导护理管理者的日常工作

一般系统论在护理管理中同样起着重大的作用。根据一般系统论,医院护理管理系统是医院整体系统的一个子系统,与医院的其他子系统如医疗、医技、后勤、行政等部门相互联系、相互支持。因此,护理管理者在实施管理过程中运用一般系统论的方法,调整与各部门之间的关系,取得医院行政部领导、医疗和后勤的支持与配合,并不断优化自身内部的管理结构,使护理系统得以高效、合理地运行。

第二节　人的基本需要理论

人的成长和发展过程离不开各种需要。需要的满足使人类得以生存和发展,其满足程度与个体的健康水平密切相关。当个体的需要得到满足时,就能够保持身心的平衡状态,维持健康;反之,当需要得不到满足时,个体就会出现紧张、焦虑等失衡状态,从而导致各种身心问题,甚至威胁到生命安全。学习有关人类需要的概念及理论,可以帮助护理人员充分认识人类基本需要的特征及作用,及时预测并满足服务对象的需要,维持和促进其健康。

一、需要的概念

需要（needs）是有机体、个体、群体对其生存与发展条件所表现出来的依赖状态，是个体和社会的客观需求在人脑中的反映，是个人的心理活动与行为的基本动力。人类在漫长的历史发展过程中，为了维持自身生命和种族的繁衍和延续，形成了对饮食、自卫及繁衍后代的需要；为了提高其物质生活和精神生活水平，形成了对社交、文化、科学、艺术等生活的要求，这些要求反映在头脑中，即成为人们对事物的需要。

人的基本需要（basic needs）是指"个体为了生存与发展，维持身心平衡最基本的需求。"它不分种族、年龄与性别，是人类所共有的，必须满足的基本需要。如果缺乏这种需求，可导致机体失去平衡而出现疾病。

二、马斯洛的需要层次理论

在众多的人类基本需要理论中，最著名且应用最为广泛的是美国心理学家亚伯拉罕·马斯洛（Abraham Maslow）的需要层次理论（hierarchy of basic human needs theory）。

知识链接

马斯洛简介

亚伯拉罕·哈洛德·马斯洛于 1908 年 4 月 1 日出生于纽约市布鲁克林区一个犹太家庭。他是美国著名哲学家、社会心理学家、人格理论家和比较心理学家，人本主义心理学的主要发起者和理论心理学第三势力的领导人。1926 年进入康奈尔大学，3 年后转至威斯康星大学攻读心理学，在著名心理学家哈洛的指导下，1934 年获得博士学位，之后，留校任教。1935 年在哥伦比亚大学任桑代克学习心理研究工作助理。1937 年任纽约布鲁克林学院副教授。1951 年被聘为布兰戴斯大学心理学教授兼系主任。1967 年任美国人格与社会心理学会主席和美国心理学会主席。1969 年离开布兰戴斯大学，成为加利福尼亚劳格林慈善基金会第一任常驻评议员。1970 年 6 月 8 日因心力衰竭逝世。

1970 年 8 月国际人本主义心理学会成立，并在荷兰首都阿姆斯特丹举行首届国际人本主义心理学会议。1971 年美国心理学会通过设置人本主义心理学专业委员会，这两件事标志了人本主义心理学思想获得美国及国际心理学界的正式承认。遗憾的是，马斯洛本人未能亲眼看到他多年为此事鞠躬尽瘁所获的成果。《纽约时报》评论说："马斯洛心理学是人类了解自己过程中的一块里程碑"。

（一）需要层次论的主要内容

马斯洛将人的基本需要按其重要性和发生的先后次序排列分成 5 个层次，并用"金字塔"形状来加以描述，形成人类基本需要层次理论，如图 5-2。

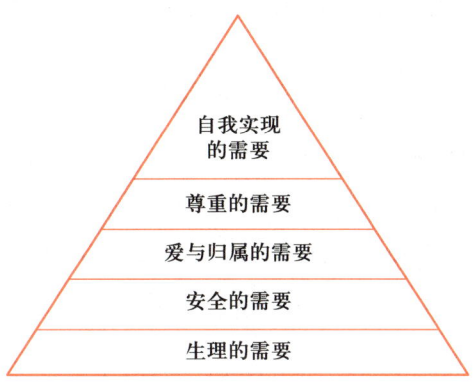

图 5-2　马斯洛的人类基本需要层次

1. 生理的需要（physiological needs）　生理需要是人类与生俱来的最基本的维持人生命与生存的需要。根据马斯洛的观点，生理需要包括对氧气、食物、水、温度、排泄、性爱、活动与休息等的需要。这些需要位于"金字塔"的最底部，应首先得以满足。绝大多数健康的儿童和成年人通过自我护理能够满足自己的生理需要，但对于一些患病的人、伤残者或老年人，则需要得到他人的帮助才能满足自身需要。人体的生理需要一旦得以满足，就不再成为个体行为的动力，个体将会产生更高层次的需要。

2. 安全的需要（safety needs）　马斯洛认为，安全需要的产生滞后于生理需要，一旦生理需要得到满足，安全的需要便越发变得强烈。安全需要指希望受到保护与免遭威胁，从而获得安全感的需要，涉及生理和心理两个方面。生理安全是指个体需要处于一种生理上的安全状态，以防身体上的伤害或生活受到威胁。如行动不便者以拐杖扶行，瘫痪者要加床档等。心理安全则指个体需要有一种心理上的安全感觉，避免焦虑、恐惧等的发生，如人们更喜欢在熟悉的环境下生活等都是为了更好地满足心理上安全的需要。

3. 爱与归属的需要（love and belongingness needs）　爱与归属的需要包括给予和得到两个方面，即个体需要去爱和接纳别人，同时也需要被别人爱，被集体接纳，希望归属于某个群体，希望在群体中占有一定的位置，并与他人建立良好的人际关系，以避免孤独感。

4. 尊重的需要（esteem needs）　尊重的需要包括自尊与他尊两个方面。自尊是指个体渴求能力、自信、成就、实力等；他尊是指个体希望受到别人的尊重，得到认可、重视和赞赏。尊重需要的满足会使人产生自信、有价值和有能力的感受，从而产生更大的动力,追求更高层次的需要;反之,则会使人失去自信,怀疑自己的能力和价值,出现自卑、软弱、无能等感受。

5. 自我实现的需要(self-actualization needs) 自我实现的需要是指个体希望最大限度地发挥潜能,实现理想和抱负的需要。自我实现是最高层次的需要,是在其他需要获得基本满足后,才出现并变得强烈,其需要的程度和满足方式有很大的个体差异。

人在其一生中,总是在设法满足各个层次的需要,然而不同时期各层次的主要内容是存在差异的。马斯洛视人的一生为一个从生到死不断发展、不断完善的过程。人一生中的需要可能完全得到满足,也可能仅是部分得到满足或者根本未得到满足。马斯洛认为人类的行为受基本需要所支配,这些需要支配着人们的行为,直到需要得以满足。这些需要彼此有相关性,且有先后层次的差别。

(二) 各层次需要之间的相互关系

马斯洛认为人的基本需要虽然有层次高低之分,但各层次需要之间彼此关联,可概括为以下几点。

1. 必须首先满足较低层次的需要,再考虑满足较高层次的需要 生理需要是人类生存所必需的、最基本的、最低级的需要,必须首先得到满足。

2. 各种需要得到满足的时间不同 维持生存所必需的需要必须立即并持续满足,如氧气的需要;有些需要可暂时延缓或长久地被延后,如休息、性爱、尊重等的需要,但这些需要始终存在,不可忽视。

3. 较低层次需要的满足是较高层次需要产生的基础 通常较低层次的需要得到基本满足之后,更高层次的需要才会出现,并逐渐明显和强烈。

4. 各层次需要重叠出现 较高层次的需要并不是在较低层次的需要完全得到满足后才会出现,而是随着前一层次需要的不断满足和基本满足,后一层次的需要就会逐渐出现,往往表现为前后层次之间略有重叠,一种需要得到满足之后出现新的需要的过程一般是从无到有、由弱到强逐步发生的。

5. 各需要之间的层次顺序并非固定不变 不同的人,在不同的条件下各需要的层次顺序会有所不同,最明显、最强烈的需要应首先得到满足。

6. 越高层次的需要,其满足的方式和程度差异越大 个体对于满足方式的选择多基于自身习得的经验和拥有的文化价值观。一般来讲,人们对空气、食物和睡眠等生理需要的满足方式基本相同,但对尊重、自我实现等较高层次需要的满足却因人而异。

7. 基本需要满足的程度与健康密切相关 生理需要的满足是生存和健康的必要条件,有些高层次的需要虽然并非生存所必需,但确能促进生理机能更旺盛;若人体的需要无法得到满足,将导致机体的失衡,并最终导致疾病的发生。

三、需要理论在护理工作中的应用

　　基本需要的满足与否及其满足程度与个体的健康水平密切相关。人类基本需要理论有助于指导护士识别、预测和满足各类护理对象的需要,以促进和维持健康。

　　1. 识别服务对象未满足的需要　护士可按照人类基本需要的不同层次,从整体的角度,系统地收集资料,评估并识别服务对象在各个层次上尚未满足的需要,发现护理问题。实际上,服务对象未满足的需要就是护士应设法采取护理措施去帮助解决的问题。

　　2. 领悟和理解服务对象的行为和情感　需要理论有助于护士领悟和理解服务对象的行为和情感。如在新入院时,病人对环境的不熟悉并流露出疑虑和担心,就是对安全的需要,当病人描述希望亲人的探望和关心就是爱与归属的需要。

　　3. 预测服务对象即将出现或尚未表达的需要,并对可能出现的问题采取预防性措施　如病人手术前,责任护士认真、耐心地为其进行术前准备,介绍手术过程,介绍主管医生等,可预防病人因手术引起的紧张、焦虑、恐惧等情绪。

　　4. 系统地收集资料和评估服务对象的健康问题　需要层次论可为护士评估服务对象资料建立理论框架,有利于护理人员系统地收集和整理资料,从而避免资料的遗漏。

　　5. 排列和区分服务对象护理问题的轻、重、缓、急　按照马斯洛基本需要的层次,可将护理问题加以分类和排列先后次序,以便护士按照护理问题的轻、重、缓、急进行有计划的护理。

第三节　压力与适应理论

　　压力是一种跨越时间、空间、社会、人格与文化的人类共有经历。每个人一生中可能会经历无数的、各种形式的压力。正确认识压力,并有效地应对压力,成为现代社会人们生存和生活的必备能力。

一、压力

(一) 概念

　　压力(stress)又称应激或紧张,是一个复杂的概念。普遍认为,压力是个体对作用于自身的内外环境刺激做出认知评价后引起的一系列非特异性的生理及心理紧张性反应状态的过程,它包含刺激、认知评价及反应 3 个环节。

1. 刺激　即从引发压力的刺激着手进行研究,探讨引起压力反应的刺激物的特点(如哪些日常生活事件可引发压力),从而控制或减少刺激,减轻个体的压力反应。在这方面研究的代表人物为霍姆斯和拉赫。

2. 认知评价　由于同样性质的压力在不同个体身上可有不同的反应,因此个体的认知评价在调节刺激物与压力反应间起着十分重要的作用。该观点认为:压力不是环境刺激物的直接结果,在压力反应中起主导作用的是个体的认知评价。当刺激物进入人体,通过认知评价,认为该刺激是紧张性刺激物时,才能引起个体的压力反应。因此压力是人对环境刺激的认知评价后的产物。拉扎勒斯是在这方面研究的代表人物。

3. 反应　将压力作为反应,认为压力是紧张性刺激物作用于人体后所产生的一种反应状态。在这方面研究的代表人物塞里指出,压力在生理学上是指人体对任何加诸于他的需求所做出的非特异性反应。

(二) 压力源

凡是能够对身体施加影响而促发机体产生压力反应的因素均称为压力源(stressor)。按照压力源的性质,可将其分为以下几种类型。

1. 躯体性压力源　指对身体直接产生刺激作用的刺激物,包括各种理化因素和生物因素等,如温度、噪声、机械性的刺激,细菌、病毒等微生物的侵袭。

2. 心理性压力源　由来自于大脑中的紧张信息而产生的刺激,如无力感、心理挫败等。

3. 社会性压力源　各种社会现象和人际关系对个体产生的刺激,如丧偶、失业、人际关系冲突等。

4. 文化性压力源　文化环境的改变对个体产生的刺激,如个体在不同的环境中感受到由于语言文化、风俗习惯等不同而产生的压力。

(三) 压力反应

机体对压力源的反应称为压力反应(stress response)。压力反应主要表现在以下方面。

1. 生理反应　如心率加快、血压升高、瞳孔缩小、耗氧量增加等。

2. 情绪反应　如焦虑、恐惧、抑郁、愤怒等。

3. 认知反应　如注意力分散、记忆力下降、思维迟钝、判断失误等。

4. 行为反应　如一些重复动作(吸烟、来回踱步)、行为紊乱或退化、动作不协调等。

（四）对压力的防卫

对压力的防卫是指个体对抗压力源的手段。

1. 一线防卫——生理与心理防卫

（1）生理防卫　是指包括遗传因素、营养状况、免疫功能等在内的生理状况。如完好的皮肤和健全的免疫系统可抵抗细菌等微生物的入侵。

（2）心理防卫　是指心理上对压力做出适当反应的过程。个体常常在潜意识状态下运用多种心理防卫机制达到解除情绪冲突、避免焦虑、解决问题。常用的心理防卫机制有：① 否认：对无法接受的事实，潜意识地拒绝承认此已知的事实，并非故意欺骗自己。② 选择性忽视：不去注意引起焦虑的事物。③ 隔离作用：把感受到压力的感觉移开。④ 反向作用：否认忌讳的动机，同时发展相反动作的行为。

心理上的防卫能力取决于过去的经验、受教育程度、生活方式、来自社会支持系统的支持及性格特征等。

2. 二线防卫——自力救助

（1）正确对待问题　面对压力源时，人们首先应弄清问题的来源，然后采取相应的办法解决。一般可用提问的方法进行自我评估，找出压力的来源。例如可以问自己下列问题：是不是没有得到足够的休息或是精神太紧张？是不是担心自己患病？是不是在工作、学习、家庭等方面对自己要求过高？是不是人际关系处理得不当？是不是有麻烦事得不到解决？是不是短期内生活出现了许多变化？若能在以上问题中找到一种可能，接着就是针对问题采取应对方法。应对的方法是设法改变情境，若不可能改变压力源，至少可以改变自己的感受和反应。总之，面临压力时要及时找出压力源，并尽可能早期处理，不能否认、回避问题的存在而任其滋长，这对身心健康是很重要的。

（2）正确对待情感　当个体遭受压力后，可表现出焦虑、沮丧、生气或其他情绪。对付这些情感的方法也是自我评估，尤其要注意发现这些情感是在什么情况下出现的，有哪些伴随的生理反应，如食欲减退、心悸、失眠等。然后要承认这些情感，并进行认真分析、排解，恰当地处理好自己的情绪。可回想过去经历过的应对方法，如与朋友交谈或适当运用心理防卫机制等来处理好自己的情绪。

（3）寻求和利用可能得到的支援　当一个人经受压力时，一个强有力的社会支持网可以帮助其度过困境。如在个人感到焦虑时，若能与一个有类似经验并设身处地为其设想的朋友交谈，是很有益处的。此外，寻求有关的信息也能减轻焦虑，如介绍肿瘤病人参加癌症俱乐部，介绍有心理障碍的人到心理健康中心去咨询等。就个体而言，社会支持网中重要成员可以是父母、配偶、子女和好友等，也可以是有关的专业机构。有研究表明,社会支持能缓和压力的不良影响,有社会支持的人较少发生心身疾病,寿命也较长。

（4）减少压力的生理影响　当一个人的身体状况欠佳时,对压力源的抵抗力也下降,容易遭受严重压力反应的伤害,而良好的身体状况是个体抵抗压力源入侵的基础。因此,提高人们的保健意识,如养成良好的生活卫生习惯、改善营养状况、禁烟少酒等有助于加强第一线防卫。此外,传统的气功疗法、松弛锻炼及一些娱乐活动,如听音乐、阅读、打太极拳、散步等,都是帮助人们缓解压力的实用方法。

3. 三线防卫——专业辅助　当强烈的压力源突破了个体的一线、二线防卫后导致个体出现心身疾病时,就必须及时寻求专业人员的帮助,由专业人员提供针对性的治疗和护理,如给予药物治疗、物理治疗和心理治疗等,并给予必要的健康咨询和教育来提高个体的应对能力,以利于其康复。三线防卫对于已经遭受压力严重侵袭的个体而言非常重要,若专业辅助不及时或不恰当,则会使病情加重或演变成慢性疾病,如溃疡性结肠炎、慢性忧郁症等。这些疾病又可成为个体的压力源而导致个体负担加重。如果防卫失败,甚至可以导致个体死亡。

二、适应

（一）概念

适应（adaptation）来源于拉丁文"adaptare",意为使配合或适合。道氏医学词典将适应定义为:"生物体以各种方式调整自己以适应环境的一种生存能力及过程"。适应是所有生物体得以在环境中生存及发展的最基本的特征,是应对的最终目的。当个体遭遇任何压力源时,都会想办法去应对,其目的就是适应。因此,适应是机体调整自己以适应环境的能力,是机体维持内稳态、应对压力源和健康生存的基础。

（二）适应的层次

人类作为一种社会生物体,其适应较其他生物体更为复杂,所涉及的范围更广,包括生理、心理、社会文化及技术 4 个层面的适应。

（1）生理适应　生理适应是指机体通过调整体内生理功能来适应外界环境的变化。如一个从事脑力工作的人开始跑步锻炼会感到肌肉酸痛、心搏加快,但坚持一段时间后,这些感觉就会逐渐消失。这是因为体内器官的功能慢慢增强,适应了跑步对身体所增加的需求。在生理学中,有时适应可表现为感觉灵敏度的降低,这是由固定刺激或持续反应引起的。如"久闻不知其臭",就是因为持续受到特定气味的刺激导致对其敏感性降低。

（2）心理适应　心理适应是指人在遭遇压力时,通过调整自己的认识、态度与情绪等来应对压力,以减轻心理上的紧张与不安,恢复心理平衡。通常可运用心理防卫机制及学习一些新行为如松弛术来应对压力源。

（3）社会文化适应　社会适应是指调整自己的个人行为,以适应社会群体的习俗、道德、法律等规范要求。如每个人都需要约束自己的行为,使之符合社会规范的要求。文化适应是指调整自己的行为,使之符合某一特定文化的思想、传统、习俗和礼仪规范等要求,如入乡随俗。

（4）技术适应　技术适应是指人们在应用人类文化遗产的基础上,采用先进的科学工艺与技术,以改变周围环境,控制自然环境中的压力源。然而,现代化的先进科学技术可能又制造了一些新的压力源,如噪声、空气污染等,还有待人们进一步去探索和解决。

三、塞里的压力与适应学说

汉斯·塞里（Hans Selye）是加拿大心理学家,被称为"压力学之父"。从 20 世纪 40 年代开始,塞里通过大量的动物试验和科学研究,探讨在压力下生物体的反应,形成了著名的压力与适应理论（stress and adaptation）。其理论的主要观点如下。

1. 压力　塞里认为,压力是人体应对环境刺激而产生的非特异性反应,压力源是引起机体全身系统反应的各种刺激。压力源可分为积极压力源（eustress）和消极压力源（distress）。

2. 压力反应　塞里主要从生理角度描述了人体面对压力时产生的反应,他认为压力的生理反应包括全身适应症候群（general adaptation syndrome，GAS）和局部适应症候群（local adaptation syndrome，LAS）。GAS 是指机体面临长期不断的压力而产生的一些共同的症状和体征,如全身不适、体重下降、疲乏、倦怠、疼痛、失眠、胃肠功能紊乱等。这些症状通过神经内分泌途径产生,涉及身体的各个系统。LAS 是机体应对局部压力源而产生的局部反应,如卧床病人的皮肤由于长时间受压而出现红肿、破溃甚至压疮。

3. 压力反应过程　塞里认为 GAS 和 LAS 的反应过程分为 3 个阶段:警告期、抵抗期和衰竭期。

（1）警告期　机体在压力源的刺激下,激活交感神经系统引起搏斗或逃跑等警戒反应,产生一系列自我保护性的调节反应。生理方面主要通过内分泌激素的作用使身体有足够的能量去抵御压力源,如出现心率增快、血压升高、血糖升高、肌肉紧张度增加等,持续时间从几分钟到数小时。心理方面主要通过促进人的心智活动而增加认知的警戒性。

（2）抵抗期　此期以副交感神经兴奋及人体对压力源的适应为特征。若压力源持续存在,机体进入抵抗期,需要动员各种身心力量去对抗。在此期,所有警告期反应的特征已消失,但机体的抵抗力仍处在高于正常水平的状态,使机体与压力源形成对峙。对峙的结果有两种:一是机体成功抵御了压力,内环境重建稳定;二是压力源持续存在,进入衰竭期。

（3）衰竭期 在衰竭期,由于压力源过强或过长时间侵袭机体,使机体的适应性资源被耗尽,故个体已没有能量来抵御压力源,最终出现病理反应,导致个体抵抗力下降、衰竭,甚至死亡。

四、压力与适应理论在护理工作中的应用

应用压力与适应理论,可帮助护士正确认识病人和自身的压力,缓解和消除压力对护士及病人造成的影响。

（一）病人的压力

1. 医院中常见的压力源

（1）陌生的环境 病人对所处医院环境不熟悉,对医院的各种制度不了解,对主管医务人员不了解等。

（2）疾病的威胁 病人感受到严重疾病造成的威胁,担心可能罹患了难治或不治之症,或将进行手术,可能致残等。

（3）信息的缺乏 如对疾病的诊断、治疗和护理措施不了解,对医护人员所说的医学术语不能理解,不能得到医护人员耐心的解答等。

（4）与外界隔离 病人因住院与熟悉的家庭环境、工作环境隔离,不能与家人和朋友谈心,担心家人、朋友对自己不够关心,不受医务人员的重视等。

（5）经济问题 病人担心住院费用高,自己难以承受。

（6）自尊的丧失 如病人的隐私得不到充分保护、失去自理能力、处于强迫体位、不能按自己的意愿行事等,影响病人自尊的满足,从而感到有压力。

2. 协助病人应对压力

（1）协助病人找出压力源 评估压力的程度、持续时间、过去承受压力的经验,以及可以得到的社会支持等。

（2）减少环境的压力 给病人安排适宜的治疗环境,消除有害因素的影响。如向病人介绍医院的环境、有关规章制度、负责的医生护士及同室病友,创造良好的物理和人文环境,让病人尽快适应住院生活,消除因陌生和孤独带来的心理压力。

（3）为病人提供有关疾病的信息 及时向病人提供有关疾病的诊断、治疗、护理及预后等知识,以减少因缺乏有关疾病的知识而造成的压力。

（4）保护病人的自尊　尊重病人，注意保护病人的隐私，协助病人保持良好的自身形象。

（5）协助病人建立良好的人际关系　协助病人建立良好的人际关系，动员病人的支持系统，与家属取得有效合作，给病人以帮助和支持，使病人树立信心，发挥主观能动性，更好地配合治疗及护理。

（二）护士的压力

1. 护理工作中的压力

（1）工作紧张忙碌　在护理工作中，护士常常面临着急危重症病人的抢救等，使得护理工作紧张忙碌而责任重大。

（2）工作量超负荷　由于人们对医疗保健需求日益增长，加之护理人员短缺，护士承担着繁重的工作任务，工作量超负荷。

（3）工作时间不固定　由于护理工作的连续性，护士工作需要三班倒，打乱了正常生活节律，增加了机体适应的难度。

（4）人际关系复杂　护理工作需要面临复杂的人际关系，包括护患关系、医护关系、护际关系及护士与其他人员的关系，这些均增加了护理人员的压力。

（5）护理工作高风险性　随着病人维权意识的增强，加之我国实施医疗举证责任倒置政策，护理工作比以往面临着更高的职业风险，这种风险给护士带来了很大的心理压力。

（6）工作环境不良　护士需要长期面对如细菌、病毒及化疗药物等许多有害的致病因素，要应对许多血腥的场面，面对许多人世间的生离死别，这些均为护士带来了一定的压力。

2. 护士压力的预防与应对

（1）妥善处理各种人际关系　护理工作需要护士面临复杂的人际关系，因此护士应设法积极应对，妥善处理，减少因人际关系紧张或冲突带来的压力。

（2）加强学习，提高自身应对能力　护士应加强学习，不断提高自身的专业知识和业务技能水平，提高自身调整、解决问题等应对压力的能力。

（3）动用社会支持系统　寻求适当的倾诉对象，求得支持并宣泄自身的情感。

（4）应用放松技巧　护士可通过培养一些轻松、健康的业余爱好使自己在工作之余得以放松，也可学习一些松弛技巧并加以应用，以缓解工作压力。

第四节　成长与发展理论

人类的生命，是一个连续不断发展变化的过程。在人生的每个阶段中，均有其特殊的问题需要解决。护理工作贯穿人的一生,涉及各个年龄阶段的人,帮助其解决每个阶段的问题。因此,护理人员学习和运用有关成长与发展理论,了解不同年龄阶段护理对象的身心特征,开展具有针对性的护理,以提高护理的质量。

一、成长与发展概述

(一)概念

成长与发展又称生长与发育,是人在整个生命历程中的一个自然而不断变化的动态过程。成长是指由于细胞增殖而产生的生理方面的改变,表现为器官、系统的长大和形态改变,是量的变化,可用量化的指标来测量,如身高、体重、骨密度的变化等。发展是指生命过程中有顺序、可预测的功能改变,包括身、心两个方面。表现为细胞、组织、器官功能的成熟和机体能力的演进,是质的变化,如行为改变、技能增强等。

(二)规律及影响因素

人的成长发展具有一定的个体差异,但也遵循一定的规律,即具有可预测性、顺序性、连续性和阶段性、不平衡性、个体差异性及关键期等特征性规律。

成长发展过程受许多复杂因素的影响,遗传和环境是影响成长发展的两个最基本因素。遗传因素决定生长发育的潜力,而这种潜力又受到环境因素的作用和调节,两者相互作用,决定了成长发展的水平。

二、成长与发展的相关理论

(一)弗洛伊德的性心理发展学说

性心理发展理论又称为古典精神分析理论,代表人物是被称为"现代心理学之父"的奥地利著名精神病学家弗洛伊德(Sigmund Freud,1856—1939)。弗洛伊德通过多年对精神病患者的观察及治疗,形成了独特的性心理发展学说。其学说包括意识层次、人格结构和性心理发展阶段 3 个要点。

知识链接

弗洛伊德简介

弗洛伊德是奥地利犹太心理学家、精神病医师,精神分析学派创始人。曾在维也纳大学医学院学习,1881 年获医学博士学位。次年起作为临床精神病学家私人开业。早期从事催眠治疗工作,后创用精神分析法。1936 年当选为英国皇家学会通讯会员。

1938 年奥地利被德国侵占,赴英国避难,不久因病逝世。

他把人的心理分为意识、前意识和无意识,后又分为意识和无意识(包括被压抑的无意识和潜伏的无意识)。认为存在于无意识中的性本能是人的心理的基本动力,是支配个人命运、决定社会发展的力量;并把人格区分为自我、本我和超我 3 个部分。其学说被西方哲学和人文学科各领域吸收和运用。主要著作有《梦的解析》(1900)、《日常生活的精神病理学》(1904)、《精神分析引论》(1910)、《图腾与禁忌》(1913)、《精神分析引论新编》(1933)等。

1. 意识层次理论 弗洛伊德认为意识是有层次的,包括意识、潜意识和前意识 3 个部分。

(1)意识(consciousness) 是对外部刺激和内部心理事件的觉察性,是直接感知的心理活动,是人对自己身心状态以及外部环境中的各种变化的综合觉察与认识,是心理活动中与现实联系的部分。

(2)潜意识(unconsciousness) 是个体没有觉察到的深层的心理活动和过程,潜意识包括大量的观念、愿望、想法等,这部分的内容通常主要是不被外部现实和道德理智所接受的各种本能冲动、需求和欲望,是整个心理活动的原动力。

(3)前意识(preconsciousness) 介于意识与潜意识之间,主要包括目前未被注意到或不在意识之中,但通过自己集中注意或经过他人的提醒又能被带到意识区域的心理活动。

意识、潜意识和前意识是人的基本心理结构,在个体适应环境的过程中各有其功能。意识保持着个体与外部现实联系和相互作用的部分,潜意识使个体的心理活动具有潜在的指向性。潜意识的心理活动是一切意识的基础,潜意识中潜伏的观念和愿望因为和社会道德存在冲突而被压抑,这往往是导致个体出现心理障碍的症结。

2. 人格结构理论 弗洛伊德在对人的心理活动分析的基础上,提出了“三部分人格结构说”,即本我、自我和超我。在正常情况下,发展的过程就是通过这三部分相互联系、相互作用,使其处于相对平衡状态,人格才得以正常发展。但是,三者具有各自不同的行动原则,所以冲突是无法避免的。当这种平衡被破坏,个体就会产生压抑、焦虑等心理问题,甚至可能导致神经症和人格异常。

(1)本我(id) 本我是人格形成的基础,是人格中与生俱来的,是最原始、最主要的无意识结构部分。在心理发展过程中,年龄越小,本我的作用就越重要,如婴儿就几乎全部处于本我的状态。快乐以及需要原则支配本我,目的在于争取最大的快乐与最小的痛苦以及满足个体的需要。如人们因为对安全感的需要会本能地选择自己熟悉的环境。

(2)自我(ego) 自我是从本我中分化出来的人格中最具理性、策略的部分。由于作为潜意识结构部分的本我,不能够直接地接触现实世界,为了能促进个体与现实世界之间的交互作用,必须通过自我,所以自我是大脑中作用于本我与外部世界的一个中介桥梁。自我按照现实原则进行活动,如果本我的冲动与超我的控制发生对抗时,自我会平衡本我与超我,用社会所能接受的方式,指导个体本身的行为。

(3)超我(superego) 超我包括两个部分,一个是良心,一个是自我理想。它代表道德标准和人类生活的高级方向。良心是超我的惩罚性的、消极性的和批判性的部分,而自我理想则是由积极的雄心和理想所构成。超我可以克制本我的冲动,使其符合个体的理想与良心,保证个体的行为符合社会道德规范。从支配人性的角度来看,超我按照至善至美的原则进行活动,它的功能是根据社会伦理道德监督自我、限制本我的本能冲动,使个体达到至善至美的高度。

3. 人格发展(性心理发展)理论 弗洛伊德认为个体发展的内在动力是"性本能",又称"原欲"。人格发展理论主要强调性的概念,人们认为弗洛伊德是泛性论者。人格发展经历5个阶段,前3个阶段是人格发展的关键期。每个阶段的"原欲"会出现在身体的不同部位,如果需求得不到满足,则会出现固结。人格发展的主要时期及特点如下。

(1)口欲期(0~1岁) 此期原欲集中在口部。婴儿专注于与口有关的活动,通过吸吮、吞咽、咀嚼等与口有关的活动获得快乐和安全感。如果口部的欲望得到满足,则有助于情绪及人格的正常发展;如果这些欲望得不到满足或过于满足,则会产生固结现象,形成以自我为中心,过度依赖、悲观、退缩、猜疑等人格特征,并可能出现吮手指、咬指甲、饮食过度、吸烟、酗酒和吸毒等不良行为。

(2)肛欲期(1~3岁) 此期原欲集中在肛门。此期儿童肛门括约肌的神经系统已发展近成熟,小儿有能力自控排尿、排便,愉快感主要来自排泄所带来的快感及自己对排泄的控制。如果父母对儿童的大小便训练得当,则会使儿童养成爱清洁、有秩序的习惯,学会控制自己,并为以后人际关系的形成打好基础;如果训练过早或过严,则会形成洁癖、吝啬、固执、冷酷等人格特征;如果训练过松,会形成自以为是、暴躁等人格特征。

(3)性蕾期(3~6岁) 此期原欲集中在生殖器。儿童的兴趣转向生殖器,并察觉到性别差异,恋慕与自己性别相异的父母,排斥与自己性别相同的父母,出现恋父(母)情结。如果此期能与同性别的父亲或母亲建立性别认同感,则有利于儿童形成正确的性别行为和道德观念;此期固结会造成性别认同困难或由此产生各种性偏离行为,成为日后心理问题的根源。

(4)潜伏期(6~12岁) 此期儿童早期的性欲冲动被压抑到潜意识中,把精力投入到学习、游戏等各种智力和体育活动上,儿童的兴趣从自己的身体和对父母的感情转移到外界环境,愉快感来自对外界环境的体验,喜欢与同性别的伙伴一起游戏或活动。如果此期发展顺利,可获得许多人际交往经验,促进自我发展;此期固结会形成强迫性人格。

（5）生殖期（12岁以后）　此期原欲重新回到生殖器,注意力转向年龄接近的异性伴侣,逐渐培养独立性和自我决策的能力,性心理的发展趋向成熟。此期发展不顺利则会导致性功能不良,难以建立融洽的两性关系或出现病态人格。

4. 弗洛伊德的性心理发展理论在护理中的应用　运用弗洛伊德的理论,护士可根据各个年龄发展阶段的心理特点给予相应的护理。

（1）口欲期　注意满足婴幼儿口部的欲望,通过恰当的喂养和爱抚给婴幼儿带来舒适和安全感,以利于正常情绪及人格的发展。

（2）肛欲期　对幼儿进行恰当的大小便训练,并注意适当地鼓励和表扬,以给幼儿带来愉快的体验,避免训练过早或过严,培养其自我控制的能力。

（3）性蕾期　鼓励儿童对同性别的父亲或母亲的认同,帮助其解决恋父或恋母情结的矛盾冲突。孩子对同性别父母的认同有助于其日后走出家庭,建立良好的两性关系。

（4）潜伏期　鼓励孩子追求知识,认真学习与积极锻炼身体。

（5）生殖期　提供青少年为自己做决定的机会,鼓励自立、自强、自己做出决定,正确引导青少年与异性的交往。

（二）艾瑞克森的心理社会发展学说

艾瑞克森（Erik Erikson）是美国哈佛大学心理及人类发展学教授。他将弗洛伊德的理论扩展至社会方面,故称为心理社会发展学说。该学说认为人格发展并不是一个完全静止的过程,而是随着生物、心理、社会的改变而不断塑造的过程。在发展的各阶段分别形成人格的各个部分,个体应通过所有的阶段以发展成一个完整的整体。

知识链接

艾瑞克森简介

米尔顿·艾瑞克森,出生于1901年12月5日,是医疗催眠、家庭治疗及短期策略心理治疗的顶尖权威,被喻为"现代催眠之父"。他在潜意识操作的研究及实务成就极具开创性,被誉称为至目前为止世界上最伟大的沟通者,心理学学者尊称他为二十世纪的首席心理治疗师。他是美国临床催眠学会的创办人兼第一任主席,同时创办了学会的官方刊物《美国临床催眠期刊》,并担任编辑长达十年。艾瑞克森的贡献在于治疗实务,他所研发的治疗方法已在全球被广泛应用,并公认对许多高效的心理治疗法起着重大的影响,这包括:短期策略心理治疗、家庭系统治疗、策略性家庭治疗、方案焦点治疗及神经语言程式学等多项主流治疗系统。

1. 艾瑞克森心理社会发展理论的主要内容　艾瑞克森将人格发展分为 8 期,即婴儿期、幼儿期、学龄前期、学龄期、青春期、青年期、中年期和老年期。每一时期都有一个主要的心理社会危机要面对,危机由正常发展而产生,属于正常现象,是人生每一时期特定的问题或困难。危机处理得好与不好,将导致正性或负性的社会心理发展结果。困难不能得以解决,心理危机将持续存在。若困难被解决,危机被化解,危机会变为转机,人格得以顺利发展。

（1）婴儿期（0~18 月）　此期的发展危机是信任与不信任。婴儿期的主要任务是满足生理上的需要,发展信任感克服不信任感,体验着希望的实现。信任感是发展健全人格最基本、最重要的因素。婴儿出生后,主要通过生理需要的满足体验身体的安宁,感到安全,由此对其周围环境产生一种基本信任感。此期的重要关系人是母亲或母亲的代理人,如果婴儿能够得到父母等人相应的爱抚与良好的照顾,各种需要能及时得到满足,就能使婴儿对周围人产生一种基本的信任感,这种最基本的信任感是婴儿日后与他人建立良好人际关系的基础,是形成健康人格的基础;相反,如果婴儿的基本需要得不到满足,就会产生不信任感和缺乏安全感,表现为日后与人交往时焦虑不安、萎缩及疏远,对周围环境无安全感,并将影响以后的人生发展。如果这一阶段的危机得到积极解决,就会形成有希望的品质;反之,将会形成惧怕的品质,缺乏安全感,怀疑一切。

（2）幼儿期（18 月~3 岁）　此期的发展危机是自主对羞怯或怀疑。幼儿期需解决的主要矛盾是获得自主感,克服羞怯和疑虑,体验着意志的实现。此期幼儿开始养成适宜的大、小便排便习惯,通过控制排便,幼儿企图练习一种自主感。这一阶段的幼儿对周围的事物非常感兴趣,渴望探索新的世界,其面临的关键性挑战是能否学会最低限度的自我照顾与自我控制的能力,如吃饭、穿衣、爬楼梯、操作玩具等,并在此基础上扩大对周围环境的探索。同时,由于缺乏社会规范,儿童喜欢以"我"或者"我的"表示以自我为中心的感觉,常用"不"表示自主性。此期幼儿的重要关系人是父母。父母在对儿童的养育中,一方面应根据社会的要求对幼儿的行为有一定的控制和限制;另一方面又要给幼儿一定的自由,不能过分伤害他们的自主性,并给予适时的表扬与鼓励。如果父母对幼儿的行为限制、惩罚或批评过多,会使幼儿怀疑自己的能力并使幼儿感到羞怯。如果这一阶段的危机获得积极解决,就会形成自我控制和有意志的品质;反之,则会形成自我疑虑的人格特征。

（3）学龄前期（3~6 岁）　此期的发展危机是主动对内疚。学龄前期需解决的主要矛盾是获得主动感克服内疚感,体验着目标的实现。此期儿童的活动和语言能力增强,对周围世界充满好奇,有探索的欲望,喜欢各种智力和体力活动,尤其爱好团体而困惑和奋斗,从而获得自我认同感。此期重要的关系人是同龄伙伴及偶像。此期顺利发展的结果是能接受自我,有明确的生活目标,并为设定的目标而努力,形成忠诚的品质;如果发展障碍,会产生认同危机,导致角色紊乱,迷失生活目标,彷徨无措,可能出现堕落或反社会的行为。

(6)青年期(18~35岁)　此期发展的危机是亲密对孤独。青年期需要解决的主要矛盾是获得亲密感,避免孤独感,体验着爱情的实现。青年期已经建立了自我认同感,形成了独立的自我意识、价值观念及人生目标,此期的主要发展任务是发展与他人的亲密关系,承担对他人的责任和义务,建立友谊、爱情和婚姻关系,从而建立亲密感。此期需要选择固定的职业目标,选择社交范围,选择伴侣和朋友,建立相互信任、相互理解以及分享内心感受的友谊或爱情关系。此阶段的重要关系人是朋友和同龄的异性。此期顺利发展的结果是有美满的感情生活、有亲密的人际关系、有良好的协作精神、形成爱的品质,并为一生的事业奠定稳固的基础;如果此期发展障碍,人就不能体验和经历亲密感,从而产生孤独、自我专注、缺乏密友和性格孤僻等。

(7)中年期(35~65岁)　此期发展的危机是创造对停滞。中年期需要解决的主要矛盾是获得繁衍感或成就感,避免停滞感,体验着关怀的实现。中年期的主要发展任务是养育下一代,获得成就感。在前几期发展顺利的基础上,中年人建立了与他人的亲密关系,关注的重点扩展为整个家庭、工作、社会以及养育下一代,为社会创造物质和精神财富。同时,中年人知识的积累日益增多,对问题的认识有一定的深度和广度,不再为表面的现象所迷惑,遇事能够沉着冷静,不像青年人那样充满憧憬,而是脚踏实地、满怀信心地创造未来。此期的重要关系人是同事和配偶。此期顺利发展的结果是用心培育下一代,热爱家庭,能够创造性地努力工作并形成关心他人的品质;如果此期发展障碍,或前几期的发展不顺利,则可能出现停滞不前的感觉,表现为过多关心自己、自我放纵和缺乏责任感。

(8)老年期(65岁以上)　此期发展的危机是完善对失望。老年期需要解决的主要矛盾是获得完善感和避免失望以及厌倦感,体验着智慧的实现。老年期的主要发展任务是建立完善感。老年人机体的各个器官逐渐老化,功能下降,部分老年人体力和健康状况不佳,如果再丧失了配偶和朋友,容易出现抑郁、悲观及失落等情绪。并且老年人开始回顾人生,评价自己人生的价值,他们会对自己没实现的理想感到遗憾,对自己所犯的错误感到失望。尽管存在不可避免的错误或遗憾,但老年人也在努力发现一种完善感和满足感,进一步发挥其潜能,以弥补自己的缺憾,使自己的晚年生活更有意义。老年期发展顺利的结果是对自己的人生产生完美无缺的感觉,表现为乐观、满足和心平气和地安享晚年,形成有智慧的品质;如果发展障碍,则会出现挫折感、失落感和绝望感,处于整日追悔往事的消极情感中。

2. 艾瑞克森心理社会发展理论在护理中的应用　艾瑞克森心理社会发展理论有

助于护士了解人生命全过程的心理社会发展规律,识别不同阶段所面临的发展危机及其发展结果,更好地理解不同年龄阶段的人格和行为特点,从而采取不同的护理方式,帮助病人顺利解决各发展阶段的发展危机,促进人格的健康发展,预防人格发展障碍。

(1)婴儿期　此期应及时满足婴儿的各种需要,提供安全感和爱抚,促进患儿信任感的形成。

(2)幼儿期　此期应鼓励儿童进行力所能及的自理活动,对其所做的努力加以赞赏与肯定。为儿童提供自己做决定的机会,但不要评价其所做的决定是否正确。

(3)学龄前期　此期应鼓励和表扬儿童有益的主动行为,重视游戏的重要性。对住院患儿提供创造新活动的机会,包括允许使用无伤害性的玩具,接受患儿提出的合理要求,倾听其感受,耐心解答提出的问题,对患儿有益的主动行为加以赞扬。

(4)学龄期　此期应帮助患儿在住院期间继续完成学习任务,鼓励他们将业余爱好带到医院,帮助患儿适应医院的环境,鼓励其参与力所能及的护理活动,在治疗或护理过程前后可允许儿童帮助准备或整理用物,如静脉输液后,可教会患儿正确按压注射部位,使其体验到成就感。

(5)青春期　此期应为青少年创造更多的机会,使他们参与讨论所关心的问题,对其做出的决定及时给予支持与赞赏,注意帮助他们保持良好的形象,尊重病人的隐私,尽可能安排青少年与同龄组的病友一起娱乐和交流。

(6)青年期　此期应帮助病人保持与亲友的联系,为处于恋爱时期的人提供尽可能多的相处机会,不要嘲笑、讽刺其浪漫的行为,帮助病人确定切实的生活目标。

(7)中年期　成年人生活负担较重,在家庭和工作中承担着多种角色,是家庭重要的物质和精神支柱,其健康状况的好坏对家庭的影响较大,因此在护理中要充分调动社会环境因素,如病人的亲属朋友、同事和病友等,共同关心支持病人,给予病人尽可能多的感情支持,帮助其调整和尽快适应患病后的角色,并对其个人成就给予适当赞扬。

(8)老年期　此期应耐心倾听病人的诉说,对其已取得的成就加以肯定,鼓励病人参加他们喜爱的活动,与他人多交往。同时,要及时发现病人的心理问题,避免意外的发生。

(三)皮亚杰的认知发展学说

1. 皮亚杰的认知发展阶段论　个体在从出生到成熟的发展过程中表现出 4 个阶段。

(1)感觉运动期(0~2岁)　此阶段儿童的认知发展主要是感觉和动作的分化,其认知活动主要是通过探索感知觉与运动之间的关系获得动作经验,形成图示。手的抓取和嘴的吸吮是他们探索周围世界的主要手段。这一时期,儿童的认知能力也是逐渐发展的,从对事物的被动反应发展到主动的探究。本阶段儿童还不能使用语言和抽象符号来命名事物。

（2）前运思期（2~7岁）　儿童在感知运动阶段获得的感知运动图示在这一阶段开始内化为表象或形象图示,由于语言的发展,使得儿童的表象日益丰富,认知活动不局限于感知活动,但此阶段思维仍受具体知觉表象的束缚,难以从知觉中解放出来。此阶段儿童的心理表象是直觉的物的图像,还不是内化的动作格式;还不能很好地把自己和外部世界区分开来。认知活动具有具体性、不可逆性、刻板性。

（3）具体运思期（7~11岁）　此阶段儿童的认知结构已发生了重组和改善,具有了抽象的概念,能够进行逻辑推理。其标志是出现能理守恒的概念,能运用表象进行逻辑思维和群集运算。但此阶段儿童的思维仍然需要具体事物的支持,因此,这一阶段儿童应多做事实性的技能性的训练。

（4）形式运思期（11~16岁）　此阶段儿童出现逻辑思维,其思维已经超越了对具体的、可感知的事物的依赖,使形式从内容中解脱出来,进入形式运思阶段。本阶段儿童的思维是以命题形式进行的,并能发现命题之间的关系,能用逻辑推理解决问题,能理解符号的意义。此阶段儿童不再刻板地恪守规则,常常由于规则与事实的不符而拒绝规则。

以上4个阶段之间不是简单的量的差异,而是存在质的差异。前一阶段的行为模式总是整合到下一阶段,而且不能互换。每一行为模式源于前一阶段的结构,由前一阶段的结构引出后一阶段的结构。前者是后者的准备,并为后者所取代。各个阶段不是截然的阶梯式,而是具有一定程度的交叉重叠。

2.影响发展的因素

（1）成熟　指机体的成长,特别是神经系统和内分泌系统的成熟,是个体发展的必要条件。

（2）练习和经验　指个体对物体做出动作过程中的练习和习得的经验（不同于社会性经验）。分为物理经验和逻辑数理经验两种。

（3）社会性经验　指社会环境中人与人之间的相互作用和社会文化的传递,对个体的发展具有重要影响,但不是充分因素,它需要建立在被主体同化的基础上。社会化是一个结构化的过程,个体对社会化所做出的贡献正如他从社会化所获得的同样多,从那里产生了运算和协同运算的相互依赖和同型性。如果缺乏儿童的主动同化作用,这种社会化作用将没有效果。

（4）具有自我调节作用的平衡过程　智力的本质是主体改变客体的结构性动作,是介于同化和顺应之间的一种平衡,是主体对环境的能动适应。实现平衡的内在机制和动力就是自我调节。自我调节是认识活动的是一般机制,它使得认知结构由低级水平向高级水平发展。

3. 皮亚杰认知发展理论的教育价值　皮亚杰的认知发展理论的教育价值可以做如下概括。

（1）充分认识儿童不是"小大人"是教育获得成功的基本前提。

（2）遵循儿童的思维发展规律是教育取得成效的根本保证。

（王　腾）

自测题

【A1 型题】

1. 有关人类基本需要各层次之间关系的陈述,正确的是（　　　）。

　A. 人们满足各层次需要的活动是基本相同的

　B. 满足较高层次的需要对每个人来说意义有所不同

　C. 低层次的需要被满足后,高一层次的需要才会出现,不会重叠

　D. 生理需要是最低层次的需要,可延缓给予满足

　E. 人的各基本需要层次之间相对独立,没有相互作用

2. 按马斯洛"人类基本需要论"排列护理计划的优先顺序,越排在前面的越需要及早给予满足,其中正确的是（　　　）。

　A. 活动和锻炼、增加生活情趣、营养、有尊严、友情、被他人认可

　B. 氧合循环、免受伤害、正常的体温、营养、娱乐、友谊、受尊重

　C. 氧合循环、水电解质平衡、食物平衡、废物排泄、适合的温度

　D. 水电解质平衡、感官刺激、发挥自我潜能、受到赞扬、友情

　E. 尊重、活动和锻炼、营养、感官刺激、友谊、与家人关系和睦

3. 属于面对压力时的生理反应的是（　　　）。

　A. 情感低落　　　B. 肌肉张力增加　　　C. 注意力难以集中

　D. 悲观失望　　　E. 自我估计能力降低

4. 长期在医院工作的人员,已习惯了各种消毒液的气味,这种适应属于（　　　）。

　A. 环境适应　　　B. 生理适应　　　C. 社会文化适应

　D. 心理适应　　　E. 知识技术适应

5. 不属于压力源中心理社会因素的是（　　　）。

　A. 人际关系紧张　B. 迁居　　　　　C. 离婚

　D. 妊娠　　　　　E. 考试

6. 人类各层次需要的出现往往表现为（　　　）。

　A. 前后层次之间不重叠　　　　　B. 前后层次之间完全重叠

　C. 前后层次之间有重叠　　　　　D. 前后层次之间完全没有关系

　E. 各需要之间的层次顺序固定不变

7. 成长发展的规律不包括(　　)。

A. 由上到下 　　　　　B. 由近到远 　　　　　C. 由细到粗

D. 由低级到高级 　　　E. 成长发展的不平衡性

8. 在弗洛伊德的人格发展理论中,原欲集中在口部属于(　　)。

A. 口欲期 　　　　　　B. 肛欲期 　　　　　　C. 性蕾期

D. 潜伏期 　　　　　　E. 生殖期

9. 在艾瑞克森的理论中,自我认同对角色紊乱危机发生在(　　)。

A. 幼儿期 　　　　　　B. 学龄期 　　　　　　C. 青春期

D. 青年期 　　　　　　E. 老年期

10. "饿死不受嗟来之食"体现了人(　　)。

A. 生理的需要 　　　　B. 安全的需要 　　　　C. 自尊的需要

D. 自我实现的需要 　　E. 爱与归属的需要

11. 根据马斯洛的人类基本需要理论,最低层次的需要是(　　)。

A. 生理的需要 　　　　B. 自尊的需要 　　　　C. 安全的需要

D. 自我实现的需要 　　E. 爱与归属的需要

12. 艾瑞克森认为人格发育的 8 个阶段中,人生最关键的时期是(　　)。

A. 幼儿期 　　　　　　B. 学龄前期 　　　　　C. 青春期

D. 婴儿期 　　　　　　E. 青年期

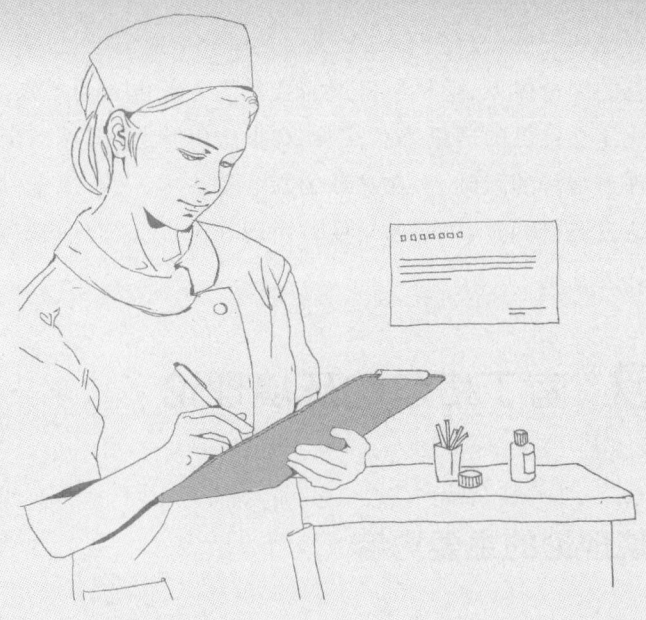

第六章 护理理论

思维导图

学习目标

◇ **知识目标**

1. 掌握自理能力、自理需要、主要刺激、相关刺激、固有刺激的概念；

2. 熟悉各理论对人、环境、健康、护理基本概念的阐述；

3. 了解环境理论、自理模式、适应模式、健康系统模式的内容。

◇ **能力目标**

1. 根据不同患者需求与情景选择合适的护理理论指导护理实践；

2. 在日常工作中能够发现环境对人的影响。

◇ **素养目标**

1. 培养学生具有现代护理理念的基本要素及整体护理的服务理念；

2. 培养学生具备专业素养和人文关怀的能力。

护理理论的发展自从南丁格尔创立护理学专业以来,已有 100 多年的历史,但至今尚无完整的理论体系,学科的发展需要护理专业内容的不断丰富与完善,迫切需要护理学专业建立自己的理论体系。自 20 世纪中叶起,国外不少护理先驱在吸收人文社会科学理论精华的基础上,在护理的临床实践中,不断探索、思考、总结、实践,推进了护理理论发展,他们从不同的角度对护理现象进行解释和探索,为护理理论的形成打下了良好的基础。

第一节　南丁格尔的环境理论

一、环境理论的主要内容

南丁格尔护理理论的核心概念是环境。她认为环境是影响生命和有机体发展的所有外界因素的总和,这些因素能够缓解和加重疾病和死亡的过程。

南丁格尔在其著作中使用了通风、温暖、光线、食物、清洁和噪声等概念,并指出物理环境、社会环境和心理环境是相互关联的。物理环境的洁净程度直接影响某社区的疾病预防和死亡率,病人的所有心理环境也受到物理环境的强烈影响。物理环境、社会环境和心理环境等因素与病人的健康状况和生理本能都有关系。在挽救病人生命时物理环境是头等重要的,只有在病人获得最佳的物理环境时,才会更多地注意情感的需要和疾病的预防。

二、环境理论对四个基本概念的阐述

(一) 人

人是接受护理照顾的人,人与环境互动并受其影响。南丁格尔认为人是处于被动地位的病人,可以被护士和环境影响,却不能影响护士和环境。

(二) 健康

健康是指不仅感觉很好,而且能发挥其能力达到最佳的地步。健康是身体、心理与环境各层面相互作用的结果,其中又以环境因素对健康的影响最大,环境卫生是主要的健康问题,保持健康的方法包括:通风,保暖以及对声音、气味、光线的控制,否则就不能保持健康。

(三) 环境

南丁格尔认为环境是影响生命和有机体发展的所有外界因素的总和,这些因素

游戏,在游戏中开始学习体会一定的社会规范。此期儿童的重要关系人是家庭成员。儿童的心理社会发展取决于父母对孩子独创性活动的反应。如果父母对儿童的好奇和探索性活动给予理解、鼓励和正确引导,儿童的主动感就会得到增强;反之,如果父母任意指责儿童的独创性行为,嘲笑儿童的离奇想法或游戏,或刻意设计教育活动,要求儿童完成其力所不及的任务,就会将儿童提前置于失败的压力之下,产生内疚感。艾瑞克森认为,此阶段的教育应以游戏为主,个人能在未来社会中取得的工作上的成就,都与此阶段儿童的主动性发展有关。如果此阶段的危机得以积极解决,主动超过内疚,就会形成方向和目标,儿童一般会有自己的生活目标,能够独立进取,敢于有目的地去影响和改变环境;反之,则会产生自卑感,畏惧退缩,过于限制自己的活动,无自我价值感。

（4）学龄期（6～12岁）　此期的发展危机是勤奋对自卑。学龄期需解决的主要矛盾是获得勤奋感而克服自卑感,体验着能力的实现。此阶段是个体成长过程中的一个重要阶段。此期儿童的活动场所包括家庭、学校和社区等,开始接受正规的学校教育,主要精力集中于学习文化知识和各种技能,学习与同伴合作、竞争和遵守规则。学龄期是养成有规律的社会行为的最佳时期。此期儿童在学业上的成功体验会促进勤奋感的建立;反之,如果经历失败的体验多于成功,则会产生自卑感。此期儿童的重要关系人是老师、同学及邻居。如果儿童在学业上的成功得到重要关系人的鼓励和赞赏,会强化勤奋感,形成勤奋进取的性格,敢于面对困难及挑战,并为以后继续追求成功打下基础;但如果儿童的努力和成绩得不到赞赏,或无法胜任关系人所指定的任务,遭受嘲笑和指责,会导致自卑感的产生。如果此阶段的危机得以积极解决,儿童会有与人竞争、合作、守规矩以及基本的学习和待人处世的能力;反之,儿童则会产生自卑心理和失败感,缺乏生活基本能力。

（5）青春期（12～18岁）　此期发展的危机是自我认同对角色紊乱。青春期需要解决的主要矛盾是建立自我认同感,防止角色紊乱,体验着忠实的实现。青春期是人生最关键的发展时期,此期面临着多种危机及问题:① 身体上性生理的成熟,使之具有了性冲动的压力。由于性知识的缺乏及社会的禁忌,使之不知如何处理因性冲动而出现的困惑和压力。② 由于学校及社会的期望和要求,使之对日益繁重的学业及考试压力感到苦恼,在求学时模糊地感到求学的成败关系着未来,但对自己未来的方向又感到茫然。③ 儿童时期的生活多由父母安排,而在此期,很多事情要自己做出决定,如职业、伴侣的选择,但由于人生经验不足而缺乏准确的价值判断标准,在做出判断和决策时感到彷徨无措。自我认同是人格上自我一致的感觉,青少年需要从周围世界中明确自己的社会角色,选择人生的目标。他们极为关注别人对自己的看法,一方面要适应自己必须承担的社会角色,如实现父母的期望,考上理想的大学,同时又想扮演自己喜欢的新潮形象。因此,青少年为追求个人价值观与社会观念的统一能够缓解或加重疾病和死亡的过程。包括物理环境、精神因素、社会因素。

1. 物理环境　是指除病人本身以外,影响健康及疾病过程中所有的疾病因素,如清洁、空气、光线、水、排水设备、温暖、被褥、食品、噪声、穿堂风等。物理环境作用于环境的其他方面。清洁与病人的所有方面相关,而通风、环境的安静,光线的充足,温暖的保持也是必不可少的。

2. 精神因素　精神因素对身体的影响在南丁格尔时代已被接受,但对于已受环境因素影响的机体是怎样影响人的精神心理的,却缺乏确切的理解。南丁格尔认识到消极的环境可以成为压力的来源,会影响病人的情绪;诱人的食物,充足的阳光会刺激病人的情绪。

3. 社会因素　南丁格尔认为纯净的水、有效的下水管道等基本条件以及物理环境的清洁直接影响疾病的预防和社区的死亡率,这些都是社会因素的影响。

（四）护理

南丁格尔认为护理是一种使人置于最自然和良好的状态下的活动,可区分为健康护理和疾病护理。健康护理是每个妇女的责任,其目的在于预防疾病。疾病护理则是科学与艺术的结合,它需要有组织及科学化的正规教育,护理关心的是病人,其活动的中心工作是为疾病准备最适宜的环境。

三、环境理论在护理工作中的应用

（一）环境理论的广泛性

南丁格尔的环境理论是护理学发展史的一个重大创新,她所使用的概念、范围包含很广,因而其理论可以在不同的状况下广泛地使用。

（二）环境理论的实用性

因为有克里米亚战争中的实践经验,故南丁格尔的环境理论已经是得到实践的验证。她的理论观点简单明了,可用于任何环境,如医院、社区、家庭及任何有人居住的地方。故无论是在医院还是在福利院中,护理人员重视环境对病人的影响,努力改善病人所处的环境,将病人置身于发挥本能作用的最佳环境中,对促进健康都会有非常明显的作用。

（三）环境理论与其他理论的关联性

南丁格尔的环境理论与罗伊的适应理论、马斯洛的需要层次理论等其他理论紧密联系,并与这些理论的观点是一致的。

第二节　奥瑞姆的自理模式

奥瑞姆（Dorothea Elizabeth Orem）是美国当代著名的护理理论家，1914 年出生于美国马里兰州，1932 年毕业于华盛顿普鲁修斯医院护士学校，1939 年与 1945 年分别获得美国天主教大学护理学士学位与护理教育硕士学位，1976 年获乔治城大学荣誉博士学位，1984 年退休。

知识链接

奥瑞姆的自理模式的发展

1971 年第 1 版 nursing：concept of practice（《护理：实践的概念》）出版，首次公开阐述了他的自理理论，此版主要是针对个人的护理。

1980 年第 2 版，拓展到家庭、社区和群体的自护，自护需要与自护能力。

1985 年第 3 版，由自由模式发展为自护理论、自护不足理论与护理系统理论。

1991 年第 4 版，发展到自护不足理论的应用。

1995 年第 5 版，综合阐明自护模式在临床护理、护理管理、护理教育与护理科研领域的应用。

经过 20 余年的护理实践，奥瑞姆创立了自理理论，并经过不断地发展和完善，将护理对象从个人扩展到对家庭、群体和社区的综合性护理理论。

一、自理模式的主要内容

奥瑞姆认为护理应重视人对自理活动的需要，并提供必要的帮助。奥瑞姆的理论由 3 部分组成，即自理学说、自理缺陷学说和护理系统学说。

（一）自理学说（the theory self-care）

自理学说包括自理、自理能力、自理需要、治疗性自理需要等概念。

1. 自理（self-care）　自理是指人们为了维持生命、健康和幸福而进行的一系列自我照顾活动。自理是一种通过学习而获得的、连续的、有意识的、普遍存在的本能行为。自理行为包括调查、判断、做决策以及调控与生存和发展相关的行为。在进行自理活动时，需要智慧和经验参与，需要他人的指导和帮助。当个人或集体都能有效地进行自理时，则会维护人的整体性并促进与个体功能的发展。与自理相对应的概念是照顾性护理，指人们对婴儿、儿童以及无法独立生存者所实施的护理。而专业护理的最终目标就是促进、维持、恢复个体的自理能力或照顾他人的能力。

2. 自理能力（self-care agency） 自理能力是个体完成自我照顾的能力。这种能力在日常生活中得到发展，是一个趋于成熟或已成熟的人具有的综合的能力。与自理能力相对应的是照顾性护理能力，是指护理或照顾他人的能力，包括照顾婴幼儿和那些部分不能或完全不能进行自理的人的能力。个体、家庭以及各种形式的集体都具有照顾性护理能力。

3. 自理需要（self-care requisites or requirements） 自理需要指个体在特定时期能否满足自我照顾的需要。人的自理需要包括3方面。

（1）普遍性的自理需要 也称日常生活需要。是个体为了满足生存的基本需要所必须进行的一系列活动，包括生理方面与心理方面。如摄取足够的氧气、食物和水、排泄、休息与活动、独处与社交、避免危险、防病与治病等。

（2）发展性的自理需要 是指在生命发展过程中各个阶段特定的自理需要以及在某种特殊情况下出现的新的需要。包括生命周期中的自然需要，如儿童期、青春期、妊娠期、更年期的自理需要；成长发展过程中特殊的自理需要，如人际交往、新环境、社会交往、失去亲人、天灾人祸、重病时、失业时的各种自理需要等。

（3）健康状况欠佳时的自理需要 是个体在身体结构、功能、行为或日常生活习惯发生变化时出现的自理需要。指个体在身体不适、患病、遭受创伤等情况下的自理需要，或由诊断、治疗措施引起改变后的需要。如因下肢骨折用石膏固定后需使用拐杖的需要；结肠手术后需学习排便自理的需要等。

满足这些需要的方法有：寻求适当的医护协助、预防并发症、有效地执行医嘱、预防不良反应、接受自己的健康改变和促进适应、改变生活方式、学会生活促进发展。

4. 治疗性自理需要（therapeutic self-care demand） 使用有效方法或手术等活动，在相当一段时间内进行的满足自理需要的全部活动。当一个人不能或不完全能进行连续有效的自我护理时，需要他人的护理照顾和帮助。

治疗性自理需要由保证人类功能和发展的3种类型的需要构成。即一般的自理需要+成长的自理需要+健康状况欠佳时的自理需求＝治疗性自理需要。总之，治疗性自理需要是通过使用正确的、有效的途径和方法，来达到满足自己某些一般的、成长的和健康状态欠佳时的自理需要的混合行为需求。每个人治疗性自理需要在一生中都不同。

（二）自理缺陷学说（the theory of self-care deficit）

自理缺陷学说是奥瑞姆自理理论的核心，指患者存在与健康有关的自理能力缺陷，或者是自理能力不足，需要提供治疗性护理时给足补充。同时也是确定患者是否需要专业护理的标准。

常见的自理缺陷有本身能力不足,难以满足自我照顾的需要时;预计其自理能力有缺陷、受限时;需特殊技术和科学知识的训练和经验才能满足自理需要时。也就是说,人在一定时间内,既有自理能力,也有治疗性自理需要,但假如这种需求超过了自理能力就需要护理了。

自理能力<治疗性自理需要=自理缺陷,需要护理的力量进行帮助。

照顾性护理能力<治疗性自理需要=照顾性护理缺陷,需要护理的力量进行帮助。

照顾能力是护士为有自理缺陷的人提供的专业护理。通过这种护理使其具备维持生命、健康和幸福的能力。护理力量是护士必备的综合素质,包括护士在行为和智力上的双重能力以及应用专业知识的技能和经验,其结构成分与自理力量的成分雷同,主要由10方面能力以及8个基本条件因素构成,另外还包括执行护理程序所必需的知识和技能(图6-1)。即进行护理诊断、护理评估、护理管理并掌握护理规则。

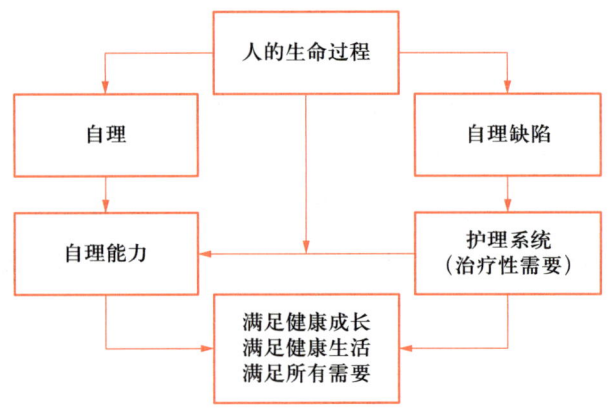

图 6-1　自理能力与护理系统的关系

(三) 护理系统学说(the theory of nursing system)

护理系统是由护士为患者提供的护理行为和患者的自理行为构成的行为系统。阐述了为满足患者的治疗性自理需要,护士与患者各自需要实施和承担的护理措施。护理系统明确了护士与患者之间的自理能力、互补关系、护理主客体的协议关系。

为了了解护理的职责范围以及护士和患者的角色与行为,奥瑞姆设计了3个护理系统。

1. 全补偿系统(wholly compensatory system)　该系统适用于不能自理的患者,所有的需要都必须由护士为其提供。是指患者处于不能参与需要自理的活动,不能自主完成活动和医嘱不允许活动的情况,护士应进行全面的护理,包括满足患者对空气、水、营养、排泄、个人卫生、活动以及感官刺激等所有的自理需求。具体有3种情况。

（1）患者在精神上及体力上完全没有自理的能力，如昏迷患者。这时护士不仅要为患者完成全面的自理活动，还要对患者的自理需求做出判断，替患者决定有哪些方面的需求。

（2）患者身体无自理的能力，但神志清楚，对环境中所发生的事能知道。如高位截瘫者、重症肌无力的患者和心肌梗死急性期的患者。

（3）患者有精神障碍，无法对自己的自理需要做出正确的判断与决定。如阿尔茨海默症患者、精神分裂症患者、智能低下者。

2. 部分补偿系统（partly compensatory system） 该系统适用于缺乏部分自理能力的患者，护士和患者共同参与自理活动，护士"帮"患者完成部分自理活动，且在其中起主导作用。造成患者自理缺陷的主要原因如下。

（1）病情或医嘱限制患者的活动能力，如骨折或手术后的患者，在换洗、如厕、沐浴及行走等方面需要较多帮助。

（2）缺乏自理所需的知识和技术，如糖尿病患者，每日每餐胰岛素的注射方法。

（3）患者心理上没有做好学习或履行某些自理行为的准备，如直肠癌术后人工肛门的自我护理方法。

3. 辅助教育系统 在此系统中，患者需要学习并且能够学会如何自理。护士应给予的帮助是心理上的支持、技术上的指导及提供合适的环境。护士的职责从"替他做""帮他做"转变为"支持他，教会他做"，克服自己的缺陷，使自己从不会做到知道怎么做，并愿意做。如糖尿病患者，主动学习如何控制饮食、如何进行胰岛素自我注射技术等。

奥瑞姆同时也指出，同一个患者身上，在不同的阶段，需使用不同的系统进行护理。如孕妇应给予辅助教育系统，进入分娩期时应给予部分补偿系统，当剖宫产时需要按全补偿系统护理，恢复期可从部分补偿转为辅助教育系统。也可能同一个人身上，同时使用几种护理照顾系统。选用不同系统护理的最终目的是使患者得到最佳的护理方法。

二、自理模式对四个基本概念的阐述

（一）人

奥瑞姆认为人是一个具有生理、心理、社会的，并有不同自我照顾能力的整体。人能反映自身及其周围环境，能够表达自己的体验，总结经验，使用符号进行思维和交流，所以人具有学习能力和发展的潜力。人的自我照顾能力就是通过后天学习得到的，而不是先天就存在的。

（二）健康

奥瑞姆支持 WHO 对健康的定义，即健康不仅是没有躯体疾病，还要有完整的生理、心理状况和良好的社会适应能力。

（三）环境

奥瑞姆认为环境是存在于人周围的能够影响自理能力的因素。奥瑞姆分析了社会环境中人的自理能力的社会价值观，认为社会中的人在生活中都希望能够自我照顾，并对自己的健康及其依赖者的健康负责任。认为大多数的人对不能满足自己需要的人是会接受的，并根据各自的能力提供帮助。即认为自我照顾和帮助他人都是社会认可的有意义的活动，护理体现了这种价值观，是社会非常需要的活动。

（四）护理

奥瑞姆认为护理是预防或克服自理缺陷发生与发展，或为不能满足自理需求的个体提供帮助的活动。随着个体健康的恢复，或个体已经学会自我照顾时，个体对护理的需要也就逐渐减少直至消失。护理是一种服务，一种助人方式。

三、自理模式在护理工作中的应用

1. 丰富了护理学理论体系，提示护理本质　具体表现为奥瑞姆的学说中对人、环境、健康、护理的解释，与护理的根本宗旨及整体护理的指导思想完全符合。

2. 明确了护理专业的工作内容与范畴　传统观念认为一个好护士应代替患者做完所有的事情，而奥瑞姆的自理模式则明确指出护士的行为不是包揽患者的全部自理活动，而是应根据患者的自理能力，有层次地给予补偿不足，帮助患者克服自理缺陷，提高和恢复患者的自理能力。护士与患者之间是协作的关系，护士与患者都是护理活动的参与者，只不过护士是直接计划者、组织者和引导者。

3. 凸显患者在健康中的主体作用　在实施护理的过程中，通过对患者的自理能力进行分析和评估，帮助患者正确对待自理缺陷，引导患者及其家属积极参与到护理过程中来，通过学习相关的知识，发掘自身的自理潜力，成为维护和恢复健康的主体。

4. 对护士的职业素质提出新的要求　奥瑞姆强调护士必须接受系统的、完整的理论知识教育，而不只是职业训练。护士应进行"会思考护理"，而不只是"熟练地执行标准化操作和熟练地完成任务"。护理工作要掌握必要的理论基础知识、自然科学和人文科学相关知识、基本的护理技能等，并熟练地将其应用于临床实践。同时，谨慎是护士必备的素质，当遇到新的或困难的情况会寻找咨询或帮助；对患者的问题能做出正确的判断;对存在的问题能决定使用特殊的工作方法;对基本的技术会进行操作等。

第三节　罗伊的适应模式

　　罗伊(Sister Callista Roy),1939 年出生于美国加利福尼亚州洛杉矶市,是麻省波士顿学院的护理理论家,她曾担任过许多职务,包括洛杉矶芒特圣玛丽学院的护理系主任;波特兰大学研究生院的教授;美国亚利桑那州土桑市圣玛丽亚医院的执行主任。

　　罗伊的适应模式的特点是围绕人们的适应性行为实施护理活动,从而促进人的适应性反应,提高人的适应能力,帮助人恢复健康。

知识链接

罗伊的适应模式的发展

　　罗伊的适应模式研究始于 1964—1966 年,在加利福尼亚州立大学攻读硕士学位期间,先后出版《护理学入门:适应模式》《护理理论构建:适应模式》《罗伊的适应模式》等论著,1970 年正式发表。

一、罗伊适应模式的主要内容

(一)适应的相关概念

　　1. 系统与组成　　罗伊首先把人作为一个系统或整体来看待,这个系统由输入(适应水平与刺激)、输出(适应反应或结果)、控制过程(应对机制、机体反应、应对方式、护理活动或干预等)和反馈等各要素组成。任何要素的变化均会影响系统的变化,这是适应的前提。

　　2. 适应水平与刺激　　人应对环境刺激的适应水平,与人的适应能力及刺激强度有关,每个人的适应水平是不同的,即使同一个人在不同时期其适应水平也是变化的。人的适应水平有一个区域,当作用于机体的各种内外环境刺激的强度在个体的适应能力范围内时,个体能够做出正常的适应性反应。反之,当刺激过强,或超过个体的适应水平时,个体表现为无效反应(图 6-2)。

　　罗伊将环境中能够引起机体反应的各种刺激,根据其重要性归纳为主要刺激、相关刺激、固有刺激 3 类。

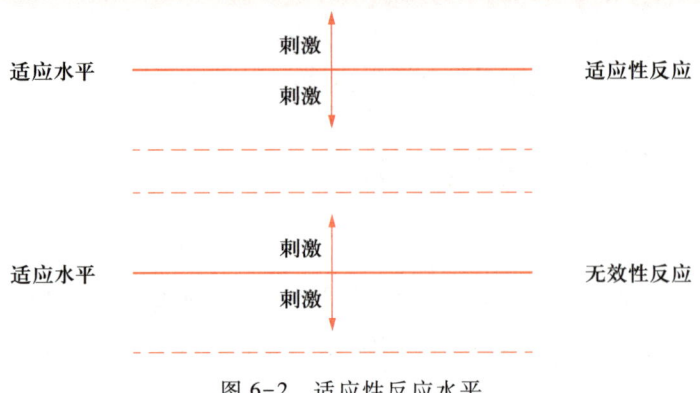

图6-2 适应性反应水平

（1）主要刺激　人直接面对的，需要立即适应的刺激。它可以是生理的改变，如外伤、疼痛、疾病；也可以是环境的改变，如住院、迁居；还可以是关系改变，如家庭添加新成员等。

（2）相关刺激　指所有内在的或外在的，对当时情境有影响的刺激，属于诱发性刺激。这些刺激可观察、可测量或由本人诉说。有外在和内在的，如遗传、年龄、性别、药物、烟酒、自我概念、角色、相互依赖、文化等。

（3）固有刺激　指原有的、构成本人特性的刺激，可能对人的行为产生影响，从而影响机体的反应，但未得到有效的证实，不易观察，不易客观测量。如一个人的经验、态度、个性、嗜好、职业等。如心绞痛患者的主要刺激是心肌缺氧引起的胸痛，相关刺激是冠状动脉硬化狭窄程度、活动量、疼痛阈、环境温度等，固有刺激是指有吸烟史、工作压力等。

3. 适应的调节　机体的适应调节是通过生理调节、心理（认知）调节两个亚系统进行的。其应对能力既与先天因素和生物本能有关，又与后天学习和经验的积累有关。

（1）生理调节　当刺激作用于机体时，信息通过神经—化学—内分泌途径传递到中枢，引起机体的自主性应对反应，称为生理调节。如呼吸的调节，当血液中氧分压降低，二氧化碳分压浓度增高时，颈动脉体和主动脉弓的化学感受器兴奋通过传入神经将信息传至呼吸中枢引起中枢兴奋，以此调节呼吸肌运动式呼吸加快，维持内环境的稳态。

（2）心理调节　当刺激作用于机体时，个体根据以往的经验、认知、思考、学习、感情变化、分析、判断、做出决定等一系列复杂的对信息加工处理的过程反应，称为心理调节。

4. 适应的反应结果　罗伊认为应对反应存在两种结果。一种是当机体面对刺激时，通过内部的两个调节机制，在4个方面做出行为改变。如果这种行为改变是适当的,是有利于保持个体的完整性,促进个体的生存、生长、繁衍和自我实现的,罗伊称为适应性反应;反之,如果这种反应是不适当的,是无法满足个体生存、生长、繁衍和自我实现的需要,甚至是破坏个体完整性的,罗伊称为无效反应。

(二)适应的应对机制

1. 适应过程 罗伊认为在适应系统中,引起护理对象反应的环境刺激作为系统的输入部分,把人的适应机制作为控制部分,把适应反应和无效反应作为输出部分,输出部分作为反馈信号再次输入这个系统。即3种内外环境刺激作用机体。机体通过生理调节和心理调节两个亚系统进行调整和适应,表现出4个方面的反应变化,适应水平有所不同,可能是适应性反应,也可能是无效反应,这取决于个体的适应能力和刺激的强弱。

2. 护理目标 罗伊认为适应的首要任务是改善护理对象的适应方式,促进适应性反应。从护理对象受到刺激的反应过程看,护理目标有两个层次。第一个层次的护理目标是护理对象受到环境的刺激后,表现出生理功能、自我概念、角色功能、相互依赖4个方面的临床症状时,护士施加护理措施加以控制或干预,促进护理对象的适应性反应,恢复健康。第二个层次的护理目标是护理对象无明显的临床症状与体征,但已有刺激存在,护士应用护理措施加以控制或干预,促进护理对象的适应性反应,促进健康,这部分是护理活动的主要内容。

3. 适应的表现 机体的适应系统经过生理和心理的调节后,个体做出的适应性反应有以下几个方面(图6-3)。

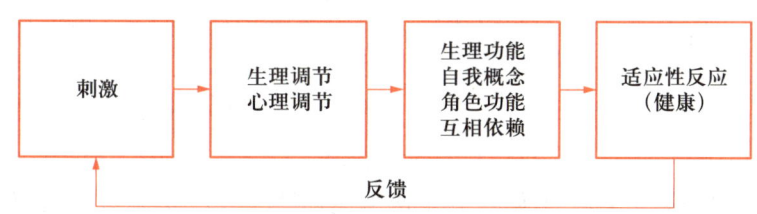

图6-3 罗伊适应反应系统模式

(1)生理功能 与人的基本需要相关的生理需要,包括呼吸、循环、营养、排泄、活动、休息、水与电解质平衡、皮肤完整性等。

(2)自我概念 与自我相关的信仰与感觉,是指一个人对自己的看法。这种看法的形成多来自感觉,特别是别人对自己做出反应的感觉,这种感觉可影响人的行为。内容包括:① 躯体自我:指个体对自身的感觉和身体形成的看法,即躯体感觉和自我形象。② 人格自我:指个体对自我理想、期望、伦理、道德等形成的看法,也就是个体内外统一形成的独特的价值观。

(3)角色功能 人根据社会赋予的角色行使其责任的表现。正常情况下,一个人可能同时承担几种不同的角色。适应不良的表现有角色冲突、角色转移、角色失败、角色强化、角色消退等。

（4）互相依赖　指人与其重要关系人和支持体系的关系，人们通过相互依赖获得帮助和情感，以保持心理或精神健康。缺乏时产生分离焦虑、孤独等。

4. 护理活动　是护士针对作用于人的各种刺激、应对机制加以控制，促进适应性反应；或扩大适应范围，促进个体的耐受力，提高个体对刺激的适应能力。

5. 护理评价　护士给护理对象实施护理干预与护理措施后，对护理对象的行为改变与目标落实情况进行评估，根据评估结果对护理状况进行权衡，问题解决时不需要再处理，问题未解决或部分解决，需要重新计划、重新修订、重新调整。

二、适应模式对四个基本概念的阐述

罗伊把人看作一个适应系统。

（一）人

罗伊认为护理对象可以是个体、家庭、群体、社区或社会，不管其规模如何，都应该作为一个有适应能力的系统看待。她认为人是一个有适应能力的复杂生命系统，不断与周围环境相互作用，为了维持自身的完整性，机体持续地适应环境变化。通过自身的生理和心理调节来维持其生理功能、自我概念、角色功能和互相依赖4个方面的平衡。

（二）健康

罗伊认为健康与疾病是人生中无法回避的状态，反映了人与环境的适应过程。如果人能够适应环境变化，在生理功能、自我概念、角色功能和互相依赖4个方面表现出适应性的行为反应，就能有效维持系统的整体性，保持健康。反之，如果人面对的是超过个体适应能力的内外环境刺激，在4个适应方式上表现出无效反应，机体的完整性就受到破坏，即不能保持健康，也就处于疾病状态。

（三）环境

环境指人生存的环境及环境中所有影响人成长和发展的因素。这些因素就是主要刺激、相关刺激和固有刺激。3种刺激作为信号输入机体，诱发人的反应。

（四）护理

罗伊认为护理的目标是增强人与环境之间的相互作用,促进人生理功能、自我概念、角色功能和相互依赖4个方面的适应性反应。护士可通过控制各种刺激、减小刺激强度;或通过扩展人的适应范围、提高人的适应水平,最终使所有刺激都落在患者的适应区域内,达到促进适应性反应的护理目标。

三、适应模式在护理工作中的应用

1. 丰富了护理的理论体系 罗伊除解释人、健康、环境、护理外,又从适应系统、适应水平、调节机制、护理对象、护理目标、护理活动、护理评价等方面对护理过程进行了阐述,从另外一个侧面丰富了护理的理论。

2. 为护士开展护理实践工作提供依据 罗伊全面、整体地看待护理对象,当人面对刺激时,会出现生理功能、自我概念、角色功能、相互依赖方面的表现,护士收集资料时从这4个方面观察患者的适应性行为,全面地实施整体护理。

3. 指出维持健康的基础是人与环境协调统一 护士在帮助患者适应环境的过程中,面对内外环境中各种层次的刺激,必须明确患者面对的刺激层面,准确地加以控制,并在患者的适应范围内,或者扩大适应范围,指导患者做出适应性反应。

4. 适应模式与护理实践的关系 罗伊适应模式按护理程序是这样进行的:

（1）评估 一级评估:又称行为评估。即护士收集患者生理功能、自我概念、角色功能及相互依赖4方面行为的资料,判断其行为是否为适应性反应。二级评估:又称影响因素评估。收集作用于患者的各种刺激的资料,识别主要刺激、相关刺激和固有刺激,可帮助护士明确引发患者无效反应的原因。

（2）提出护理诊断 护士通过一级和二级评估,可明确患者的无效反应及其原因,进而可推断出护理问题和护理诊断。

（3）制定护理目标 制定目标时护士以患者的行为反应为中心,尽可能与患者共同制定并尊重患者的选择,且制定可观察、可测量和可达到的目标。

（4）实施护理干预 罗伊认为护理干预可通过改变或控制各种作用于适应系统的刺激,使其全部作用于个体适应范围内。控制刺激的方式有消除刺激、增强刺激、减弱刺激和改变刺激。干预也可着重于提高人的应对能力、扩大适应范围,使全部刺激能作用于适应范围内,以促进适应反应。

（5）评价实施护理措施的效果 在评价过程中,护士应将干预后患者的行为改变与目标行为相比较,确定护理目标是否达到,衡量其中差距,找出未达到的原因,然后根据评价结果修订或调整计划。

第四节 纽曼的健康系统模式

纽曼(Betty Neuman),1924 年出生于美国俄亥俄州东南方卢威尔。父亲在她 11 岁时因病辞世,后由母亲承担养家的责任。父亲患病期间,纽曼对护理人员的工作非常欣赏,由此对护理工作抱有崇高的理想。母亲是一位乡下的助产士,这也深深地影响了纽曼。因此,纽曼在小时候便立志长大以后要做一名优秀的护理人员。

知识链接

纽曼健康系统模式的发展

纽曼的基本理念是彼此帮助生活(help each other live),于 1970 年创立纽曼系统模式,1972 年首次公开发表自己的护理学说,经过不断的完善和修改,于 1989 年出版了《纽曼系统模式在护理教育和实践的应用》(The Neuman Systems model:Application to Nursing Education and Practice),比较完善地阐述了她的护理观点。

一、健康系统模式的主要内容

纽曼健康系统模式是以开放系统模式作为框架,主要研究压力对个体的影响,以及人的调节反应和重建平衡的理论。人体各种防御系统与环境进行互动时,护士给予不同的护理干预,如初级预防、二级预防、三级预防等,以维持或恢复护理对象系统的平衡。

(一)个体的基本防御结构系统

人是一个与环境持续互动的开放系统,是生理、心理、社会文化、宗教信仰、生长发育等多个层面相互作用、相互影响的动力整合系统,也称护理对象系统。这个系统由 3 层防御系统围绕一个以基本能源为核心的一组同心圆构成(图 6-4)。

1. 基本能源结构(basic energy structure) 基本能源结构也称核心部分,位于圆的中心,是机体生存的基本因素与能量源。它由生物体共有的生存基本因素组成,包括解剖结构、生理功能、遗传基因、反应类型、自我结构、认知能力、体内各亚系统的优势与劣势等,是满足人的生存需要的基础。

2. 三层防御系统(three-tier defense system) 弹性防线保护着正常防线,抵抗防线保护着基本能源结构,各同心圆的大小与反应者之间的距离因人而异。

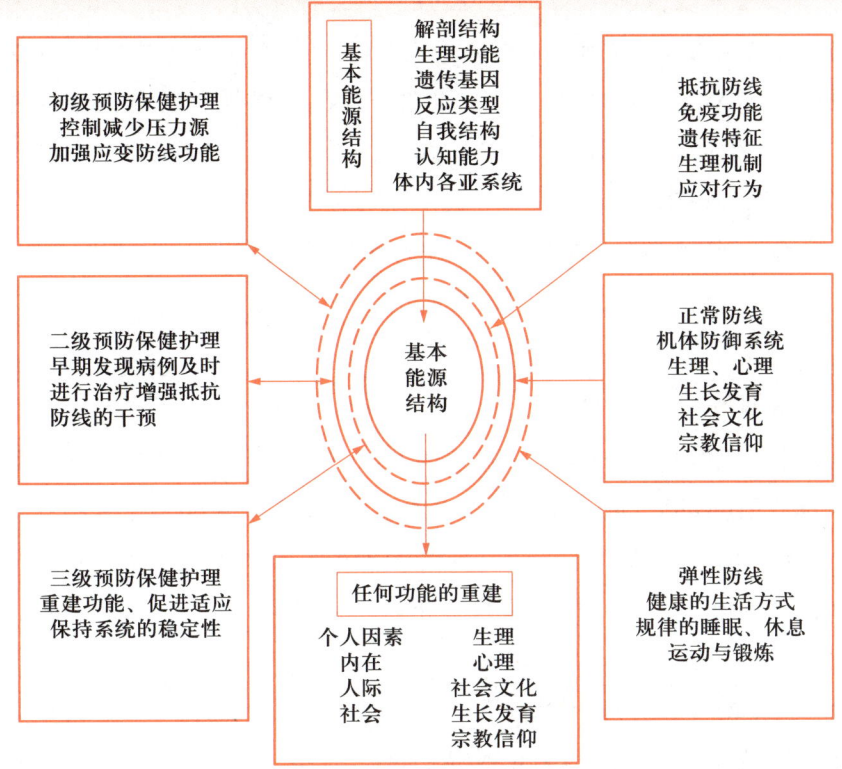

图 6-4 纽曼人体结构及整体观

（1）弹性防线（flexible line of defense） 也称应变防线，为同心圆最外围的一条虚线，是机体的第一道防线，相当于机体的缓冲器和过滤器。它处于一种动态的、易变的状态，对机体具有保护作用。弹性防线距离正常防线越远，即距离越宽，其缓冲保护作用越强。弹性防线的过滤器作用，受个体生长发育、身心状况、认知技能、社会文化、宗教信仰等因素影响。失眠、营养不足、身心压力过大、生活欠规律或其他日常生活变化等会使其过滤器功能降低，甚至破坏正常防线而导致疾病发生。弹性防线的主要功能是防止压力源入侵，缓冲、保护正常防线，在维持机体的稳定性与完整性，保证机体的正常状态及功能中起着重要作用。

（2）正常防线（normal line of defense） 是弹性防线内的实线圆圈，相当于同心圆的第二层，位于弹性防线和抵抗线之间，是机体防御系统的主体，是个体在生长发育的生命历程中与环境互动，并对环境中压力源不断进行调整、应对与适应，之后建立起来的健康状态或稳定状态。因此，正常防御线的强弱，反映个体对环境中压力源的适应与调节程度。正常防线也有伸缩性，但是变化速度较慢。当健康水平增高时，正常防御线扩展；健康状态恶化时，正常防线则萎缩；若压力源侵犯到正常防线，个体可表现为稳定性减弱和疾病。正常防线的主要功能是调节机体各方面的因素，对压力源做出适当的调节，维持机体的健康稳定状态。

（3）抵抗防线（resistance line of defense） 围绕在基本能源结构外的数层虚线

圈,相当于第三道防线,包括机体的免疫功能、遗传特征、生理机制、应对行为等防卫屏障。当环境的压力源穿透弹性防线入侵正常防线时,抵抗防线被激活,如功能发挥有效,可提高机体对压力源的反应能力,重建个体正常防御系统,促进和恢复健康水平;反之则会导致能量耗竭而死。抵抗防线的主要功能是维持机体基本能源结构的正常状态或更高的稳定水平。

以上防御机制,既有先天赋予的,也有后天习得的,抵抗效能取决于个体生理、心理、社会文化、宗教信仰、生长发育等因素的相互作用。

(二) 压力源(stressor)

压力源指可引发紧张和导致个体不稳定的所有刺激。压力源分为以下几类。

1. 个体内的(within individual)　指来源于个体内部的力量及个体心理变化及与内环境改变有关的压力,如愤怒、悲伤、自我形象改变、自尊紊乱、疼痛、失眠等。

2. 人际间的(interpersonal)　指来源于两个或多个个体之间的压力,如夫妻关系、上下级关系、护患关系等。

3. 社会的(community)　是指来源于个体以外的力量,距离比人际间压力更远的压力,如经济状况欠佳、下岗失业、对环境陌生等。

纽曼认为压力源存在于所有环境中(内环境、外环境及创造性环境),具有干扰个体系统稳定性的特征。当压力突破机体的3种防线时,损害机体的基本结构,引起整个系统的失调,产生各自不同程度的反应,并在机体的生理、心理、社会文化、生长发育和宗教信仰方面有所改变。同时,压力源的作用又是不确定的,因为压力的反应会因人而异,不同的人对同一事物,会有不同的反应。因此,系统保健模式要求护理人员仔细评估特定的因素对特定人的意义。

(三) 压力反应的预防保健护理(stress response of prevention and health care)

护士应仔细评估应激源的数量、强度、持续时间等,以及机体的反应系统能力对健康的影响,给予护理对象相对应的护理干预,以保持护理对象健康的平衡与稳定。纽曼认为保健人员应根据个体对应激源的反应情况进行以下不同水平的干预,即对症施护。

1. 初级预防(primany prevention)　当怀疑或发现应激源确实存在而压力反应尚未发生时采取的护理措施。一级预防的目的是防止压力源侵入正常防线,保持机体防御系统的稳定,促进与维护人的健康。主要可采取减少和避免与压力源接触、巩固弹性防线和正常防线的措施来进行干预。如肥胖的人,护理人员对其进行健康教育,把体重控制在标准的范围内以防止各种疾病的发生。

2. 二级预防(secondary prevention)　当个体表现出压力反应时采取的治疗措施。

此时,压力源已侵入正常防线,机体的防御系统动态平衡被破坏,机体出现症状与体征。二级预防的目的是减轻和消除反应,恢复个体的稳定性并促使其恢复到强健状态。主要措施是早发现、早诊断、早治疗,给予增强抵抗线的护理干预。如肥胖的人出现血糖值高于正常时采取的措施。

3. 三级预防(tertiary prevention)　指个体经积极的治疗控制症状后,或个体各防御系统达到相当程度的稳定时,采取的护理措施。三级预防的目的是进一步维持个体的稳定、减少后遗症、防止复发。主要的护理措施是帮助护理对象彻底康复、重建机体功能的平衡。

表 6-1 为根据纽曼的健康系统模式对高血压患者的预防保健护理。

表 6-1　压力反应的预防保健护理

预防级别	表现	护理干预	目的
初级预防	潜在高血压患者	建议不吸、不酗酒,清淡低盐饮食,定时锻炼身体	加强应变防线,保护正常防线
二级预防	近期压力过大,人际关系紧张,血压波动高于正常范围	早期就医,服药治疗,合理安排工作,适当休息	加强抵抗防线
三级预防	血压平稳后	药物控制,定期体检	维持稳定,防止复发

二、健康系统模式对四个基本概念的阐述

纽曼的健康系统模式是一个综合的、动态的模式,其对 4 个基本概念的解释如下。

(一)人

纽曼认为人是多维的、整体的开放系统,包括生理、心理、社会文化、宗教信仰、生长发育等多个层面,各部分之间及与环境的压力源之间,相互联系、相互影响、持续互动,是一个动态的人。人不仅指个体,还包括家庭、群体或社区。

(二)健康

纽曼认为健康是一种动态的过程,是从疾病到强健的连续体中的一个组成部分,

在任何时间点上，当个体身体、心理、社会文化、宗教信仰、生长发育等受到环境中的应激源刺激时，其健康程度与机体的储备能量有关。当机体的储备能量强大时，能主动适应身体环境的变化，使个体的健康保持在完整、稳定、安全的和谐状态；当机体的储备能量不足时，不能满足机体的适应所需，个体的完整性、稳定性、安全性减弱，健康渐逝，并逐步走向衰竭死亡。

（三）环境

纽曼将环境分为内环境、外环境和创造性环境。内环境指个人的内在因素；外环境指人际间的、社会压力源等个人以外的因素；创造性环境是指人在不断适应内外环境刺激过程中，有目的地为自身系统的完整、稳定与安全自发产生的变化环境。

人是一个开放的系统，可以主动影响环境中的应激源，也可以被动影响环境中的应激源，不断互动的结果可以是正向的作用，也可以是负向的作用。

（四）护理

纽曼将整体护理作为护理工作的指导思想，通过有目的的护理干预，帮助个体减少压力源，或避免对身体有危害的不利状况，最大限度地使护理对象的健康维持在平衡、和谐的状态，使个体、家庭和群体都获得并保持尽可能高的健康水平。

三、健康系统模式在护理工作中的应用

1. 促进护理观念的形成　纽曼认为人是一个开放的、多维的、整体的、动态的系统，人不仅指个体，还包括家庭、群体或社区。人与环境互动的过程中，人可以主动适应，也可以被动适应，创造新的环境。健康是人在适应变化的过程中，保持身体的基本能量源处于平衡、稳定的状态。护理是护理人员对护理对象进行全面评估后，针对存在的压力源，给予有目的的干预或护理措施，最大限度地保持和维护护理对象的平衡、和谐和健康状态，使个体、家庭、群体获得最佳的健康水平。

2. 指导护理人员有目的地开展护理工作　保健系统模式从人的基本能源结构、机体的防御机制的3道防线，人的开放、多维、整体、动态，提出护理工作需要全面、系统的评估。根据压力源侵入或破坏的层次，有目的地进行初级预防、二级预防、三级预防。初级预防的重点是健康教育与健康咨询，减少压力源的刺激；二级预防的重点是"三早"，治疗控制症状，缓解压力源的刺激；三级预防的重点是帮助护理对象适应各种压力源，重建系统的平衡与稳定，减少并发症的发生。

3. 增强护理人员学习相关知识的目标性　护理对象的压力源来自生理、心理、社会文化、生长发育和宗教信仰等方面的影响，引起3道防线的改变，且每个个体的反

应因人而异,系统学习相关知识,有利于帮助护理对象更好地制定护理措施,提高护理水平。

4. 发展以护理诊断、护理目标和护理结果为步骤的独特的护理工作方法 健康系统模式提出的护理工作方法反映了护理工作者在为护理对象实施护理时的方向与目的。

(朱海豫)

自测题

【A1 型题】

1. 护理理论起源于(   )。

A. 16 世纪中叶   B. 17 世纪中叶   C. 18 世纪中叶

D. 19 世纪中叶   E. 20 世纪中叶

2. 提出自理模式的护理专家是(   )。

A. 南丁格尔   B. 罗伊   C. 奥瑞姆

D. 纽曼   E. 佩普劳

3. 奥瑞姆的自理模式内容包括(   )。

A. 自理理论   B. 自理缺陷理论   C. 护理系统理论

D. 以上都是   E. 以上都不是

4. 奥瑞姆的护理模式强调(   )。

A. 家庭照顾的必要性   B. 自我照顾的必要性   C. 心理护理的必要性

D. 社会支持的必要性   E. 人际关系的必要性

5. 奥瑞姆自理模式理论的核心是(   )。

A. 自理结构   B. 护理系统结构   C. 自理缺陷结构

D. 自理需要与自理能力 E. 治疗结构

6. 纽曼将第二道防卫机制称为(   )。

A. 正常防御线   B. 应变防御线   C. 抵抗线

D. 弹性防御线   E. 专业防线

7. 对纽曼健康系统模式核心内容描述不正确的是(   )。

A. 人有能力通过学习行为达到自我照顾的需要

B. 人是由生理、心理、社会文化等组成的与环境相互作用的开放系统

C. 环境是指所有内部和外部的应激源及抵抗因素的总和

D. 护理是为了减少压力源造成的不良后果

E. 健康是系统各个组成部分相互和谐的状态

8. 患者,刘某,因患严重精神分裂症而入院治疗,护士应给予的护理方式是( )。

    A. 完全补偿   B. 部分补偿   C. 指导

    D. 教育   E. 支持

9. 李女士,42 岁,因肥胖出现血糖值高于正常,现采取的措施属于( )。

    A. 特级预防   B. 一级预防   C. 二级预防

    D. 三级预防   E. 四级预防

10. 王大爷,70 岁,原发性高血压患者,现血压已控制得较平稳,医生同意其出院。出院指导时护士叮嘱其要按时按量服药,并要按时体检属于( )。

    A. 特级预防   B. 一级预防   C. 二级预防

    D. 三级预防   E. 四级预防

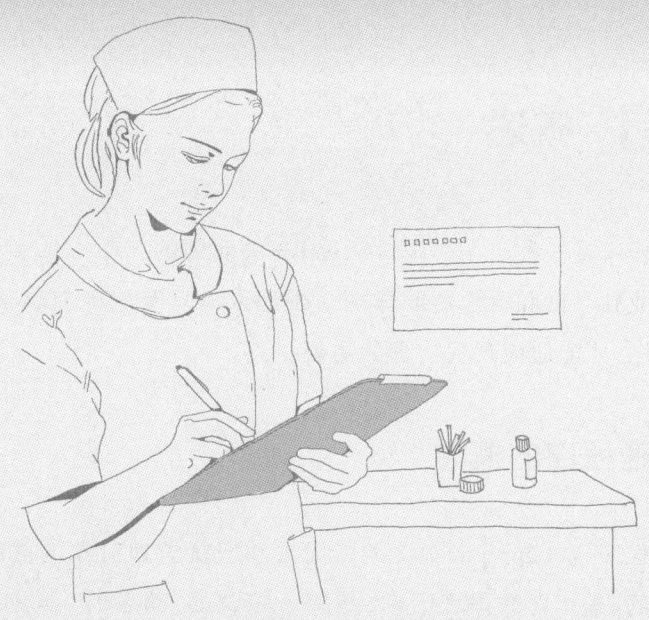

第七章　护理程序

学习目标

思维导图

◇ **知识目标**

1. 掌握护理程序的相关概念,掌握资料的收集与分类,掌握护理诊断的组成及陈述方式,掌握护理诊断与合作性问题、医疗诊断的区别;

2. 掌握制定护理目标及护理措施的注意事项;

3. 掌握临床护理记录常用的记录方法;

4. 熟悉护理措施的实施过程及注意事项,熟悉评价的方式、内容及步骤。

◇ **能力目标**

1. 能鉴别主观资料和客观资料;

2. 举例说明护理诊断的四种类型及组成部分;

3. 能初步运用护理程序的方法提出护理诊断,制定计划及实施,并对实施效果进行评价和反馈。

◇ **素养目标**

1. 通过学习护理程序的知识与方法,具有求真务实的工作意识、严谨认真的工作态度;

2. 初步具备评判性思维,具有独立思考、分析问题、解决问题的意识;

3. 培养学生对病人的关爱和尊重,树立"以人为本"的护理理念。

第一节　概述

护理程序是一种科学的确认问题、解决问题的工作方法和思想方法。护理程序是护理专业独立性和科学性的体现。护理人员只有深刻理解整体护理思想、熟练运用护理程序,才能适应现代护理的需要。

一、护理程序的概念

护理程序(nursing process)是以促进和恢复护理对象的健康为目标所进行的一系列有目的、有计划的护理活动,是一个综合的、动态的、具有决策和反馈功能的过程。对护理对象进行全面主动的整体护理,使其达到最佳健康状态。

二、护理程序的步骤

护理程序分为 5 个步骤,即护理评估、护理诊断、护理计划、护理实施、护理评价(图 7-1)。护理程序的 5 个步骤相互联系、相互依赖、相互影响,是一个循环往复的过程。

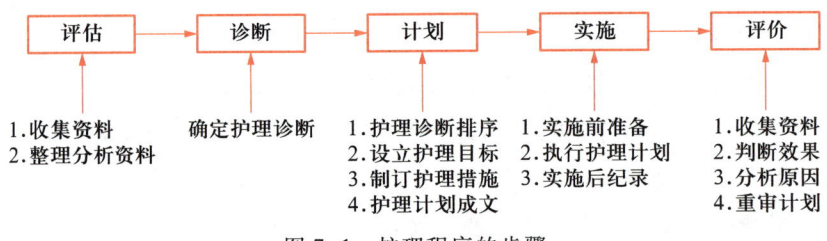

图 7-1　护理程序的步骤

三、护理程序的理论基础和特点

(一)理论基础

护理程序是在吸收多学科理论成果的基础上构建而成,如一般系统理论、基本需要理论、信息交流论和解决问题论等。一般系统理论构成了护理程序的框架;基本需要理论为评估护理对象健康状况、预见其需要提供了理论依据;信息交流论赋予了护士与服务对象交流能力和技巧的知识,从而确保护理程序的最佳运行;解决问题论则为确认服务对象的健康问题、寻求解决问题的最佳方案及评价效果,奠定了方法论的基础。这些理论相互关联、相互支持，在护理程序实践过程的不同阶段、不同方面发挥独特的指导作用。

（二）特点

护理程序具有以下几个特点。

1. 目标性　运用护理程序的目的是满足服务对象生理、心理、社会等各方面的整体需要，帮助服务对象减轻痛苦，达到最佳健康状态。

2. 系统性　护理程序以系统论为理论基础，指导护理工作系统有序地进行，每项护理活动都是系统中的一个环节，保证了护理活动的连续性。

3. 科学性　护理程序不仅体现了现代护理学的理论观点，而且运用了其他学科的相关理论。

4. 个体性和动态性　运用护理程序时要根据服务对象的具体需求和个体特点设计护理活动。服务对象的健康问题不同，护理活动也不同。护理程序的内容随着服务对象状态的变化而变化，健康问题发生改变时，护理诊断、计划、措施也随之发生改变。

5. 互动性和普遍性　护理程序强调护士与服务对象的互动与合作，也强调医务人员之间的协作。护理程序不仅适用于个人，也适用于家庭、团体、社区的护理活动。

四、护理程序的发展史

护理程序于 1955 年由美国护理学者 Lydia Hall 首先提出，当时认为护理工作是"按程序进行的工作"。1961 年，奥兰多（Orlando）第一次使用了"护理程序"一词，提出护理程序包括：评估、计划、评价。1967 年，Yura & Walsh 完成了第一本权威性的《护理程序》教科书，将护理程序发展成 4 个步骤：评估、计划、实施和评价。1975 年罗伊等护理专家提出护理诊断这一概念，进而将护理程序发展为 5 个步骤：评估、诊断、计划、实施和评价。

20 世纪 80 年代初期，美籍华人学者李式鸾博士将以护理程序为中心的责任制护理引入我国。1994 年美籍华人学者袁剑云博士开始在我国推广以护理程序为核心的系统化整体护理。2002 年袁剑云博士又在我国介绍以护理程序为基本框架的临床路径。这些新的护理实践模式的推广，促进了护理程序在我国临床护理工作中的广泛运用。

五、护理程序对护理实践的指导意义

护理程序的应用促进了护理的发展，护理程序也是护理专业化的重要标志之一，具有重要意义。

（一）对护理专业的意义

在临床护理方面,护士不仅是单纯地执行医嘱,而是以护理程序为框架,为服务对象提供全面的、系统的、高质量的护理;护理程序对护理管理者提出更高的要求,尤其在临床护理质量评价方面有了新的突破;护理程序的运用对护理教育的改革具有指导性意义,在课程的组织,教学内容的安排,教学方法的运用等方面促使教学模式的转变;护理程序推进了护理科研的进步,使护士更注重于将护理对象作为一个整体的人来考虑研究重点和研究方向。

（二）对护理对象的意义

在应用护理程序的过程中,护士与护理对象密切接触,并鼓励其参与护理活动,这有利于护士与护理对象建立良好关系,加强双方合作,从而有利于促进护理对象的康复;在应用护理程序的过程中,护士把护理对象作为整体的人看待,一切护理活动都是为了满足其需要,使其得到个体化护理。护理对象是护理程序的直接受益者。

（三）对护理人员的意义

护理程序的运用,使护理工作摆脱了过去多年来执行医嘱和常规的被动工作局面,给护士带来工作上的满足感;护理程序的运用,要求护士能独立解决护理活动中的问题,培养了护士创造性的工作能力、决策能力及人际交往能力,在解决问题的过程中也增加了护士的成就感;护理程序的运用,要求护士掌握各学科的知识,从而培养学习能力,促进护士在职教育和继续教育的发展。

第二节　护理评估

情景案例

> 李先生,自感头疼不适前往医院就诊。 门诊护士小张巡视时发现他呼吸急促、面色潮红,主诉头痛剧烈。 护士小张报告医生后,为其查体,结果为:体温 38.5 ℃、脉搏 112 次/ min、呼吸 26 次/min、血压 140/90 mmHg。
>
> 请思考:
> 1. 护士小张在评估该病人时,可以采取哪些方法?
> 2. 收集的资料中,哪些是主观资料? 哪些是客观资料?

护理评估(nursing assessment)是指有目的、有计划、系统地收集服务对象的资料，并对资料进行整理分析及判断的过程。评估是护理程序的开始，评估的准确与否直接影响护理诊断的确定、护理计划的制订和实施，影响护理目标的实现，评估贯穿于整个护理过程中。包括收集资料、整理资料和分析资料。

一、收集资料

（一）目的

1. 为正确确立护理诊断提供依据。
2. 为制定合理的护理计划提供依据。
3. 为评价护理效果提供依据。
4. 为护理科研积累资料。

（二）来源

1. 服务对象　是资料的主要来源。
2. 服务对象的家人和其他人员　护士可以通过家人或朋友等获得资料，特别是服务对象不能提供资料时，家属或其他陪同人员能提供有关病史资料。
3. 其他医务人员　如医师、营养师、心理医师或其他护理人员。
4. 医疗护理记录　通过查阅病历记录、实验室报告、医疗和护理文献等获得资料。

（三）资料种类

根据收集的方法不同，将所收集的资料分为主观资料和客观资料。

1. 主观资料　即服务对象的主诉，包括服务对象的经历，感觉及其所看到、听到或想到的关于健康状况的主观感觉，如疼痛、麻木、胀痛、瘙痒，或感到软弱无力等。
2. 客观资料　护士通过观察、体检以及借助医疗仪器检查所获得的资料，如面色发绀、呼吸困难、心律失常、血压 90/60 mmHg、体温 39.5 ℃ 等。

（四）内容

1. 一般资料　如服务对象的姓名、年龄、性别、民族、职业、婚姻状况、文化程度等。
2. 现在的健康状况　包括现病史、主要病情、日常生活规律及自理程度、护理体检情况等。

3. 过去的健康状况　包括患病史、住院史、手术及外伤史、过敏史、婚育史、家族史等。

4. 心理状况　包括一般心理状态，对疾病的认识、人格类型、应对能力等。

5. 社会文化状况　包括主要社会关系及密切程度，工作学习情况、经济状况与社会支持系统状况等。

（五）收集资料的方法

1. 观察　是护士临床实践中，运用自己的感官或借助简单诊疗器具，系统地、有目的地收集服务对象健康资料的方法。通过观察，护士可以获得服务对象生理、心理、精神、社会、文化等各方面的资料。观察是一个连续的过程，护士与服务对象的初次见面就意味着观察的开始。能否通过有效的观察获得准确、真实的资料，与每个护士的专业知识、临床经验和交往能力密切相关。

2. 交谈　交谈是心理社会资料收集的主要方法。通过与服务对象的交谈可以收集有关服务对象健康状况的信息，取得确立护理诊断所需的各种资料，同时取得服务对象的信任。包括正式交谈和非正式交谈。正式交谈是有目的、有计划的交谈，常用来询问信息、发出信息。非正式交谈是指护士日常护理工作中与服务对象的交谈，可以及时了解到服务对象的真实想法和心理反应。交谈时护士应注意运用沟通技巧，关心体贴服务对象，建立起相互信任的关系。

3. 护理体格检查　是护士运用视、触、叩、听、嗅等体格检查手段或技术对服务对象的生命体征及各个系统进行的检查。护士进行体检的目的是收集有关服务对象身体状况的客观资料，是以护理为重点，因此护理体检应有别于医生所做的体格检查。

4. 查阅相关资料　包括查阅有关病历记录、实验室检查报告、文献资料等。

二、整理资料

完成了资料收集工作后，需要对资料整理分类，以便于找出护理问题。将资料进行分类的方法很多，如按马斯洛的需要层次论、按 Majory Gordon 的 11 个功能性健康型态或按北美护理诊断协会（NANDA）提出的 9 个人类反应型态等方法将资料分类。

1. 按马斯洛的需要层次论分类

（1）生理需要　如饮食、排泄、睡眠、休息、活动等。

（2）安全需要　环境的陌生，对疾病的恐惧。

（3）爱与归属的需要　思念亲人，害怕孤独等。

（4）自尊的需要　希望医生、护士重视自己，因疾病导致自卑感等。

（5）自我实现的需要　担心住院影响工作、学习等。

2. 按 Majory Gordon 的 11 个功能性健康型态分类

（1）健康感知—健康管理　如健康行为,健康知识。

（2）营养—代谢　如饮食、营养状态等。

（3）排泄　如排便、排尿等。

（4）活动—运动　如日常活动能力、活动方式等。

（5）睡眠—休息　如每日睡眠休息情况。

（6）认知—感知　如个人的舒适感、对疾病的认识、感知能力等。

（7）自我感受—自我概念　如个人的情感反应、对自己的认识等。

（8）角色—关系　如家庭关系、邻里关系、同事关系、同学关系的状态等。

（9）应对—应激耐受　涉及人对伤害、威胁等事件的应对能力和方式。

（10）性—生殖　主要指性发育、生育能力和对性的认识。

（11）价值—信念　如宗教信仰、人生理想等。

3. 按北美护理诊断协会提出的 9 个人类反应型态分类

（1）交换　包括营养、排泄、呼吸、循环、体温、身体的完整性等。

（2）沟通　包括服务对象与人沟通的能力。

（3）关系　包括角色功能、社交活动和性生活型态等。

（4）价值　包括个人的价值观、宗教信仰、人生观等。

（5）选择　包括个人及家庭应对压力的能力、寻求健康所表现的行为等。

（6）移动　包括身体活动能力、休息、睡眠、娱乐及休闲、生长发育状况等。

（7）感知　包括自我概念及感觉功能、有无绝望或无力感等。

（8）知识　包括对健康的认识、学习状况及思考过程等。

（9）感觉　包括有无疼痛、舒适、情绪状况等。

将资料分类可以帮助护士发现资料有无遗漏,也有助于护士能更快地找到相应的健康问题。

三、分析资料

1. 找出异常及相关因素　分析资料时,首先应将资料与正常值及服务对象健康时的状态做比较以发现异常所在。发现异常后,护士还应进一步找出引起异常出现的相关因素。

2. 找出危险因素　危险因素常常是指服务对象目前虽处于正常范围内,但存在着促使其向异常转化的因素。找出危险因素可帮助护士预测今后服务对象可能发生的问题。

第三节 护理诊断

一、护理诊断的定义

护理诊断（nursing diagnosis）是关于个人、家庭或社区对现存的或潜在的健康问题或生命过程的反应的一种临床判断，是护士为达到预期结果选择护理措施的基础，这预期结果是由护士负责制订的。

二、护理诊断的组成

护理诊断由名称、定义、诊断依据和相关因素4部分组成。

1. 名称　是对护理对象健康问题的概括性描述。分为以下3个类型。

（1）现存的护理诊断　是指护理对象目前已经存在的健康问题，一般有明显的症状和体征，如"皮肤完整性受损""结肠性便秘"等。

（2）危险的护理诊断　是指目前尚未发生，但有危险因素存在，若不加以预防处理就一定会发生问题，如"有受伤的危险"等。

（3）健康的护理诊断　是个人、家庭、社区从特定的健康水平向更高的健康水平发展的护理诊断，如"潜在的婴儿行为调节增强""母乳喂养有效"等。

2. 定义　是对护理诊断名称的一种清晰、正确的描述，并以此与其他护理诊断相鉴别。例如"清理呼吸道无效"定义为"个体不能清理呼吸道分泌物或阻塞物使呼吸道不能保持通畅的状态"。

3. 诊断依据　是做出该护理诊断时的临床判断标准，即诊断该问题时必须存在的相关的症状、体征和有关的病史。分为主要依据和次要依据。主要依据指形成一个特定诊断所必须存在的症状、体征及相关病史，是护理诊断的必要条件。次要依据指形成一个特定诊断可能出现的症状、体征及相关病史，对护理诊断的形成起支持作用，是护理诊断的辅助条件。

4. 相关因素　是指造成服务对象健康状况改变或引起问题产生的情况。常见的相关因素包括4个方面：① 病理生理因素；② 治疗因素；③ 情景因素；④ 年龄因素。

三、护理诊断的步骤

护理诊断的形成步骤包括3个阶段。即对收集到的资料进行分析和综合，再根据分析结果找出与健康相关的问题,最后做出正确的护理诊断。

1. 分析资料　护士将收集到的资料与统计学标准做比较,进行资料的分类,并检验资料的全面性和准确性。

2. 确立问题　在分析资料的过程中,护士需要做出初步的判断:哪些问题需要解决,问题是否属于护理诊断范畴,运用护理措施能否解决,引起护理问题的原因、危险因素是什么?

3. 做出护理诊断　在分析资料后,护士应对问题进行描述,准确做出护理诊断。

四、护理诊断的陈述方式

护理诊断的陈述包括 3 个结构要素:健康问题 P(problem),症状和体征 S(symptoms and signs),相关因素 E(etiology)。临床陈述常用以下几种方式。

1. 三部分陈述　即 PSE 公式,多用于现存的护理诊断。

例如:<u>体温过高</u>:<u>T39.8℃,皮肤潮红</u>,<u>与肺部感染有关</u>
　　　　P　　　　　　　S　　　　　　　　E

2. 二部分陈述　即 PE 公式,只有护理诊断名称和相关因素,而没有临床表现。多用于"有……的危险"的护理诊断。

例如:<u>有皮肤完整性受损的危险</u>:<u>与截瘫有关</u>
　　　　　　P　　　　　　　　　E

3. 一部分陈述　只有 P,常用于健康的护理诊断。

例如:<u>母乳喂养有效</u>
　　　　P

五、护理诊断的类型

1. 现存的　指护理对象目前已存在的健康问题,常用 PSE 公式陈述。

2. 有危险的　指护理对象目前尚未发生的,但有危险因素存在,若不加以预防处理,就一定会发生的问题,常用 PE 公式陈述。

3. 健康的　指有潜力增加或提高健康水平的状态,常用 P 陈述。

六、护理诊断与合作性问题

合作性问题是由护士与医生共同合作才能解决的问题,多指因脏器的病理生理改变所致的潜在并发症。但并非所有的并发症都是合作性问题,能够通过护理措施干预和处理的,属于护理诊断,如"咳嗽无力"可造成"清理呼吸道无效";不能预防或独立处理的并发症,则属于合作性问题,如手术后伤口出血,主要与术中伤口结扎缝合不良有关,护理措施无法预防其发生。对于合作性问题,护士应将监测病情作为护理的重点,及时发现病情变化,并与医生合作共同处理。

合作性问题的陈述方式有其固定的方式,即"潜在并发症(potential complication):××××",可简写为"PC:××××"。如"潜在并发症:心律失常";或"PC:心律失常"。

七、护理诊断和医疗诊断的区别

医疗诊断是用一个名称说明一种疾病或病理变化,以指导治疗。护理诊断是描述服务对象由于病理状态所导致的已存在的或潜在的反应,包括生理、心理、社会等方面的反应,以指导护理。二者区别见表7-1。

表 7-1　护理诊断与医疗诊断的区别

内容	护理诊断	医疗诊断
研究对象	对个人、家庭、社会的健康问题/生命过程反应的一种临床判断	对个体病理生理变化的一种临床判断
描述的内容	描述的是个体对健康问题的反应	描述的是一种疾病
决策者	护理人员	医疗人员
职责范围	在护理职责范围内进行	在医疗职责范围内进行
数量	往往有多个	一般情况下只有一个
是否变化	随病情的变化而改变	一旦确诊则不会改变
举例	胸痛:与心肌缺氧、缺血有关	冠心病

八、书写护理诊断的注意事项

1. 应使用北美护理诊断协会认可的护理诊断名称,所列护理诊断应简明、准确、规范。
2. 所列护理诊断应是护理措施能够解决的。
3. 以收集的资料作为诊断依据,能指出护理活动的方向,有利于制定护理计划。
4. 避免与护理目标、措施、医疗诊断相混淆。
5. 避免使用可能引起法律纠纷的描述。

第四节　护理计划

情景案例

> 刘先生，32 岁。因转移性右下腹疼痛伴固定压痛点入院。医疗诊断为急性化脓性阑尾炎，给予急诊手术。术后第 5 天病人出现发热，伤口疼痛，因对病情不了解，担心预后而烦躁，不能入睡。护士小李报告医生后，为其查体，结果为：体温 39.8 ℃，脉搏 110 次/min，呼吸 24 次/min，血压 110/80 mmHg，右下腹伤口处发红、肿胀、压痛，无波动感，无腹膜刺激征。
>
> 根据病人情况：
>
> 1. 列出病人的主要护理诊断，并按首优、中优、次优的顺序进行排列。
>
> 2. 针对首优问题确定预期目标，并写出主要的护理措施。

护理计划（nursing plan）是针对护理诊断制定的具体护理措施，是进行护理活动的指南。制定护理计划的目的是为了使服务对象得到个性化的护理，保持护理工作的连续性，促进医护人员的交流，并利于评价。一般分为 4 个步骤：① 排列护理诊断顺序；② 确定预期目标；③ 制定护理措施；④ 书写护理计划。

一、排列护理诊断顺序

（一）排列顺序

根据健康问题的轻、重、缓、急，将护理诊断按首优、中优、次优的顺序进行排列，使护理工作能够高效、有序地进行。

1. 首优问题　指直接威胁病人生命，需立即解决的问题。如昏迷病人的"清理呼吸道无效"；休克病人的"体液不足""心排血量减少"等。

2. 中优问题　指虽然不直接威胁病人生命，但给其精神上或躯体上带来极大的痛苦，严重影响其健康的问题。如"皮肤完整性受损""有感染的危险""压力性尿失禁"等。

3. 次优问题　指个体在应对发展和生活中变化时所产生的问题，如"社交孤立""角色冲突""精神困扰"等。这些问题虽然不如生理需要和安全需要问题迫切，但并非不重要，同样需要护士给予帮助，使问题得到解决，以便服务对象达到最佳健康状态。

（二）排序时的注意事项

1. 优先解决直接危及生命的问题。

2. 按照马斯洛需要层次论，先解决低层次需要，后解决高层次需要。

3. 在与治疗、护理原则不冲突的情况下，可考虑将病人认为最重要的问题予以优先解决。

4. 分析护理诊断之间是否存在相互关系，以及关系的性质，应先解决问题产生的原因，再考虑由此而产生的结果。

5. 潜在性问题根据性质决定其序列。

6. 护理诊断的先后顺序并不是固定不变的，可随病情及病人反应的变化而变化。在临床实际工作中，可同时安排解决几个问题。

二、确定预期目标

预期目标是护理活动的预期结果，即是护士拟定在护理措施实施后，服务对象的状态或行为改变达到的程度。确定预期目标的目的是为制定护理措施提供方向，为护理效果评价提供标准。

（一）目标分类

根据实现目标所需要的时间可分为短期目标和长期目标。

1. 短期目标 又称近期目标，是指在较短时间（一般指 1 周）内能够达到的目标。如"24 h 后病人能下床活动""1 周内新生儿体重增加 50 g"等。

2. 长期目标 又称远期目标，是指目标需在较长一段时间内才能实现，通常在 1 周以上直至数月才能达到。如"病人在住院期间没有压疮发生"。

（二）陈述方式

预期目标陈述方式：主语+谓语+行为标准+状语。

主语：指服务对象或他（她）的任何一部分，有时可省略。

谓语：指服务对象将能够完成的行为，该行为必须是可观察到的。

行为标准：指服务对象完成该行为所要达到的程度。

状语：指在什么样的条件下达到目标。如在什么时间、地点、什么状态下完成行为动作。

例如　　<u>3 日内</u>　　<u>病人</u>　　<u>学会</u>　　<u>皮下注射胰岛素</u>。

　　　　时间状语　　主语　　谓语　　　行为标准

3 周后	病人	拄拐杖	行走	50 m。
时间状语	主语	条件状语	谓语	行为标准

（三）目标陈述的注意事项

1. 目标应是护理活动的结果,而非护理活动本身。

2. 目标应具有明确的针对性。

3. 目标必须切实可行,属于护理工作的范畴。

4. 目标应与医疗工作相协调。

5. 目标必须具体、可测量。

三、制定护理措施

护理措施是护士为帮助服务对象达到预期目标所需采取的具体方法与手段。

（一）护理措施的类型

护理措施可分为 3 大类。

1. 依赖性护理措施　即护士遵医嘱执行的具体措施。如遵医嘱给药,记录 24 h 出入量等。

2. 独立性护理措施　即护士在职责范围内,根据所收集的资料,经过独立思考、判断所决定的措施。如病人长期卧床导致"皮肤完整性受损",护士定期为病人翻身、按摩皮肤、用烤灯照射局部等都是独立的护理措施。

3. 协作性护理措施　即护士与其他医务人员之间合作完成的护理活动。如心搏骤停的抢救配合。

（二）护理措施的内容

护理措施包括病情观察、基础护理、饮食护理、护理体检及手术前后护理、心理护理、功能锻炼、健康教育、医嘱执行、对症护理等。

（三）制定护理措施的注意事项

1. 护理措施应具有科学依据,运用最新最佳的科学依据,结合个人技能和临床经验,以及服务对象的实际情况,选择并制定恰当的护理措施。

2. 护理措施要针对护理目标来制定,一个护理目标可以通过几项护理措施来实现。

3. 护理措施要切实可行、因人而异。

4. 护理措施应保证服务对象的安全。

5. 护理措施要具体细致，一项完整的护理措施应包括日期、具体做什么、怎样做、执行时间和签名。

6. 鼓励服务对象参与制定护理措施，使其乐于接受与配合，保证护理措施的最佳效果。

四、书写护理计划

护理计划的书写即将已确定的护理诊断、目标、措施书写成文，以便指导护理活动和评价护理活动。书写护理计划一般应用护理计划单（表7-2），各医院的表格设计不完全相同，大致包括：日期、护理诊断、预期目标、护理措施和效果评价等项目，填好后由制定者签名。

表 7-2　护理计划单

日期	护理诊断	预期目标	护理措施	效果评价	评价时间	签名
2016-03-09	清理呼吸道无效：与痰液黏稠、咳嗽无力有关	1~3天内痰易咳出，咳嗽减少 1周内咳嗽消失	1. 观察痰液量、性状、黏稠度 2. 观察 T、P、R 及神志 3. 保持室内空气新鲜及湿度 4. 每日饮水 500 ml 5. 雾化吸入 2 次/d 6. 翻身、叩背 q2h 7. 遵医嘱抗感染、解痉	白色痰，易咳出，咳嗽已减少 基本无咳嗽，肺部听诊呼吸音正常	3 月 12 日 3 月 16 日	杨丽 杨丽

第五节　护理实施

护理实施（nursing implementation）是护理程序的第 4 步，是将护理计划中的内容付之行动的过程。在实施的过程中护士不仅要具备丰富的专业知识，还要具备熟练的操作技能和良好的人际沟通能力，才能保证服务对象得到高质量的护理。从理论上讲，实施是在护理计划制定后进行，但在实际工作中，特别是抢救危重病人时，实施常在计划前。实施计划的过程包括 3 步。

一、实施前准备

护士在执行计划前,针对将要为服务对象所采取的护理措施和方法,应做好以下方面的准备。

1. 护理知识与技术。
2. 护理用物、仪器、设施等。
3. 护理环境与条件。
4. 护士与服务对象的心理状态和情感反应。

二、实施的方法

此阶段是护士运用操作技术、沟通技巧、观察能力、合作能力和应变能力去执行护理措施的过程。在执行过程中要充分发挥服务对象与家属的主观能动性,与其他医务人员相互配合。执行护理措施的同时,护士也要对服务对象的病情及服务对象对疾病的反应进行评估,并对护理活动的效果进行评价。因此,实施阶段也是评估和评价的过程。

三、实施后记录

(一) 记录

实施各项护理措施后,护士应及时准确地记录,包括护理活动的内容、时间、结果及服务对象的反应等。护理记录是一项重要的工作,可以反映护理活动的全过程,有利于其他医务人员了解服务对象的身心状况,观察护理效果,为护理评价做准备,也为以后的护理工作提供资料和经验。比较常用的是采用 PIO 方式记录(表 7-3)。PIO 的含义是 P(problem)问题;I(intervention)措施;O(outcome)结果。

(二) 实施过程的注意事项

1. 护理活动应以服务对象为中心,尽可能地满足其需要。
2. 护理活动应以科学理论知识为依据。
3. 护理措施必须安全,严防并发症的发生。
4. 护士在执行医嘱时,应明确其意义,有疑问时应澄清后再执行。
5. 鼓励服务对象积极主动地参与护理活动。
6. 实施过程中应注意与服务对象交流,适时给予教育、支持和安慰。

表7-3　护理记录单

日期	时间	护理记录（PIO）	签名
2016-03-22	09:00	P:体温过高（39.5 ℃）:与肺部感染有关	李莉
	09:00	I:1. 乙醇擦浴 2. 头部置冰袋 3. 嘱病人每天饮水2 000 ml，进食营养丰富、易消化的食物 4. 病人大量出汗时，更换内衣裤和床单	黄娟
	18:30	O:病人体温下降至38.2 ℃	黄娟

7. 护士在进行护理活动时，应把病情观察和收集资料贯穿在实施过程中，根据病情变化及时调整计划，而不是机械地完成任务。

思政案例

以人为本——关注病人需求，提供人性化护理

一位脑溢血瘫痪的老年病人在医院接受治疗，由于年龄和身体原因，他对护理工作的需求较为特殊。责任护士小王通过细致入微的观察和评估，制定了针对性的护理措施，为他提供了个性化的护理服务，满足了他的需求。

第六节　护理评价

护理评价（nursing evaluation）是将服务对象的健康状态与护理计划中的预期目标进行比较并做出判断的过程。通过评价可以了解服务对象是否达到了预期的护理目标，服务对象的需求是否得到满足。虽然评价是护理程序的最后步骤，但实际上评价贯穿整个护理活动的全过程。

一、评价内容

1. 护理效果的评价　护理效果的评价是评价中最重要的部分。核心内容是评价服务对象的行为和身心健康状况的改善是否达到预期目标。

2. 护理过程的评价　护理过程的评价是评价护士进行护理活动的行为过程是否符合护理程序的标准。如护理病历质量、护理措施实施情况、护理程序工作方法的理解与运用等是否符合标准。

二、评价方式

1. 护士的自我评价。
2. 护理查房进行同行评价。
3. 护士长、护理专家与护理教师的检查评定。
4. 医院质量控制委员会检查评定。

三、评价步骤

（一）收集资料

收集服务对象目前的健康状况，包括主观资料和客观资料。

（二）判断效果

将收集的资料与预期目标进行比较，衡量目标实现的情况。按目标实现的程度分为：① 目标完全实现；② 目标部分实现；③ 目标未实现。

例如，预定目标为"病人1周后能行走20 m"。1周后的评价结果为：

病人已能行走20 m——目标完全实现。

病人能行走5 m——目标部分实现。

病人拒绝下床行走或无力行走——目标未实现。

（三）分析原因

如果目标部分实现或未实现，应分析、探讨导致的原因。可以从以下几个方面分析。

1. 所收集资料是否准确、全面。
2. 护理诊断是否正确。
3. 制定的护理目标是否切合实际。
4. 护理措施的设计是否恰当。
5. 护理措施的执行是否有效。
6. 服务对象是否配合。
7. 护理计划是否随病情的变化及时做相应调整。

（四）重审计划

对护理计划的调整包括以下几种方式。

1. **停止**　对已实现的护理目标与解决的问题,停止原有的护理措施。

2. **继续**　问题仍然存在,继续执行计划。

3. **修正**　对继续存在的健康问题,修正不恰当的诊断、目标或措施。

4. **删除**　经分析或实践验证不存在或判断错误的问题,则应予以删除。

5. **增加**　对出现的新问题,在重新收集资料的基础上做出新的诊断和制订新的目标与措施,进行新一循环的护理活动,直至护理对象达到最佳健康状态。

四、评价与护理程序中其他步骤的关系

评价是一个十分重要的部分,它相当于开放系统过程中的反馈。没有评价也就没有改进,护理程序也就无法体现其连续性的特点。在评价中有两个问题值得注意:一是资料的真实性,只有评估获得全面真实的资料,才能进行有效的评价;二是评价标准的制定,如果在预期目标中标准不科学、不可行,导致评价时判断失误,从而会进一步影响护理计划的修订。

（王清秀）

自测题

【A1 型题】

1. 一般收集服务对象资料时最主要的来源是(　　　)。

A. 服务对象自己　　　　　　　B. 服务对象家属及朋友

C. 病历及各种检查报告　　　　D. 检索文献资料

E. 其他医务人员

2. 护理程序正确的概念是(　　　)。

A. 一种护理工作的分工类型　　B. 一种护理工作的简化形式

C. 一种系统的解决问题的方法　D. 一种技术操作的程序

E. 一种护理活动的循环过程

3. 护士记录服务对象资料不符合要求的是(　　　)。

A. 收集资料后需及时记录

B. 描述资料的词语应确切

C. 内容要正确反映服务对象的问题

D. 客观资料应尽量用服务对象的语言

E. 避免护士的主观判断和结论

4. 护理诊断 PSE 公式中的 P 代表(　　　)。

A. 服务对象的健康问题　　　　B. 症状与体征

C. 服务对象的既往病史　　　　　D. 服务对象的现病史

E. 健康问题的相关因素

【A2 型题】

5. 陈先生,56 岁,因左下肢骨折入院,给予患肢持续牵引复位。病人情绪紧张,主诉患肢疼痛,评估病人后,护士小张首先应解决的健康问题是(　　　)。

A. 躯体移动障碍　　　　　　　　B. 焦虑

C. 生活自理缺陷　　　　　　　　D. 疼痛

E. 有皮肤完整性受损的危险

6. 女性,65 岁,患慢性支气管炎 10 年,因出现呼吸急促,面色发绀,急诊入院,诊断为肺源性心脏病。急测血氧分压(PO$_2$)6.0 kPa(45 mmHg),病人精神十分紧张,此时最有效的护理措施是(　　　)。

A. 有针对性地进行心理护理　　　B. 稳定病人情绪

C. 调节室内温、湿度　　　　　　D. 进行体位引流

E. 氧气吸入

7. 男性,60 岁,发热、咳嗽。查体:体温 39.2℃,脉搏 90 次/min,呼吸 20 次/min;肺部少量湿啰音。正确的护理目标是 2 日内(　　　)。

A. 护士协助病人维持体温在 38.5℃ 以下

B. 在护士指导下病人维持体温在 38.5℃ 以下

C. 维持病人体温在 38.5℃ 以下

D. 在降温措施帮助下维持病人体温在 38.5℃ 以下

E. 在降温措施辅助下维持病人体温正常

【A3 型题】

(8~10 题共用题干)

患者,女性,65 岁,患 2 型糖尿病 15 年,皮下注射胰岛素控制血糖。入院时大汗淋漓、高热、呼出气体呈烂苹果味。住院治疗 2 周,血糖控制在正常范围。

8. 病人"呼出气体呈烂苹果味",收集此资料的方法属于(　　　)。

A. 视觉观察法　　　　B. 触觉观察法　　　　C. 听觉观察法

D. 味觉观察法　　　　E. 嗅觉观察法

9. 病人认为出院后不需监测血糖,此时病人的主要护理问题是(　　　)。

A. 有感染的危险　　　　　　　　B. 潜在的并发症:血糖升高

C. 知识缺乏　　　　　　　　　　D. 食欲减退

E. 不合作

10. 下列护理诊断是 PSE 格式的是(　　　)。

A. 潜在并发症:糖尿病酮症酸中毒

B. 知识缺乏:缺乏糖尿病并发症的知识

C. 有感染的危险:与病人机体抵抗力下降有关

D. 体温升高:体温 39.8℃,与感染有关

E. 气体交换受损:与缺血有关

【A4 型题】

(11~16 题共用题干)

男性,54 岁,干部,因心前区压榨样疼痛 4 h 不缓解,并伴有濒死感,速来院急诊。

11. 护士收集的资料属于病人既往史的是(　　)。

A. 家庭史　　　　　　　B. 职业　　　　　　　C. 吸烟史

D. 生活习惯　　　　　　E. 心绞痛史

12. 此病人存在的最主要护理问题是(　　)。

A. 疼痛　　　　　　　　B. 焦虑　　　　　　　C. 活动无耐力

D. 潜在心律失常　　　　E. 潜在感染

13. 针对此病人的护理问题,下列护理目标陈述正确的是(　　)。

A. 病人恢复正常

B. 24 h 内病人自诉心前区疼痛减轻

C. 病人疼痛有所缓解

D. 病人住院期间不感觉疼痛

E. 病人精神状态良好,没有疼痛

14. 针对此病人,正确的护理诊断陈述是(　　)。

A. 焦虑:与恐惧有关

B. 疼痛:与心排血量减少有关

C. 潜在并发症

D. 有感染的危险:与机体抵抗力降低有关

E. 活动无耐力

15. 此病人的信息资料中属于主观资料的是(　　)。

A. 男性　　　　　　　　B. 压榨样疼痛　　　　C. 54 岁

D. 干部　　　　　　　　E. 来院急诊

16. 病人经过一段时间的治疗后,即将出院,出院前护士长对该病人进行了问卷调查,以了解病人对护理的满意度,促进护理质量的提高。此护士长采取的评价方法是(　　)。

A. 统计分析法　　　　　B. 观察法　　　　　　C. 对比法

D. 调查法　　　　　　　E. 回顾性研究

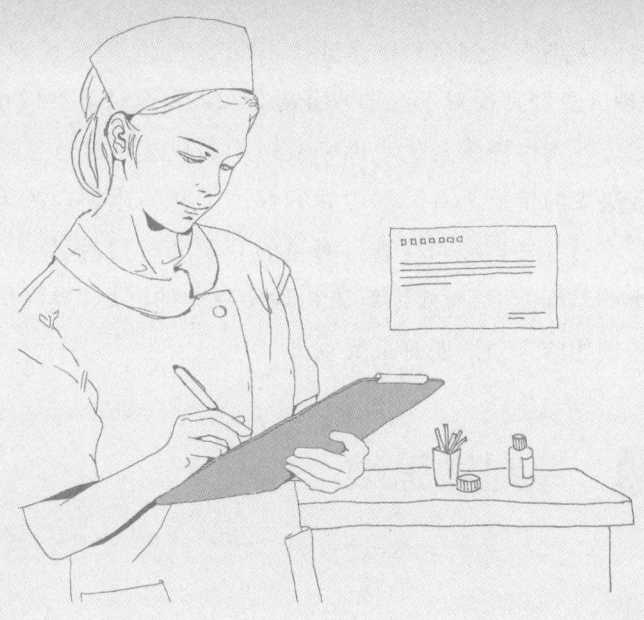

第八章　评判性思维与临床护理决策

思维导图

学习目标

◇ 知识目标

1. 掌握评判性思维和临床护理决策的概念、评判性思维在护理工作中的应用、临床护理决策的概念；

2. 熟悉评判性思维的构成和特点，临床护理决策的类型、步骤和影响因素；

3. 了解评判性思维具备的态度和认知技巧、临床护理决策模式。

◇ 能力目标

1. 运用评判性思维和临床护理决策的有关知识，解决临床实践中的问题；

2. 在实践工作中不断学习，提高评判性思维能力；

3. 在实践工作中能充分运用评判性思维，提高其临床护理决策能力。

◇ 素养目标

1. 具有主动培养护士评判性思维的意识；

2. 具有发展和提高护士评判性思维及护理决策能力的意识。

在社会巨大进步及健康科学迅速发展的影响下，随着护理工作范围的不断深入和扩展，护理人员经常面对不同的服务对象和各种复杂多变的情形，需要科学的思维和决策方法。评判性思维是护士面临复杂问题抉择时进行正确反思与选择，做出适当临床护理决策的重要工具。学习评判性思维和临床护理决策的相关知识和技巧，能够帮助护士对各种护理问题进行有目的有意义的判断、反思、推理和决策，对进一步开发护士的思维能力，有效地解决护理实践中的问题，提高护理服务质量，促进护理专业向科学化的方向发展有重要意义。

第一节　评判性思维

情景案例

> 护生小张刚刚进入急诊科开始进行毕业实习。工作中她渐渐发现，在进行护理操作时，自己总是严格执行教材上的要求，但有时却会遇到困难。例如，有一天她和老师一起为一位外伤失血性休克的患者进行输液时，按照教材中选择血管的原则（选择远端、粗直、弹性好、避开关节的血管）进行，却没能在患者手背上找到合适的静脉。而当老师发现后立即选择患者靠近肘部的静脉进行了成功的穿刺，并且固定患者肘部保持伸直位。事后小张疑惑：老师没有遵循要求，但及时为患者进行了输液，临床工作中到底应该以什么为原则？我严格遵守操作要求，错了吗？老师解释说："我刚实习时也和你一样，工作时间长了，自然就明白了。教材上的原则没有错，只是对于这样休克的患者应争取时间，保证输液尽快进行，把抢救生命放在首位，而不是考虑保护患者的血管。"
>
> 请思考：
> 1. 护生小张处于评判性思维的哪个阶段？
> 2. 护生小张的思维有何特点？应如何改进？

护理实践过程中护士需要运用科学思维来分析和解决护理问题，由于病人情况各异，护理环境复杂，因此，护士必须综合运用所掌握的知识，对复杂的临床现象进行合理质疑、独立思考，对临床问题进行批判性的评估、分析、综合、推理、判断，才能做出更好的决策，正确、有效地解决所面临的各种问题。此过程要求护士必须具备相应的评判性思维能力。

一、评判性思维的概念

评判性思维（critical thinking）也译成"批判性思维"，是指个体在复杂情境中，在反思的基础上灵活应用已有知识和经验进行分析、推理，做出合理的判断，在面临各种复杂问题及各种选择的时候，对问题的解决方法能够正确进行取舍。

评判性思维的概念源于哲学，目前尚不统一。早期的定义之一是 Waston 和 Glaser 于 1964 年提出的，认为评判性思维是发展态度、知识和技能的综合体现。1991—1992 年，美国哲学协会（American Philosophy Association，APA）运用德尔菲法（Delphi Method）将评判性思维定义为一种思维判断过程，即一种有目的的、自我调控的判断过程，这种判断是建立在对特定情境运用一定的标准，采用循证而科学的方法进行分析、评价、推理、解释和说明的基础之上。

1994 年，Kataoko-Yahiro 提出护理学科的评判性思维是关于护理问题不同解决方法的思考及反思过程，侧重于决定相关信息的可信度及采取何种措施方面。

1999 年，Babara L. Adams 将护理专业前期评判性思维的定义进行了归纳：评判性思维是收集资料，创造性地提出护理诊断和干预措施，从而使护理计划个体化和精确化的逻辑思维过程。

综上所述，从护理学的角度看，评判性思维是护士在面临临床复杂的护理问题时，所进行的有目的和有意义的自我调控性判断、反思、推理、决策的过程。具备评判性思维能力对于护士应对复杂多变的临床护理工作是十分必要的。

在护理界对评判性思维的概念达成以下几个共识。

1. 评判性思维首先是一种理性思维　它关注思想观点的合理性、合法性。

2. 评判性思维是整合的思维　包括 4 个基本结构要素：专业知识、临床经验、认知技能和态度倾向。

3. 反思和推理是评判性思维的实质过程　一个评判性思维者在面对具体的情境时，在问题的鉴别和思考、假说的提出和验证、推论的形成或决策的制定等过程中，都必须运用有效的、严格的、精确的推理。

4. 决策是护理评判性思维的目的　是要对患者的病情做出准确的判断和及时的干预决策。

5. 护理程序是评判性思维的应用工具　运用护理程序的工作方法可有效提高护士的评判性思维能力。

二、评判性思维的意义

1. 提高护理工作的质量　护士工作环境多变，且面对的病人健康、治疗、用药、健康宣教等都处于变化的过程中。护士考虑问题要全面而不单一，能独立处理各种问题。紧急情况下，在医生未到达前护士应采取必要的紧急救护。评判性思维使护士在面对不同的病人时，能根据病人的不同病情灵活运用已有的经验及知识，对临床护理中出现的问题及其解决方法进行选择,在反思的基础上分析、推理,做出合理的判断和最佳的决策。国外研究发现,在实际工作中,随着评判性思维能力的增强,护士工作的主动性也随之提高。

2. 促进护士整体素质的提高　现代整体护理的新概念要求护士除具有一般的知识与技能外,还需具备多种能力,包括处理复杂临床问题的能力、与人有效合作的能力、独立获取信息的能力和自学的能力以及评判性思维的能力等。而评判性思维作为一种思考、反思的过程,贯穿于人的所有活动,是获取上述所有能力的关键。因此,只有将评判性思维的能力融入工作中,才能从根本上促进护士整体素质的提高。

3. 促进护理学科的发展　护理服务模式发生了转变,护士逐渐摆脱了对医生的从属性和依赖性,更多地以合作者、独立工作者的身份为病人提供服务。评判性思维的运用使护士努力探索,寻找真相,开放思想的特质有了较大提高,由单一的医嘱执行者和生活照顾者转化到集护理、科研、管理、教育于一体的执行者,促进了护理学科的发展。

评判性思维从创立到现在经历了一个较长的阶段,随着时间的推移关于评判性思维的理论探讨和实践应用会更加丰富。20 世纪 80 年代,美国、英国、加拿大等国家把培养学生评判性思维能力作为高等教育的目标之一。评判性思维的发展和护士评判性思维的培养可以提高护理工作的质量,促进我国护理事业的发展,其意义是巨大的。培养护士的评判性思维能力,有针对性地提高相关特质,是新的历史时期护理专业改革与发展的一种必然趋势。

三、评判性思维的构成

评判性思维的构成主要包括智力因素、认知技能因素和情感态度因素。

1. 智力因素　是评判性思维的基础,是指在评判性思维过程中所涉及的专业知识和经验护理学的专业知识,包括基础医学知识、护理学知识及人文社会知识等。现代护理专业要求护士不但要具有基础医学、护理学等扎实的医学知识,还需要具备广博的人文社会知识,如人际沟通、法律与伦理、心理学等,这样才能分析护理对象所面临的各种影响健康的因素,正确地判断其健康需要,进而进行合理的临床推理及决策。如对某乳腺癌病人进行术前准备的指导,护士不但应具备乳腺癌病人术前准备的护理专业知识,还要具有人际沟通、伦理、心理学等知识,遵循不伤害的伦理原则,使用恰当的沟通技巧,结合病人的心理特点对病人进行术前准备的指导。

2. 认知技能因素　是评判性思维的核心,是一种思维过程,能够帮助个体在评判性思维过程中综合运用已有的知识和经验,做出符合情境的判断。美国哲学学会提出评判性思维由 6 方面的核心认知技能组成,包括解释、分析、评估、推论、说明、自我调控。

（1）解释（interpretation）　是对推理的结论进行陈述以证明其正确性。在解释的过程中,护士可以使用相关的科学论据来表述所做的推论。如某甲状腺腺瘤病人手术后第2天体温为38.1℃,病人手术切口等无感染存在,护士可以用手术后的吸收热解释该病人体温升高属于手术后的正常情况。

（2）分析（analysis）　是鉴别陈述,提出各种不同问题、概念或其他表达形式之间的推论性关系。如病人14:00测量体温为37.6℃,分析体温升高是由感染导致,还是由进食产生的食物特殊动力作用引起。

（3）评估（evaluation）　是对相关信息的可信程度进行评定,对推论性关系之间的逻辑强度加以评判。如对病人术后的体温升高与切口出现红肿的相关性进行评判。

（4）推论（inference）　是根据相关信息推测可能发生的情况,以得出合理的结论,如根据病人存在活动无力、进食困难、大小便失禁等情况推论该病人有发生压疮的危险。

（5）说明（explanation）　指解释和表达数据、事件、规则、程序、判断、信仰或标准的意义及重要性。如解释病人手术后进食高蛋白饮食对促进切口愈合的意义。

（6）自我调控（self-regulation）　是有意识地监控自我的认知行为,进行及时的自我调整。

3. 情感态度因素　是评判性思维的动力,指在评判性思维过程中个体应具备的人格特征,包括具有进行评判性思维的心理准备状态、意愿和倾向。评判性思维要求护士应具有以下情感态度特征。

（1）独立思考　评判性思维要求个体能够独立思考,护士应在发现、分析、解决病人健康问题的各个环节注意独立思考,全面考虑病人的情况,在查阅资料、与同事讨论并分享观点的基础上做出合理的判断。

（2）执著　由于护理问题的复杂性、多样性,护士常常需要反复思考,尝试不同的护理方法,有时面临很多疑问和困难,需要护士持之以恒,直到成功解决问题。

（3）自信谦虚　自信是指相信个人能够完成护理工作任务,如能够正确认识自己运用知识和经验的能力,相信个人能够分析判断、正确解决病人的问题,同时还要以谦虚的态度认识到自身知识和技能的不足,需要不断更新,学习新理论、新知识、新技能。

（4）诚实公正　指运用同样的标准质疑、验证他人的知识和观点,也要用同样严格的验证标准来质疑、验证自己的知识和观点。在对问题进行讨论时,护士应听取不同方面的意见,在拒绝或接受新观点前要努力全面理解新观点。当与病人有冲突时,护士应重新审视自己的观点,确定如何才能达到双方都有益的结果。

（5）负责　在护理实践中,护士有责任为病人提供符合护理专业实践标准的护理服务并承担由此产生的责任。当采取的护理措施无效时,也应该以负责的态度承认某项措施的无效性。

(6) 好奇心　强烈的好奇心可以激发护士进一步评估病人的各种情况,从而获得更多深入、广泛的信息,以便进行临床决策。

(7) 有创造性　在存在不同意见时,护士应该注意独立思考,在全面考虑病人情况、阅读相关文献、与同事讨论并分享观点的基础上做出判断。评判性思维者在做出合理决策的过程中也应该具有创造性。特定病人的健康问题常需要独特的解决方法,护士使用创造性思维的方法考虑病人的具体情况,能有效调动病人生活环境中的各种因素,促进病人健康相关问题的解决。

四、评判性思维的特点

评判性思维的特点从以下 3 个方面介绍:主动思考的过程、质疑和反思的过程、审慎和开放的过程。

(一) 评判性思维是主动思考的过程

评判性思维必须对外界的信息和刺激、他人的观点或"权威"的说法进行积极的思考,主动地运用知识和技能做出分析判断。

(二) 评判性思维是质疑、反思的过程

评判性思维通过不断提出问题而产生新观点。在此过程中,始终注意反思自己或他人的思维过程是否合理,客观判断相关证据,坚持正确方案,纠正错误选择。

(三) 评判性思维是审慎、开放的过程

运用评判性思维思考和解决问题的过程中,要求审慎广泛地收集资料,分析、寻求问题发生的原因,经过理性思考,得出结论。但也必须认识到评判性思维在审慎的同时,要求个体有高度的开放性,愿意听取和交流不同观点,以做出正确、合理的结论。

五、评判性思维应具备的态度和认知技巧

(一) 应具备的态度

评判性思维者在解决问题和进行思考时需要具有独立、谦虚、诚实、公正的态度,

应设身处地地理解他人,努力探索他人的想法及感觉。

(二)应具备的认知技巧

评判性思维常用的认知技巧包括评判性分析、做出推论、区分事实与看法、判断资料的可信性,归纳推理和演绎推理等。推论即为从事实中得出的结论。事实是事情的真实情况,能被调查所证实。看法有时是符合事实的,有时却是错误的。评判是对那些反映价值或某些标准的事实或信息的评价。归纳推理是由一系列具体的事实概括出一般原理的推理方法。演绎推理是由一般原理推断出特殊情况下的结论的推理方法。

六、评判性思维在护理工作中的应用

(一)评判性思维在临床护理实践中的应用

在临床护理实践中,应用评判性思维可以帮助护士进行有效的临床护理决策,为病人提供高质量的护理服务。评判性思维应用于护理程序的各个步骤,为护士提供了科学的思维方法。在护理程序的评估阶段,护士要进行资料的收集、整理、分析;护理诊断中需要明确健康问题及相关因素;护理计划中需要排列护理诊断的顺序、分清主次,制定目标和相应的护理措施;实施中需要进行准备和落实护理措施,动态记录;护理评价中需要收集资料与目标比较以评价是否实现,必要时进行反馈、重审护理计划。这些都需要评判性思维的技巧和态度的应用,评判性思维构成了护理程序每个步骤不可缺少的组成部分。

护士的工作环境、病人的健康状况等都处于不断变化中,只有在工作中贯穿评判性思维,才能在复杂的情况下,对病人的各种变化加以分析、推论,识别各种现存的、潜在的健康问题,做出恰当决策。在整个过程中,护士只有具备足够的知识和经验,包括护理专业知识、基础医学知识、人文社会知识等,才能评判性地理解各种资料的意义,进而做出相应的临床护理决策。因此,要求护士学习和掌握专业知识,此外,还可以请教有经验的同事、护理教师、护士长,查阅文献资料、实践指南等。

如某急性阑尾炎术后病人告诉护士"肚子疼",护士根据已有的知识知道,术后患者可能出现切口疼痛,也可能因为感染而出现腹痛,但后者还会伴有压痛、反跳痛等腹膜刺激征的表现。护士需要进一步收集资料,对病人的腹痛进行全面的评估。

(二)评判性思维在护理教学中的应用

近年来,培养学生的评判性思维能力成为 21 世纪世界各国重要的教育研究课题,从单独进行评判性思维训练发展到与各学科教学相互融合,即将评判性思维训练融合到某课程的教学过程中。我国传统的护理教育模式影响了学生思维的发展，现代整体护理的实施需要护理人员运用评判性思维发现和解决临床实践中的护理问题，护理专业的发展需要护理教育注重学生评判性思维的培养。

在护理教学过程中应用评判性思维，对护理教师、学生、教学内容、教学手段等方面均提出了要求，教师应发挥自身的主导作用，创造平等民主的师生关系，创造有利于评判性思维培养的教学环境。同时注重学生在教学过程中主体地位的充分发挥，只有促进学生积极参与思考、提问，才能使学生明确自己的学习需要，实现知识与能力的转化。采用以问题为基础教学法、情景教学法等方法，将评判性思维的训练融入教学内容，促进学生将所学的专科知识应用到专业实践中去。例如学生在我科实习期间，总带教老师会选择一个或者两个不同病种的病人让学生做跟踪式的护理个案查房，每天跟进，做完后发在群里面，然后老师学生一起讨论发言，看哪些地方做得不足，予以补充修正。

知识链接

PBL 教学方法的介绍与要素

以问题为导向的教学方法（problem-based learning，PBL），是基于现实世界以学生为中心的教育方式，1969 年由美国的神经病学教授 Barrows 在加拿大的麦克马斯特大学首创，目前已成为国际上较流行的一种教学方法。以此类教学法出名的包括荷兰顶级大学马斯特里赫特大学等世界著名院校。

与传统的以学科为基础的教学法有很大不同，PBL 强调以学生的主动学习为主，而不是传统教学中的以教师讲授为主；PBL 将学习与更大的任务或问题挂钩，使学习者投入问题中；它设计真实性任务，强调把学习设置到复杂的、有意义的问题情景中，通过学习者的自主探究和合作来解决问题，从而学习隐含在问题背后的科学知识，形成解决问题的技能和自主学习的能力。

PBL 运用在临床医学中是以病例为先导，以问题为基础，以学生为主体，以教师为导向的启发式教育，以培养学生的能力为教学目标。PBL 的精髓在于发挥问题对学习过程的指导作用，调动学生的主动性和积极性。

PBL 与案例分析有一个很大的不同点是 PBL 是以问题为学习的起点，案例分析是教师先讲解教材，在学生掌握一定的知识前提下做案例分析。

PBL 的基本要素主要有以下方面。

1. 以问题为学习的起点，学生的一切学习内容是以问题为主轴所架构的。

2. 问题必须是学生在其未来的专业领域可能遭遇的"真实世界"的非结构化的问题，没有固定的解决方法和过程。

3. 偏重小组合作学习和自主学习，较少讲授，学习者能通过社会交往发展能力和协作技巧。

4. 以学生为中心，学生必须担负起学习的责任。

5. 教师的角色是指导认知学习技巧的教练。

6. 在每个问题完成和每个课程单元结束时要进行自我评价和小组评价。

（三）评判性思维在护理管理中的应用

评判性思维是护理管理者进行计划、组织、领导、控制的重要保证，管理者需要根据护理工作的特点对复杂的人员、财物、物资、时间、信息等诸多要素进行有效的分析、判断做出恰当的决策，提高护理管理的效率，从而保证护理质量。

（四）评判性思维在护理科研中的应用

护理研究的目的是改进护理工作，改变经验性护理，其研究内容必须紧密联系护理工作：如何选择课题、制定研究方案、实施方案、获取数据、分析结果等一系列工作都需要以评判性思维为指导进行决策，从而保证研究成果能够解决护理工作中的实践问题。护理科研本身就是对护理现象探索和研究的过程，需要对各种观点、方法、现象、常规等进行思考和质疑，并在此基础上进行调查或实验，以全新充分的证据得出新观点、新方法、新模式。成功的护理科研要求科研者能够有效运用护理评判性思维，进行质疑、假设、推理、求证。例如常规的静脉采血在临床上容易发生针刺伤，在原有的采血针上做改进，从而发明了一种安全型负压抽血器。

第二节　临床护理决策

临床护理决策是护理临床实践的重要组成部分，护士对临床实践问题的正确决策是促进病人康复的重要保证。在临床实践中，护士必须通过评判性思维正确解决临床问题，满足病人康复的需要。评判性思维是决策的思维基础，而决策是评判性思维的最终目的之一。掌握临床护理决策的方法和步骤，培养护士临床护理决策能力，有助于护士了解服务对象情况、明确病人问题、获得解决相关问题的证据后，进行有效决策，并对护理措施的效果进行正确评价。

临床护理决策对护理实践有重要的意义，护士面对复杂的临床情景，应该如何进行正确的决策，将直接关系到病人的健康。评判性思维是临床护理决策的思维基础，护士还应掌握决策的相关知识，从而提高临床护理决策的能力，提高护理质量，保障患者的健康。

一、临床护理决策的概念

决策(decision-making)是对不确定的问题,通过一些定量分析方法,从众多备择方案中选定最优方案的过程。决策的基本含义包括备选答案的多样性和通过选择消除不确定性状态两个层面,所以决策既是行为过程,又是思维过程。

从某种意义上说,临床护理实践就是一系列发现问题和做出决策的过程。因此,临床护理决策(clinical decision making)于 20 世纪 70 年代开始在护理文献中出现。临床护理决策指在临床护理实践过程中由护士做出关于个体或群体护理的专业决策的复杂过程。

二、临床护理决策的类型

1. 确定型临床护理决策　确定型临床护理决策是指在事件的结局已经完全确定的情况下护士所做的决策。在该种情况下,护士只需通过分析各种方案的最终得失,做出最终选择。如患者两侧手背静脉均符合静脉输液血管选择的要求,护士可以根据患者的意愿选择一侧进行输液。

2. 风险型临床护理决策　风险型临床护理决策是指在事件发生的结局尚不能肯定,但其概率可以估计的情况下做出的临床护理决策。风险型临床护理决策有 3 个基本条件:① 存在两种以上的结局;② 可以估计自然状态下事件的概率;③ 可以计算不同结局的收益和损失。如对某坏疽性阑尾炎患者的术后(坏疽性阑尾炎患者术后好发切口感染)护理,护士应重点观察患者体温有无升高、切口有无红肿等情况。

3. 不确定型临床护理决策　不确定型临床护理决策是指在事件发生的结局不能肯定,相关事件的概率也不能确定的情况下护士所做出的决策。该种类型的决策依赖于决策者的临床经验和主观判断。

知识链接

循证护理证据的分级

循证护理中,研究者通常将研究证据的论证强度按其科学性和可靠程度分为以下 5 级,从 I 级至 V 级论证强度逐渐减弱:I 级证据来自设计严谨的随机对照试验(random control test,RCT)的系统评价。II 级证据来自适当样本量的合理设计的 RCT。III 级证据来自一些设计严谨但非随机的研究,或某组前后对照实验,或有缺点的临床试验或分析性观察性研究。IV 级证据来自于多中心或研究小组设计的非实验性研究、系列病例分析和质量较差的病例对照研究。V 级证据为专家个人意见、个例报告。

三、临床护理决策的模式

根据护士与临床护理决策中的角色定位不同,将临床护理决策分为 3 种:病人决策、护士决策和共同决策模式。

(一)病人决策模式

病人决策模式是指由护士提供各种方案的优点和风险等相关信息,病人根据自身的经验以及理解独立做出选择。例如:静脉输液时,护士会提供静脉留置针和一次性静脉输液针的方案,讲明优缺点,由病人自主选择。

(二)护士决策模式

护士决策模式是指由护士为主导,护士单独或者与其他医务人员一起考虑收益和风险进而替病人做出选择,告知病人的信息量由护士决定。在护士决策模式中,病人不参与决策过程。该模式决策的前提是护士知道哪种方案对病人最为合适。

(三)共同决策模式

共同决策模式是指护士向病人提供各种相关信息,病人提供自身的病情和生活方式以及自己的价值取向等,然后双方对相关的备择方案进行讨论,并结合实际情况(如社会、家庭、医院现实条件等因素)做出最优的选择。在共同决策的过程中,护士与病人始终保持互动、双向信息交流的关系,护士与病人都是决策者,护士与病人是一种协作关系。同时,在共同决策模式中,护士还承担教育病人的任务,在决策进行的过程中护士首先需要客观地向病人解释,使病人具有参与决策的基本知识和思想基础。例如:肿瘤患者需要化疗者,护士可以提供静脉留置针、PICC 或静脉输液针为其输注化疗药物,护士和患者可以结合患者的家庭条件及个人或者家属意愿,选择最为合适的方式。

在社会进步的同时,病人更加关心与自身利益相关的各种决策,愿意了解和参与决策过程。因此,一般情况下,临床护理决策应首先提倡使用共同决策模式。

四、临床护理决策的步骤

护士在临床护理决策过程中,为了达到最佳决策的目的,应根据临床护理决策的步骤,正确分析病人的具体情况,预测护理临床问题的发展趋势,充分搜集相关信息,缜密进行逻辑推理,以做出满意的决策。

（一）明确问题

明确问题是合理决策、正确解决问题的前提。在明确问题的过程中，护士要对服务对象的问题进行评判性分析，将病人的一系列问题放在具体临床情境中，以鉴别主要的信息和观点存在的合理性和正确性，并明确病人的核心问题，可能存在的潜在假设，支持问题证据的有效性，如证据是否带有情感性或偏见，证据是否充足等。

护士在确定病人问题时，可以使用归纳推理或演绎推理等基本的逻辑思维方法。这两种认知技能有助于护士在临床护理实践中有效判断分析复杂问题。归纳是指从一系列的事实或科学观察中概括出一般规律。例如，当护士观察到服务对象面色苍白、血管充盈性差、脉搏细速、血压降到 80/50 mmHg 以下时，可以判断病人出现了休克。与之相反，演绎法是从一般引出个别，护士可以应用一般性的变化或问题，对病人的具体情况进行分类，并引出病人的具体问题。

（二）陈述目标

在做临床护理决策时，问题一旦确定后，就应陈述通过整个决策工作所要达到的解决目标。此时护士应该明确为了达到目标，进行决策时要充分考虑达到目标的具体评价标准。决策者根据具体临床情境对决策目标的重要性进行排序，建立优先等级，首先注重最重要的目标以获得主要的结果。

（三）选择方案

护士进行临床护理决策，选择最佳方案前，应该充分搜集信息及有用的证据，寻找各种可能的解决方案并对这些方案进行正确评估。

1. 寻找备择方案　护士根据决策目标，运用评判性思维寻求所有可能的方案作为备择方案。在护理临床实践过程中，这些备择方案可来自护理干预或服务对象的护理策略等。

2. 评估备择方案　护士对各种备择方案根据客观原则进行评估分析，在此过程中护士应注意调动服务对象的积极性，与服务对象充分合作，权衡备择方案，共同选择、检验、评价各种方案。此外，还应对每种备择方案可能产生的积极或消极作用进行预测。

3. 做出选择　对各种备择方案评估后，采用一定的方法选择最佳方案。如可采用列表法，将备择方案进行排列做出选择。

（四）实施方案

在实施方案阶段，护士需要根据解决问题的最佳方案制定相应的详细计划来执行该决策。在此过程中,护士应注意制定相应的计划预防、减小或克服在实施方案过程中可能出现的问题。

(五)评价和反馈

在方案实施过程中或实施后,护士对所实施的决策进行评价,确定其效果及达到预期目标的程度,必要时进行反馈,不断调整决策方案。

例如:某患者,女性,82岁,体重80 kg,以"突发意识障碍半小时"入院,患者大小便失禁,不能经口进食,给予鼻饲、留置导尿。对该患者的皮肤护理进行临床护理决策的步骤是:① 明确问题:应采取哪些措施预防患者出现压疮。② 陈述目标:患者住院期间受压皮肤完整。③ 选择方案:通过文献、书籍等查找到"定时翻身、避免尿便刺激、营养支持、使用气垫床"等措施能够有效预防压疮的发生,根据患者的情况征得家属同意,护士选择综合运用以上方法的护理方案。④ 实施方案:定时翻身,及时观察患者有无排便并随时做好清洁,保持尿管引流通畅,使用气垫床,通过鼻饲保证患者营养等。⑤ 评价和反馈:评价患者住院期间有无压疮的发生,如果出现局部皮肤红肿等情况,应及时调整方案。

在方案实施过程中或实施后,护士对运用的策略进行评价,对策略的结果进行检验,确定其效果及达到预期目标的程度。

五、临床护理决策的影响因素

临床护理决策能力受到各种因素的影响,要提高护士的临床护理决策能力,必须弄清影响临床护理决策能力的因素,根据各种影响因素的性质,可以将其分成个体因素、环境因素和情境因素。

(一)个体因素

护士的价值观、知识、经验及个性特征决定了护士在临床护理决策中感知和思维方式的不同,因而可能会对服务对象的问题做出不同的决策。

1. 价值观　在决策过程中,备择方案的产生及最终方案的选定都受个人价值体系的影响和限制。护士在临床实践中应清楚地认识到个人的价值观和信念会影响临床护理决策的客观性。在临床实践中,护士应注意避免根据自己的喜好和风险倾向进行决策。

2. 知识及经验　护士在临床护理决策中,对护理问题的评判性思维和临床决策能力受自身知识深度和广度的影响。护士必须具备基础科学、人文科学和护理学的知识以便做出合理的临床决策。在每次决策过程中,护士都会受到既往经验的影响,包括所接受的教育和先前的决策经验。个体决策经验丰富有助于提出备择方案。护士的经验可以帮助她们进行有效的临床护理决策,当既往经验与当前情况存在差异,而护士却仍然按照自己既往的经验处理问题时,就会阻碍护理临床的正确决策。

3. 个性特征 护士的个性特征如自信、独立、公正等都会影响临床护理决策过程。自信独立的护士通常能够运用正确的方法做出正确决策。但是过于自信独立的护士容易忽视在临床护理决策过程中与他人的合作,因而可对临床护理决策产生不利影响。

（二）环境因素

护士在临床护理决策过程中会受到周围环境的影响。这些环境因素可分为两类:物理环境因素和社会环境因素。物理环境因素包括病房设置、气候等;社会环境因素包括机构政策、护理专业规范、人际关系、可利用资源等。护理人际关系的维护可以影响护士临床护理决策,如护士在药物治疗中进行评判性思维,对具体药物的知识可以通过向药师请教、查阅药物手册等方法,增加其决策的有效性。

（三）情境因素

1. 与护士本人有关的因素 护士在决策过程中自身所处的状态,对相关信息的把握程度会影响临床护理决策。一定程度的应激及由此而产生的心理反应能促进个体积极准备,做出恰当的临床护理决策。但是过度的焦虑、应激等会降低个人的思维能力并阻碍决策过程。护士在身体疲惫,注意力难以集中的情况下进行决策,将影响决策的正确性。护士应对所处情境中的信息进行深入了解,在临床护理决策中,不受他人影响而自主决策。

2. 与决策本身有关的因素 临床护理决策过程涉及病人的症状、体征、行为反应、护理干预及周围的环境特征等因素。各种资料和信息之间的冲突都决定了决策本身的复杂程度。护理决策的复杂程度越高,决策的难度越大。

3. 决策时间的限制 护理工作的性质决定了护士必须快速地进行决策。决策时间的限制促使护士在规定的期限内完成任务。但是时间限制太紧,容易使护士在匆忙中做出不满意的决策。

知识链接

Cochrane 协作网

1993 年国际上正式成立了 Cochrane 协作网（Cochrane collaboration）。Cohrane library 简称 CL，是以协作网光盘或 Internet 形式发表的电子刊物。一年 4 期向全世界发行，是临床医学各专业防治方法最全面的系统评价和临床对照试验的资料库，是国际 Cochrane 协作网的主要产品，由英国牛津 Update Software 公司出版发行。在众多的临床医学数据库中，该数据库是以医护人员为对象的数据库，拥有按病种收集可能得到的全部高质量的临床试验所做的系统评价。系统评价摘要可在互联网免费查询，网址：http://www.Cochrane.org。

思政案例

勤于思考——提高评判性思维能力

护士小王在夜间巡视病房时，3 床张大爷说自己胃痛，小王不敢掉以轻心，立即将张大爷的主诉告诉医生，医生给张大爷开了两片胃药，小王帮张大爷服下了药，过了约一个小时，张大爷仍诉胃痛症状没有缓解，于是遵医嘱，给予胃药静脉滴注。凌晨，小王再次查看时发现张大爷已经死亡，检查证实张大爷死于心肌梗死。其实，张大爷主诉胃痛为心梗的症状之一，如果小王在张大爷服用胃药不缓解情况下，能思考一下可能引起胃痛的原因，先排除心脏方面的原因，并且为张大爷进行急查心电图，并测量血压、心率等，就能及时发现危情，或许还能救张大爷一命。

（苏　莹）

自测题

【A1 型题】

1. 评判性思维的核心目的是（　　）。

A. 诊断推理　　　　　　B. 质疑反思　　　　　　C. 临床决策

D. 鉴别诊断　　　　　　E. 演绎推理

2. 不属于护士评判性思维核心认知技能的是（　　）。

A. 解释　　　　　　　　B. 分析　　　　　　　　C. 评估

D. 推论　　　　　　　　E. 猜测

3. 根据相关信息推测所得出的结论是（　　）。

A. 分析　　　　　　　　B. 解释　　　　　　　　C. 推论

D. 说明　　　　　　　　E. 自我调控

4. 对推理的结论进行陈述以证明其正确性的是（　　）。

A. 分析　　　　　　　　B. 解释　　　　　　　　C. 推论

D. 说明　　　　　　　　E. 自我调控

5. 一般情况下,临床护理决策首先提倡使用(　　)。

A. 病人决策模式　　　　B. 护士决策模式　　　　C. 共同决策模式

D. 医生决策模式　　　　E. 家属决策模式

6. 临床护理决策的步骤不包括(　　)。

A. 明确问题　　　　B. 分析猜测　　　　C. 选择方案

D. 实施方案　　　　E. 评价反馈

【A2 型题】

7. 门诊患者,男性,静脉输液时,患者同意护士选择手背静脉进行穿刺,这是属于(　　)。

A. 病人决策模式　　　　B. 护士决策模式　　　　C. 共同决策模式

D. 医生决策模式　　　　E. 家属决策模式

8. 患者,男性,呕血 2 h,救护车送入急诊室,下列影响护理临床决策因素中属于情境因素的是(　　)。

A. 思维方式　　　　B. 决策时间限制　　　　C. 护理人际关系

D. 病房设置　　　　E. 情感倾向

【A3 型题】

(9~11 题共用题干)

患者,男性,38 岁,76 kg。双手和右膝关节以下被开水烫伤,创面明显水肿,剧烈疼痛,局部有大小不等的水疱。

9. 其烧伤深度为(　　)。

A. Ⅰ度　　　　B. 浅Ⅱ度　　　　C. 深Ⅱ度

D. Ⅲ度　　　　E. Ⅳ度

10. 其烧伤面积是(　　)。

A. 5%　　　　B. 12%　　　　C. 15%

D. 20%　　　　E. 25%

11. 对于该患者的急救措施不当的是(　　)。

A. 迅速脱离热源

B. 创面涂抹甲紫

C. 用大量自来水冲洗双下肢

D. 大量补液

E. 迅速送往医院

【A4 型题】

(12~14 题共用题干)

刘先生,72 岁,有冠心病史 7 年,因心绞痛急诊入院,患者情绪紧张,主诉乏力、食欲减退,医生给予药物治疗,并嘱其绝对卧床休息。

12. 评估患者存在的健康问题,需要首先解决的是( )。

A. 角色紊乱   B. 活动无耐力   C. 疼痛(胸痛)

D. 生活自理缺陷   E. 焦虑

13. 护士收集刘先生的资料,以下不妥的是( )。

A. 通过病历获得体检资料

B. 与患者交谈,获得其健康资料

C. 向患者家属了解有关信息

D. 阅读摘录病史资料

E. 询问其他保健人员

14. 本案例中护理人员在护理专业信念指导下,以维护服务对象利益为基础进行专业决策,并为此承担相应责任,属于评判性思维的( )。

A. 基础层次   B. 复杂层次   C. 尽职层次

D. 认知层次   E. 专业层次

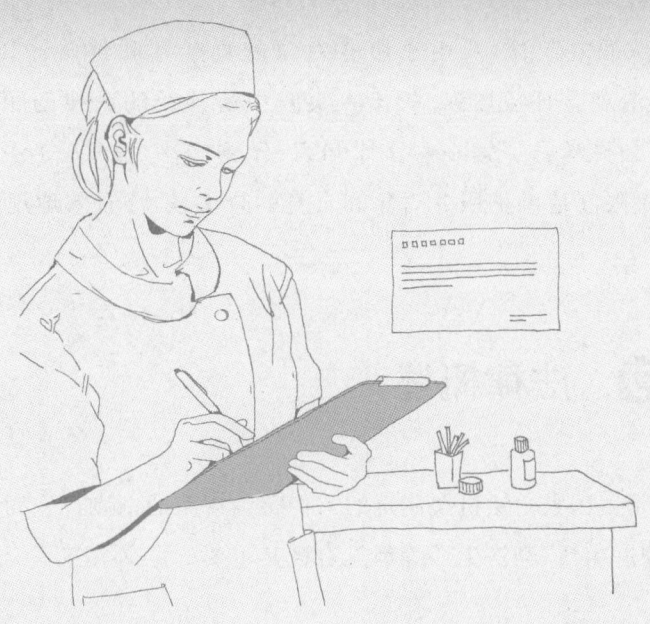

第九章　护理与法

思维导图

学习目标

◇ **知识目标**

1. 掌握护理工作中常见的法律问题以及医疗护理事故分级及其处理;

2. 熟悉护理相关法律法规;

3. 了解法律的概念及特征,了解护理立法的历史、意义和基本原则。

◇ **能力目标**

1. 能明确护理立法的意义;

2. 能将护理立法的基本原则应用于护理实践中;

3. 能在日常护理工作中,运用法律思维分析和解决护理工作中遇到的法律问题。

◇ **素养目标**

1. 具有遵守法律法规、维护职业尊严和患者安全的责任感和使命感;

2. 具有保护患者合法权益的意识;

3. 培养尊重法律、敬畏法律的观念,将法律意识融入护理工作的每一个环节。

护理人员在工作中,由于服务对象的复杂性和特殊性以及服务对象的维权意识和法治观念日益增强,护士在实践中所涉及的法律问题日益增多。因此,护理人员有必要学习了解一些法律知识,做到知法、懂法、守法,不断提高护理服务质量,最大限度地维护服务对象和自身的合法权益,有效地规避护理工作中的法律风险。

第一节　法律概述

法律是由国家立法机关制定的人们行为规范的准则。它对调节及保障人们的社会生活、家庭生活、经济生活等都具有极其重要的意义。

一、法律的概念

法律(law)指国家制定或认可并由国家强制力保证执行的具有普遍约束力的行为规范。法律有狭义和广义之分,狭义的法律专指由特定的国家立法机关制定的规范性文件;广义的法律指法律规范的总和,除了国家立法机关制定的规范性文件外,还包括国家行政机关制定的行政法规、地方国家权力机关制定的地方性法规等。

二、法律的分类

从不同的角度,根据不同的标准,可以将法律分为不同的种类。

1. 根本法和普通法　根据法律的内容、效力和制定程序的不同将法律分为根本法和普通法。根本法即宪法,它规定了国家制度和社会制度的根本原则,具有最高的法律效力,是普通法的立法依据。普通法泛指宪法以外的所有法律,它根据宪法确认的原则就某个或某些方面的问题做出具体规定,其效力低于宪法。

2. 一般法和特别法　根据法律适用的范围不同而划分。一般法是在全国范围内对全体居民和所有社会组织普遍适用的法律,如民法、刑法。特别法是指仅对特定区域、特定主体或在特定时期内有效的法律,如医师法、兵役法、戒严法等。

3. 实体法和程序法　根据法律所规定的具体内容不同而划分。实体法指从实际内容上规定主体的权利和义务的法律,如刑法、民法等。程序法是规定诉讼程序、实现实体法的法律,也称诉讼法,如行政诉讼法、民事诉讼法、刑事诉讼法等。程序法是正确实施实体法的保障。

4. 国内法和国际法　根据法律的主体、调整对象和渊源,将法律分为国内法和国际法。国内法的主体主要是该国的公民和社会组织,调整对象是一国之内的社会关系,其渊源主要是制定国家立法机关颁布的规范性文件。国际法的主体主要是国家,调整对象主要是国家之间的相互关系,其渊源主要是国际条约和各国公认的国际惯例,如《联合国宪章》等。

此外,法律还有其他分类方法,如根据法律的调节手段不同,分为民法、刑法和行政法;根据法律所调节的社会关系不同,分为经济法、劳动法、教育法和卫生法等。在不同类型的法律中,民事法、刑事法及卫生法与护理实践关系密切。

三、法律的特征和作用

法律的基本特征是它与其他社会规范的重要区别所在,法律的特征主要表现为以下几个方面。

1. 法律的国家意志性　法律是由国家制定和认可的行为规范,是在政治、经济和文化方面占统治地位的阶级的意志体现,是统治阶级进行阶级统治的工具。法律是一种特殊的社会规范,体现国家的意志,具有国家意志性。

2. 法律的国家强制性　法律是由国家强制力保证实施的,具有国家强制性。国家强制力包括军队、警察、监狱、法庭等国家机关,这些机关的执法活动使法律实施得到保障。

3. 具有普遍约束力　法律规范在国家权力所及的范围内具有普遍的约束力,对社会全体成员有效,人人必须遵守。任何超越法律的特权行为都为法律本身所反对。

4. 法律的明确公开性　法律都应该是明确且公开的。明确指法律的规定应该清楚明白且无歧义,便于人们遵守和执行。公开指法律应该为公众所知悉。这使法律具有社会规范的意义,使人们能够普遍遵循和调整自我行为,也有利于司法的公开和公正。

5. 法律的权利义务性　法律都是以权利和义务作为内容。法律规定人们在一定情况下可以做什么,必须做什么,以及不能做什么,从而对人们提供具体的行为准则,并通过国家强制力保证这些权利和义务的实现。

法律作为具有国家强制力和普遍约束力的行为规范,通过警示、指引、评价、预测、教育和强制等作用调节社会关系。

第二节 护理法律

情景案例

护士小王，刚参加工作不久，在上夜班过程中接到王医生给 10 床患者张华开出"10% 氯化钾 10 mL 静脉推注"的医嘱，小王看到该医嘱觉得该医嘱有问题，立即向医生提出异议，10%氯化钾不能静脉推注。 但王医生坚持 10%氯化钾可以静脉推注并催促小王立即执行该医嘱，结果小王执行该医嘱后造成患者当场死亡。

请思考：

护士小王是否应承担法律责任？ 如果承担法律责任，该承担何种法律责任？

一、医疗卫生法

医疗卫生法是由国家制定或认可的，并由国家强制力保证实施的关于医疗卫生方面的法律规范的总和，是我国法律体系的一个重要组成部分。它通过对人们在医疗活动中各种权利与义务的规定、调整和确认，以保护和发展各种良好的医疗法律关系和科学的医疗卫生秩序。

（一）医疗卫生法的特点及作用

1. 医疗卫生法的特点　医疗卫生法是以保护公民的健康权利为宗旨，保证公民享有国家规定的健康权和治疗权的相关法律法规。其内容广泛，涉及生活环境的状况、防治疾病的技术等方面。其调节手段多样化，如民法、刑法、行政法等多种手段。其技术规范，将防治疾病、保护健康的客观规律加以法制化，以求最大限度地趋利避害。

2. 医疗卫生法的作用　医疗卫生法有利于保护公众的健康，这是医疗卫生法律法规的根本作用；它有利于维持良好的医疗秩序并改善就医环境；有利于打击违法犯罪活动；有利于规范医疗行为，促进卫生事业发展；有利于发展社会经济，对社会间接的物质财富创造做出了巨大的贡献。总之，医疗卫生法对于国家、集体、医务人员及公众来说都具有至关重要的作用。

（二）医疗事故法规

医疗事故法规是医政法规的一部分。我国现行的医疗事故法规是 2002 年由国务院颁布的《医疗事故处理条例》。它使我国对医疗事故的处理走上了规范化和法制化的轨道,对于保障服务对象和医疗人员的合法权益,维护医疗秩序,保障医疗安全具有重要意义。

1. 医疗事故的定义及构成要素　医疗事故是指医疗机构及其医务人员在医疗活动中,违反医疗卫生管理法律、行政法规、部门规章、诊疗护理规范和常规,过失造成病人人身损害的事故。其构成至少包括以下几个方面:医疗事故的主体必须是取得合法资格的医疗机构或医务人员;构成医疗事故的行为必须是违法的,且造成了不良后果,行为与后果之间必须有直接联系;是医务人员的过失行为造成病人的人身损害。

2. 不属于医疗事故的几种情形　主要包括:① 在紧急情况下为抢救垂危患者生命而采取紧急医学措施造成不良后果的。② 在医疗活动中由于患者病情异常或者患者体质特殊而发生医疗意外的。③ 在现有医学科学技术条件下,发生无法预料或者不能防范的不良后果的。④ 无过错输血感染造成不良后果的。⑤ 因患方原因延误诊疗导致不良后果的。⑥ 因不可抗力造成不良后果的。

3. 医疗事故分级　根据病人受损害的程度,医疗事故分为 4 个等级。

(1) 一级医疗事故　造成病人死亡、重度残疾的属于一级医疗事故。重度残疾指重要器官缺失或功能完全丧失,其他器官不能代偿,存在特殊医疗依赖,生活完全不能自理的情形。如植物人状态,临床判定不能恢复的昏迷。

(2) 二级医疗事故　造成病人中度残疾、器官组织损伤导致严重功能障碍的属于二级医疗事故。如病人器官缺失或功能完全丧失,其他器官不能代偿,可能存在特殊医疗依赖,生活能够自理或部分不能自理的情形等。

(3) 三级医疗事故　造成病人轻度残疾、器官组织损伤导致一般功能障碍的属于三级医疗事故。如存在器官缺失、大部分缺损、畸形情形之一,有较重功能障碍,可能存在一般医疗依赖,生活能自理等情形。

(4) 四级医疗事故　造成了病人明显人身损害的其他后果的医疗事故,如面部轻度色素沉着或脱失,产后胎盘残留引起大出血及其他并发症的情形等。

4. 医疗事故的处理　当发生或发现医疗事故时,医疗机构应对其正确处理。

(1) 医疗事故的报告　医务人员在医疗活动中发生或者发现医疗事故、可能引起医疗事故的医疗过失行为或者发生医疗事故争议的,应当立即逐级上报。发生或者发现医疗过失行为,医疗机构及其医务人员应当立即采取有效措施,避免或者减轻对病人身体健康的损害,防止损害扩大。医疗机构相关管理人员接到报告后应立即进行调查、核实。发生重大医疗事故,如导致服务对象死亡或可能为二级以上的医疗事故等,医疗机构应当在 12 h 内向所在地卫生行政部门报告。

(2) 医疗事故的技术鉴定　医疗事故技术鉴定的法定机构是各级医学会。委托鉴定的途径共有以下3种：医患双方共同委托、行政委托、司法委托。医疗过失行为依其责任程度分为完全责任、主要责任、次要责任、轻微责任。

（3）医疗事故的解决　医疗事故的解决方式有3种，包括协商处理、卫生行政部门处理和法院诉讼。医疗事故的民事争议可以由医患双方平等、自愿、协商解决，这种方式较常用。若双方不愿协商或协商不成，可以向卫生行政部门提出调解申请。调解时，应遵循双方自愿原则进行。若双方协商不成或调解不成，可以直接向人民法院提起民事诉讼。诉讼是解决医疗事故赔偿等民事责任争议的最终途径。

二、护理法规

（一）护理法的概述

护理法（nursing legislation）是国家通过立法程序制定的有关护士从业资格、权利义务、执业责任和行为规范的法律，对护理工作有约束、监督和指导的作用。根据1968年国际护士委员会制定的《系统制定护理法规的参考指导大纲》规定，各国的护理法应包括以下4大部分。

1. 总纲　阐明护理法的法律地位、护理立法的基本目标、立法程序的规定、护理的定义、护理工作的宗旨、与人类健康的关系及其社会价值等。

2. 护理教育　包括护理教育的宗旨、教育种类、专业设置、学制和课程设置标准、审批程序、注册和取消注册的标准和程序等，也包括对护生的入学条件、教学质量评估体系等。

3. 护士注册　包括有关护士注册种类、注册机构、本国或非本国护士申请注册的标准和程序，从事护理服务的资格等详细规定。

4. 护理服务　包括护士的分类命名、各类护士的职责范围、权利义务、管理系统以及各项专业工作规范、各类护士应具备的专业能力、护理服务的伦理学问题，还包括对违反这些规定的护士进行处理的程序和标准等。

（二）护理立法的历史发展

1. 世界各国护理立法概况　20世纪初，由于欧洲各国争办医院的浪潮兴起，对护理人员的需求增多，但当时护理工作多由未受过正规护理教育的妇女、教徒等承担，致使护理人员的职责范围、资格标准模糊不清。为了改变这种混乱现象，提高护理质量，促进护理事业的发展，各国相继颁布了适合本国政治、经济、文化特点的护理法。1919年英国率先颁布了第一部护理法《英国护理法》；1921年荷兰颁布了《护理证书保护法》，该法律对普通护士证书和精神病学护士证书进行了保护；1921年芬兰、1934年意大利、1935年波兰等国家也相继颁布了护理法；1947年，国际护士委员会发表了一系列有关护理法的专著；1948年日本颁布了《保健士助产士护士法》，将保健士、助产士、护士作为护理相关职业集合起来；1950年美国护理协会制定了《护理法则》，用法律的形式规范了护士的主要责任是保护、促进和恢复所服务社区人群的健康。虽然各国根据自身的实际情况制定的护理法各有特点，但是其主要内容都包括总纲、护理教育、护士注册、护理服务4大部分。1953年WHO发表了第一份有关护理立法的研究报告；1968年国际护士委员会特别成立了一个专家委员会，制定了护理法史上划时代的文件——《系统制定护理法规的参考指导大纲》，为各国制定护理法必须涉及的内容提供了权威性指导。目前最具代表性的国际护理法规是1973年经国际护理学会批准的由国际护士会制定的《护士守则》。

知识链接

通过护理立法保障护士权利

目前世界上很多国家因人口老龄化严重导致护士短缺，为了解决这一问题，鼓励更多的人从事护理工作，许多国家制定了相关法规，如：美国的《护士权益法案》《禁止强迫护士加班法》，德国颁布的《护士保险法》，这些法律都致力于保障护士权益，改善护士工作条件。

2. 我国护理立法概况 中华人民共和国成立后，国家先后发布了《医士、药剂士、助产士、护士、牙科技士暂行条例》《国家卫生技术人员职务职称晋升暂行条例》《关于加强护理工作的意见》等法规和文件。1993年卫生部颁布了《中华人民共和国护士管理办法》，1995年6月我国首次举行了护士执业资格考试，标志着我国护士考试和注册制度正式建立。2008年1月31日国务院发布了《护士条例》，该条例自2008年5月12日开始实施，从立法层面明确了护士的权利和义务，明确了各级政府和有关部门、医疗卫生机构在维护护士合法权益、改善护士工作条件、保障护士待遇等方面的责任，从而使我国的护士执业管理走上法制化轨道。2010年，卫生部、人力资源和社会保障部颁发了《护士执业资格考试办法》。

（三）护理立法的意义

1. 维护护士的权利 通过立法，护理人员的地位及其作用和职责范围有了法律依据。使每位护士在从事护理工作的合法权利、履行法定的护理职责等方面最大限度地受到法律的保护。同时护理法也明确了国家相关部门和医疗机构在护士的聘用、培养、待遇和管理等方面的责任，从而增强了护理人员对护理职业的崇高使命感和安全感，使她们能够有较高的积极性尽职尽责地完成自身的工作，发挥自己的最佳才能为护理对象服务。

2. 保证护理人员具有良好的道德水准　每位护理人员在从事护理工作的过程中均会被个人道德和职业道德所制约。护理法规定的护理道德规范，为护理人员从事护理工作提供了行为准则。护理人员必须无条件地执行这种准则，对所有护理对象都应有强烈的责任心，一切护理行为要以维护患者的合法利益为出发点，使护理法真正起到监督和指导护理工作的作用。

3. 有利于维护一切护理对象的合法权益　护理法不仅向护理人员，也向公众展示了它的各项法规条款。护理人员在工作中会严格遵循这些条款，履行自己的职责和义务，尊重护理对象的人格和权利。对侵犯服务对象的权益或违反护理实践准则的护理行为，公众也有权依据这些条款追究护理人员相应的法律责任，从而最大限度地保护公众的健康。

4. 促进护理管理科学化的进程　通过实施护理法，确保了上岗护士的基本素质，使一切护理活动以法律为规范，使护理管理纳入法制化、规范化、标准化、现代化的轨道，防止护理差错事故发生，保证了护理工作的安全和护理质量。

5. 促进护理教育的发展　护理法集中了最先进的法律思想和护理观，为护理专业的人才培养和护理活动的开展制定了一系列标准。这些标准的颁布和实施使各种制度、学说、工作中难以分辨的正确与错误，合法与非法等问题在法律的规范下得到统一，使护理教育和护理服务逐步纳入标准化、科学化的轨道，使护理教育得到最可靠的保证，促进了护理学科的发展。

6. 促进护理人员不断接受培训教育　护理法规定护士资格的认定有一定的条件，我国的《护士条例》规定护士执业注册的有效期为 5 年，护士在考核或职称晋升等方面均需参加相应的继续教育。这就促使护理人员必须接受继续教育，更新和提高自己的专业知识和技能，提高护理专业水平。

（四）护理立法的基本原则

1. 国家宪法是护理立法的最高守则　宪法是国家的根本大法，在法律方面，它有至高无上的权威，护理法的制定必须在国家宪法的总则下进行，而不允许有任何与其相抵之处，护理法规不能与国家已经颁布的其他任何法律条款有任何冲突。

2. 护理法必须符合本国护理专业的实际情况　护理法的制定，一方面要借鉴和吸收发达国家的护理立法经验，确立一些先进目标；另一方面，也要从本国的文化背景、经济水准和政治制度出发，兼顾全国不同地区发展水平的护理教育和护理服务实际，确立更加确实可行的条款。假若脱离本国实际，势必难以实施，不仅失去其先进性和科学性，且无生命力。

3. 护理法要反映科学的现代护理观　近几十年来，护理学从护理教育到护理服务,从护理道德到护理行为,从护理诊断到护理计划的实施、评价乃至护理咨询、护理管理等,已形成较为完整的理论体系。只有经过正规培训且检验合格的护理人员才有资格从事实际护理服务工作。护理法应能反映护理专业的这种垄断性、技术性和义务性特点,以增强护理人员的责任感,提高社会效益的合法性。

4. 护理法条款要显示法律特征　护理法与其他法律一样,应具有权威性、强制性的特征,故制定的条款措辞必须准确精辟、科学而又通俗易懂。

5. 护理立法要注意国际化趋势　当今世界,科学、文化、经济的飞速发展势必导致法制上的共性,一国法律已不可能在本国法律中孤立地长期存在。所以,制定护理法必须站在世界法制文明的高峰,注意国际化趋势,使各条款尽量同国际上的要求相适应。

三、护理工作中的法律问题

(一)处理及执行医嘱的法律问题

处理及执行医嘱通常是护理人员对病人实施评估和护理措施的依据,具有法律效应。通常情况下,护理人虽应严格按要求执行医嘱,随意篡改或无故不执行医嘱都属于违规行为。但是护理人员在执行医嘱时应熟悉医疗护理程序、疾病的诊治、药物的作用和用法以及药物的不良反应等医学知识,执行任何医嘱前应结合相关医学知识进行仔细审核,如对医嘱有疑问,应向医生询问以证实医嘱的准确性;如发现医嘱有明显的错误,护理人员有权拒绝执行,并向医生提出质疑和申辩,如果在护理人员提出明确申辩后,医师仍执意强制要求其执行,护理人员可以向护士长或上级主管部门报告。如果护士明知医嘱有误,但护士不提出质疑,或由于疏忽大意而忽视了医嘱中的错误而造成严重后果者将与医生共同承担法律责任。因此,每位合格的护士不仅要有良好的职业素养,还应有扎实的专业知识及技能,严格地执行医嘱,维护患者的合法权益,在执行医嘱时应注意尽量避免口头医嘱、"必要时"等形式的医嘱,在抢救等特殊情况下必须执行口头医嘱时,护士应向医生复述一遍,双方确信无误后执行,执行完后及时记录执行医嘱的内容和时间,同时应督促医生及时补开书面医嘱。

(二)疏忽大意与渎职罪

疏忽大意的过失是指行为人应当预见自己的行为可能发生危害社会的后果,但因疏忽大意不认真履行职责而没有及时预见,以致发生危害社会的后果。疏忽大意是工作责任心不强的表现。对于护理工作者来讲,疏忽大意的过失可导致两种后果:第一种是仅损害了护理对象的某些心理满足、生活利益或恢复健康的进程,而并未造成法律上的损害,可构成侵权行为,但并不犯罪;第二种是因失职而致护理对象残疾、死亡,则构成了渎职罪,将会依法追究护理人员的法律责任。

关于医疗事故罪的规定

我国 1997 年 10 月 1 日施行新的《中华人民共和国刑法》,关于对医疗事故罪的规定:医务人员由于严重不负责任,造成就诊人员死亡或严重损害就诊人员身体健康,判处 3 年以下有期徒刑或拘役。

(三) 药品管理中的法律问题

护士每日都会与各种药品进行接触,护士绝不允许利用职务之便,私自将这些药品据为己有。如据为己有,情节严重者,可被起诉犯有盗窃公共财物罪。另外临床上还有一些特殊的药品,如麻醉药品,主要指吗啡类药物,临床上只用于晚期癌症或术后镇痛及危重患者的对症处理。通常这些药品由专人加锁于专柜内保管,护士只能按照医嘱和专门的处方去药房领取。但手术室和一些病房为方便患者用药可能备有这类药物,如护士盗取、倒卖,或出于好奇心理及其他目的而自己使用,则会构成贩毒、吸毒罪。因此,护理管理者应严格执行这类药品管理制度,专人保管,并经常向有机会接触这类药品的护理人员进行法制教育,以避免发生药品管理中的法律问题。

(四) 护理文件书写时的法律问题

各种临床护理记录不仅是检查衡量护理质量的重要资料,也是医生观察诊疗效果、调整治疗方案的重要依据,同时护理记录是严肃的法律性文件,在法律上,有其不容忽视的重要性。不认真记录、漏记、错记等均可造成差错事故或渎职罪。护理记录在法律上的重要性,还表现在记录本身也能成为法律上的证据,若与患者发生了医疗纠纷或发现患者与某刑事犯罪案有关系,或者患者家属存在遗产纠纷,此时包括护理记录在内的病历资料,则成为侦破刑事案件的重要线索,或判断医疗纠纷性质的重要依据。若护理记录完整、真实,则能反应当时医疗诊治的真实经过,或侦破某刑事案的重要线索,或患者临终前的遗嘱。否则,可能会造成记录者本人或医院不应有的损失,或者关键事件也得不到确定的证实。因此,护士应认真做好护理记录,不仅是自己工作的需要,还要看到它在将来可能发生的法律事件中所发挥的重要作用。若在诉讼前,再对原始记录进行添删或随意篡改,都是非法的。

(五) 护生的法律责任

护生在进入临床实习前,应该完全明确自己的法定职责范围,并严格依照学校及医院的要求和专业团体的规范操作制度进行护理工作。从法律角度来讲,护生只能在专业教师或注册护士的指导下,严格按照护理操作规程对病人实施护理。如果脱离专业护士或教师的监督指导,擅自行事并损害了病人的利益,护生应对自己的行为负法律责任。护生的法律责任包括:为临床实习做好充分的准备;熟悉所在医院的医疗护理政策和操作规程;对操作不熟悉或尚未做好准备时应告诉带教护士;及时向带教护士或其他相关护士汇报病人病情的变化,即使不能确定这些变化的临床意义,在病人病情发生变化,或在急诊抢救中均应及时反馈病人病情。带教护士对护生负有指导和监督的责任,如对护生所指派的工作超出其能力,发生护理差错或事故,带教护士应负主要的法律责任,护生自己也负相关的法律责任,其所在的医院应负相应的法律责任。

科技发展带来的法律问题随着现代科技的进展,新的诊疗技术及手段层出不穷。由此也产生了新的法律问题,同时随着我国法制的不断完善,病人保护自己权益的意识也日益增强。因此作为一名护理人员,应不断学习有关的法律知识,强化法律观念,并将掌握的法律知识应用到实践中。同时护士应对自己的行为负责,掌握最新的护理操作规程及护理质量标准,以保证病人的安全,尊重病人的权利,切实为病人服务,决不做损害病人合法权益的事,时刻牢记法律就在自己身边,工作不认真负责而犯有严重过失会触犯法律。

四、护理纠纷、差错及事故的预防和处理

(一)相关概念

1. 护理质量缺陷　在护理工作中,由于各种原因导致令人不满意的现象与结果发生,或给病人造成损害,统称为护理质量缺陷。一切不符合护理质量标准的现象都属于质量缺陷。护理质量缺陷表现为:护理纠纷、护理差错、护理事故。

2. 护理纠纷　病人或其家属对护理过程、内容、结果、收费、服务态度等不满而发生的争执,或对同一护理事件的原因及结果,处理方式或轻重程度护患双方产生分歧、发生争议,称为护理纠纷。护理纠纷不一定是护理差错。

3. 护理差错　凡是护理工作中因责任心不强、粗心大意,不按规章制度办事或技术水平低而发生差错,对病人产生直接或间接影响,但未造成严重不良后果者。

4. 护理事故　护理事故的概念与分级标准同医疗事故。

(二)护理差错、事故的预防及处理

1. 各科室设立差错、事故登记本,由本人及时登记发生差错和事故的经过、原因、后果,护士长应及时组织讨论与总结。

2. 发生差错、事故后,要积极采取抢救措施,以减少或消除由于差错、事故造成的不良后果。

3. 发生严重差错或事故的各种有关记录、检验报告及造成事故的药品和器械等均应妥善保管，不得擅自涂改、销毁，并保留病人的标本，以备鉴定。

4. 差错、事故发生后，按其性质与情节，分别组织全科或全院有关人员进行讨论，以提高认识，吸取教训，改进工作，并确定事故性质，提出处理意见。

5. 发生差错、事故的单位或个人，如不按规定报告，有意隐瞒，事后经领导或他人发现时，必须按情节轻重给予处分。

6. 为了弄清事实真相，应注意倾听当事人的意见，讨论时让本人参加，允许个人发表意见。决定处分时，领导应进行思想工作，以达到教育为目的。

7. 护理部定期组织护士长分析差错、事故发生的原因，并提出防范措施。

护理工作是神圣的事业，在医疗护理活动中每个环节都与人民群众切身利益息息相关，各级各类护理人员务必树立强烈的安全意识和崇高的责任感，预防和杜绝护理差错事故的发生。

思政案例

利剑护己——善用法律捍卫医护安全

一位颈椎损伤后病人入住某老年病医院进行康复治疗，入院后评估为跌倒高危，医嘱二级护理。护士已反复告知病人及其家属，病人康复锻炼时需要有人陪伴，注意防跌倒。某日病人在家属陪同下在医院病房外走廊进行康复锻炼，病人蹲在地上几分钟后自行起身未用手抓住墙壁上手扶栏，导致摔倒后构成一级伤残。病人家属将主管护士及所在医院告上法庭，并在医院采用过激行为威胁医护人员安全。护士运用法律武器捍卫医护安全，最终法院认为医院已告知患者及其家属跌倒风险为高危，主管护士已开展入院宣教遵医嘱给予二级护理，护理记录也记载"嘱其康复锻炼时有人陪伴，注意防跌倒"，因此法院驳回病人的诉讼请求。

（杨 彦 王清秀）

自测题

【A1 型题】

1. 护理立法始于（　　）。

A. 18 世纪后期　　　　　B. 19 世纪初期　　　　　C. 19 世纪中期

D. 19 世纪后期　　　　　E. 20 世纪初期

2. 1919 年率先颁布护理法的是（　　）。

A. 美国　　　　　　　　B. 德国　　　　　　　　C. 英国

D. 荷兰　　　　　　　E. 日本

3. 护士执业资格证注册的有效期是(　　　)。

A. 1 年　　　　　　B. 2 年　　　　　　C. 3 年

D. 4 年　　　　　　E. 5 年

4. 我国实行全国护士执业资格考试始于(　　　)。

A. 1985 年　　　　　B. 1991 年　　　　　C. 1965 年

D. 1995 年　　　　　E. 1976 年

5.《护士条例》的实施时间是(　　　)。

A. 2005 年 5 月 12 日　　B. 2006 年 5 月 12 日　　C. 2007 年 5 月 12 日

D. 2008 年 5 月 12 日　　E. 2009 年 5 月 12 日

6.《中华人民共和国护士管理办法》的实施时间是(　　　)。

A. 1978 年 1 月 1 日　　B. 1988 年 1 月 1 日　　C. 1993 年 1 月 1 日

D. 1997 年 1 月 1 日　　E. 2000 年 1 月 1 日

【A2 型题】

7. 护士小王从某专科学校毕业后,通过了护士执业资格考试,现申请护士执业注册,提出的时间应从通过执业护士资格考试之日起的(　　　)。

A. 1 年内　　　　　B. 2 年内　　　　　C. 3 年内

D. 4 年内　　　　　E. 5 年内

8. 某幼儿园发现一例腮腺炎,该园园长处理该事件正确的做法是(　　　)。

A. 通知患儿家属,接走患儿,治愈后再回幼儿园

B. 立即填写"急性传染病报告卡",并向主管卫生部门报告

C. 根据患儿病情进展决定是否报告

D. 让患儿家属去地方防疫部门报告

E. 立即将患儿送往医院,无需报告

【A3 型题】

(9~10 题共用题干)

患者,王某,23 岁,疑似艾滋病患者。

9. 此时需要及时向附近医疗保健机构或者卫生防疫机构报告的人是(　　　)。

A. 患者　　　　　　B. 患者家属　　　　　C. 医疗保健人员

D. 卫生防疫人员　　　E. 任何人

10. 护士小张在与其他人闲聊中谈及患者病情,被患者听见,羞愧难当,护士小张的行为属(　　　)。

A. 违法行为　　　　B. 侵权行为　　　　　C. 疏忽大意

D. 过失行为　　　　E. 犯罪行为

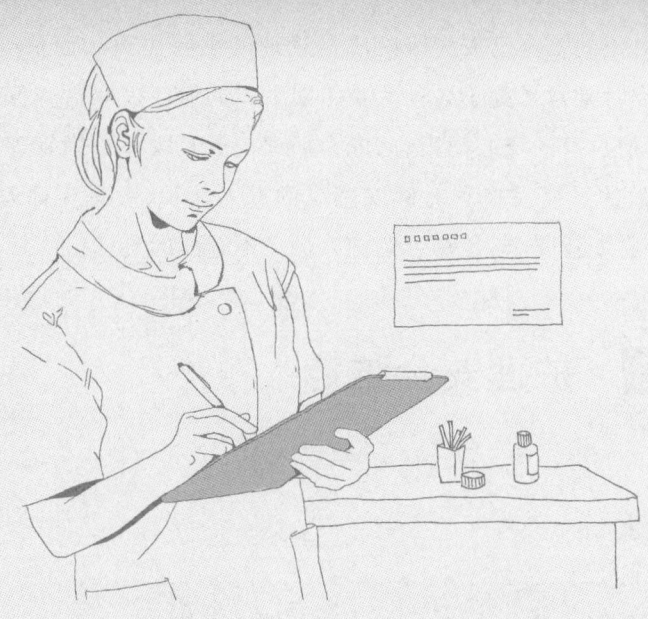

第十章　护理职业安全与防护

思维导图

学习目标

◇ **知识目标**

1. 掌握护理事故、护理差错、护理职业防护、普及性预防及标准预防的概念及措施；

2. 掌握护理安全防范的原则；

3. 掌握常见护理职业损伤的防护措施；

4. 熟悉护理安全的影响因素、护理职业暴露的危险因素；

5. 了解护理安全防范的意义。

◇ **能力目标**

1. 能在不同护理职业损伤场景中正确进行安全防护；

2. 发生锐器损伤后，能够正确处理。

◇ **素养目标**

1. 具有预防护理职业暴露的专业素质；

2. 具有护理安全防范的意识和素质。

服务对象的安全已成为医院质量管理的主要焦点。而护士因其职业的特殊性，在护理工作时常常暴露于各种危险因素中。如何在采取措施保障服务对象安全的同时，也要保护自身的身心健康，已成为护理人员及医疗护理管理部门重视的问题。随着现代医学的迅速发展和对医院感染的深入认识，关爱生命健康，保障服务对象安全，保护自身职业安全，是每个医护人员义不容辞的责任。

第一节 护理安全防范

情景案例

> 护士张某，女性，28 岁，在某市一所三甲医院外科综合病房工作，在给患者静脉输液过程中，不慎被刚从患者血管中拔出的针头刺破手指，出血不止。
>
> 请思考：
> 1. 该护士在工作中遇到了什么情况？
> 2. 如何处理？ 如何防止这类事件发生？

一、概述

（一）概念

1. 护理安全（nursing safety） 是指在实施护理的全过程中，病人不发生法律和法定规章制度允许范围以外的心理，机体结构或功能上的损害、障碍、缺陷或死亡。

2. 护理差错（nursing error） 是指在护理工作中，护理人员因责任心不强、工作疏忽、不严格执行规章制度或违反技术操作规程等原因，给病人造成精神及肉体上的痛苦，或影响医疗护理工作的正常进行，但未造成严重后果和构成事故。

3. 护理事故（nursing accident） 是指在护理工作中，由于护理人员的过失，直接造成病人死亡、残疾、组织器官损伤导致功能障碍或造成病人明显人身损害的其他后果。

4. 普及性预防（universal prevention，UP） 即在为病人提供医疗服务时，无论是病人还是医务人员的血液和深层体液，也无论其是阳性还是阴性，都应当视为具有潜在的传染性加以防护。

5. 标准预防（standard precautions，SP） 是指所有的病人均被视为具有潜在感染性，即认为病人的血液、体液、分泌物、排泄物均具有传染性，必须进行隔离，不论是否有明显的血液或是否接触非完整的皮肤与黏膜，接触上述物质者，必须采取防护措施。同时,还应根据疾病的传播途径采取空气、飞沫、接触隔离措施。

(二)护理安全防范的意义

1. 有利于提高护理工作质量 护理安全与护理质量密切相关,护理质量体现护理安全的水平,护理安全措施的落实,既可以减少护理差错、护理事故的发生,提高病人治疗和护理的效果,缩短其住院时间,同时有利于护理质量的提高,赢得病人对护理工作的认可和信赖。

2. 创造和谐的医疗环境 保障护理安全,提高护理质量,是创造和谐医疗环境的重要条件,护理不安全因素容易引发护患之间的矛盾和争执,而保障护理安全制度的落实,不仅能够促进医院医疗护理水平的提高,保障病人及医护人员的健康,更能创造良好的护患关系及和谐的医疗环境。

3. 保护护士的自身安全 护理安全的双重内涵意味着安全防范,包括病人和护士,而护士职业安全是保证病人安全的前提条件。因此,护理安全措施的有效实施,不仅可以为病人提供高质量的护理服务,保障病人的合法权益不受到侵害,同时也保护着护理人员的自身安全。

二、护理安全的影响因素

影响护理安全的因素有很多,其中最主要的因素包括以下几种。

1. 人员因素 防护知识的缺乏是影响护士防护意识的一个重要因素,临床护士由于自我防护意识不强或临床经验不足,对各种危害因素重视程度不够,同时,人力配备不足、工作强度大等因素可能给自身职业安全带来隐患。

2. 技术因素 目前临床护理新技术、新业务的开展对护士专业素质的要求日益增高,因个人专业技能差等因素导致护理工作中技术方面风险加大,导致安全隐患因素也相应增多。

3. 管理因素 护理管理制度不健全,安全教育与业务培训不到位,管理监督不得力,人力配置不合理等都是造成护士职业安全隐患的管理因素。管理部门未制定有关医护人员职业防护的政策法规,未建立严格、正规的报告制度,这些都是影响护理安全的危险因素。

4. 环境因素 医院环境中可能存在各种影响安全的物质,包括各种医用气体电器设备、放射线、致病微生物、化学药品等物理性,生物性和化学性的物质。

三、护理安全的防范原则

(一)健全护理安全管理机制

护理安全管理机制的建立、健全和有效落实是防范护理不安全事件发生的重要措施,应使护理安全工作制度化、标准化、规范化,医院应建立护理安全管理的网络系统,实行"护理部—科护士长—病区护士长"三级目标管理责任制,注重关键环节和薄弱环节的质量控制,从根源上杜绝各种护理不安全事件的发生。

(二)制定护理安全规章制度

制定专科护理安全防范制度,以保障护士职业安全,如职业防护管理制度、职业暴露上报制度、消毒制度、隔离制度、医疗废物处理制度等,建立突发性公共卫生事件的预报制度、医疗废物处理制度等,并严格遵守执行。

(三)重视护士职业安全教育

1. 加强护士职业安全教育 应重视护士自我防护意识的教育强化预防观念,可采用多种方法宣传职业安全与防护的重要性与重要意义,教会护士评估和识别可能发生伤害的信号,发生伤害后证据的保存及适当的防卫技术、回避技巧等。

2. 加强专业培训 有计划地为护士提供和创造新知识、新技能等培训机会,鼓励护士将专业培训与自学提高相结合,不断提高自身的专业素质和业务水平,增强职业防护能力,从而提高护理质量。

3. 树立标准预防理念 护士应增强自我防护意识,严格执行操作规程和安全防护措施,标准预防认定患者血液、体液、分泌物、排泄物均具有传染性,必须进行隔离。无论是否有明显的血迹污渍或是否接触非完整的皮肤与黏膜,接触上述物质者必须采取防护措施。

(四)优化职场安全环境

1. 医院管理者应充分认识到护士职业暴露的危害,创造安全健康的工作环境,改进护理防护设备,使之与国际标准接轨,如配备生物安全柜、层流手术室、安全注射装置等。

2. 合理配置人力物力资源。根据护理岗位需求和工作特点,合理调配人力,改善超负荷工作状态,注重对护士的情感支持,倡导人文关怀,鼓励团队协作,缓解护士的心理压力,保证护士的职业安全。

(五)制定护理安全应急预案

1. 坚持以预防为主,在重视常规监控的基础上,关键环节重点监控,消除护理安全隐患,做到早识别、早处理,杜绝一切事故的发生。

2. 医院各科室应制定科学规范的护理安全处理应急预案,护理管理者要重视对护士的专业训练,遇有应急事件发生时,护士应依据科学流程,娴熟操作,有效抢救。

第二节 护理职业防护

情景案例

　　手术室护士小尹,25 岁,某次作为器械护士在手术台上配合手术时,左手示指不慎被医生使用过的手术刀划伤出血。5 周后该护士出现了发热、咽痛、乏力、全身淋巴结肿大等症状,血清学检查 HIV 抗体呈阳性。

　　请思考:

　　1. 护士小尹发生了何种职业损伤?

　　2. 该损伤是由何种职业损伤危险因素导致的? 该类损伤应如何做好防护措施?

一、护理职业防护的意义

　　1. 提高护士职业生命质量　护理职业防护措施的有效实施,既可以避免职业性有害因素对护士造成的机体伤害,又可以减轻不良的心理、社会因素对其造成心理压力,还可以控制环境及行为不当引发的不安全因素,从而维护护士的身心健康,增强社会适应能力,提高其职业生命质量。

　　2. 科学规避护理职业风险　通过护理职业防护知识、技能的学习与培训,可以提高护士的职业防护意识,使其在工作中严格履行职业规范要求,有效控制职业性有害因素,科学规避护理职业风险。

　　3. 营造和谐安全的工作氛围　良好安全的职业环境不仅可以使护士产生愉悦的身心效应,而且可以缓解护士的工作压力从而提高其职业适应能力并增加职业满意度。

知识链接

护士职业防护的权利和义务

　　为了维护护士的合法权益,规范护理行为,促进护理事业发展,保障医疗安全和人体健康,中华人民共和国国务院于 2008 年 1 月 23 日通过并颁布了《护士条例》,其中规定了以下护士职业防护的权利和义务。

　　(1)护士执业,有获得与其所从事的护理工作相适应的卫生防护、医疗保健服务的权利,从事直接接触有毒有害物质、有感染传染病危险工作的护士,有依照有关法律、行政法规的规定接受职业健康监护的权利;患职业病的,有依照有关法律、行政法规的规定获得赔偿的权利。

(2)护士执业,应当遵守法律、法规、规章和诊疗技术规范的规定。

(3)医疗卫生机构应当为护士提供卫生防护用品,并采取有效的卫生防护措施和医疗保健措施。

(4)医疗卫生机构未为护士提供卫生防护用品,或者未采取有效的卫生防护措施、医疗保健措施的,依照有关法律、行政法规的规定给予处罚。

二、护理职业暴露的危险因素

由于医院工作环境和服务对象的特殊性,决定了护士是职业暴露的危险群体。在护理工作中造成护士职业损伤的主要危险因素包括生物性因素、物理性因素、化学性因素和心理社会因素。

(一) 生物性因素

生物性因素是影响护理职业安全中最常见的职业损伤危险因素。主要指护士在从事规范的诊疗和护理活动过程中意外沾染、吸入或食入的病原微生物或含有病原微生物的污染物。致病与否与病原微生物的侵袭力、毒素类型、暴露剂量、暴露方式、侵入途径及护士的免疫力有关。其中,细菌和病毒是最常见的两类病原微生物。

(二) 物理性因素

在临床工作中,造成护理职业损伤常见的物理性因素主要包括锐器伤、负重损伤、放射性损伤和噪声污染等。

1. 锐器伤　锐器伤是指一种由医疗锐器,如注射器针头、各种穿刺针、缝合针等引起受伤者出血的皮肤损伤。锐器伤是护士最容易且最频繁遭到的职业损伤,而污染锐器的损伤是导致护士发生血源性传播疾病最主要的职业性因素。

2. 负重损伤　负重损伤是指护士由于职业关系经常需要搬移重物,当身体负重过大或用力不合理时,引起不同程度的身体损伤。其中较为常见的是职业性腰背痛、腰肌劳损。

3. 辐射性损伤　主要包括非电离辐射和电离辐射。前者主要有紫外线、激光、高频电磁场、微波、超声波等;后者主要来源于放射性诊断治疗、核医学和介入性放射。

4. 噪声污染　护士在职业环境中的噪声来源有监护仪和呼吸机等的机械声和报警声,电话铃声、患者呻吟声、物品及机器移动声等。研究人员发现,现在世界范围内医院白天的平均声音强度已上升至 72 dB,而晚上的声音强度也达到了 60 dB,远远超过 WHO 规定的医院噪声标准,即病房中的声音强度不应超过 35 dB。

（三）化学性因素

医院是一个特殊的工作环境,各种对人体有潜在危害的化学因素随处可见。最为常见的是多种消毒剂、抗肿瘤化疗药物、麻醉废气等。

1. 化学消毒剂　护理工作中,护士需要经常接触多种化学消毒剂,如甲醛、过氧乙酸、戊二醛、含氯消毒剂等,这些化学消毒剂对人体会造成缓慢伤害,容易被忽视,长期接触可损害肝和中枢神经系统,表现为肝功能异常、头痛、记忆力衰退和肺纤维化改变。

2. 化疗药物　护士在配药或注射等操作过程中由皮肤直接接触和呼吸道吸入化疗药物,虽然吸入的剂量很小,但会因频繁接触的蓄积作用产生累积作用,可导致细胞、脏器损伤引起自然流产等。

3. 麻醉废气　吸入性麻醉药可以污染手术室空气,短时吸入可引起头痛、注意力不集中等,若室内排污设备不完善,长期吸入可产生心理行为改变、慢性遗传学影响,引起流产、生育力下降。

（四）心理社会因素

随着护士的角色功能呈现多元化,护理工作繁重而琐碎,突发的抢救情景、担心差错、医患纠纷时潜在的暴力伤害等对其造成职业紧张,加之突发事件多,频繁倒班、紧张的工作环境使得护士长期处于应激状态,生活不规律、情绪压抑均可诱发护士产生各种身心疲惫性疾病。

三、常见护理职业损伤的防护措施

（一）生物性损伤的防护

1. 切断传播途径,执行标准预防

（1）洗手　护士的手经常直接或间接地与污染物品或患者接触,极易引起交叉感染。因此,洗手是防止感染扩散的最简单有效的一项措施。

（2）戴手套　手套在护士与患者之间起着屏障作用。当接触血液、体液、排泄物、破损的皮肤或黏膜、行体腔及血管的侵入性操作、处理被污染的物品和锐器时均应戴手套;若手有破损仍需进行接触病人的血液及体液的操作时,必须戴双层手套。

（3）戴口罩、护目镜或呼吸防护器　可以防止吸入悬浮在空气中的含有病原微生物的微粒；阻止感染性血液、体液、碎屑等物质溅到护士的眼睛、口腔及鼻腔黏膜。

（4）穿隔离衣　身体可能被病人的血液、体液、分泌物等污染时应穿隔离衣，必要时穿鞋套，避免相互间的交叉感染，又可避免无菌物品或无菌区被污染。

2. 控制感染源

（1）隔离已感染的患者及病原携带者　将处于传染期的传染病患者、可疑传染病患者及病原携带者控制在特定区域，与一般人群暂时分开，其目的是控制感染源，切断传播途径减少传染病传播机会，同时也便于集中消毒与处理污染物。

（2）规范处理医疗废物及排泄物　医疗废物采取分类收集原则，按照类别分别置于防渗漏、防锐器穿透的专用包装物或者密闭的容器内，且外面有明显的警示标识和警示说明。包装物或容器内盛装医疗废物达到 3/4 时，应当使用有效的封口方式，使封口紧实、严密。

（3）环境储源的处理　医院环境常被患者、隐性感染者排出的病原微生物所污染，成为感染的媒介，因此医院环境的清洁和消毒是控制感染传播的基础，可用物理或化学消毒灭菌等方法使室内空气中的含菌量减少到无尘无菌状态。

3. 保护易感人群　有计划地进行预防接种，提高护士主动和被动的特异性免疫力；改善工作环境，减轻护士的工作压力等，预防或减少被感染的概率。

（二）物理性损伤的防护

1. 锐器伤的防护　虽然护士在医疗护理工作中被锐器伤害是不可避免的，但是美国疾病控制和预防中心的评定表明：62%～88%的锐器伤是可以预防的。

（1）发生原因　锐器伤发生与护士特定的工作行为和习惯密切相关，引发锐器伤的常见环节通常为护理操作环节与特殊工作环节。

（2）防护措施

1）增强防护意识　护士在进行有可能接触患者血液、体液的治疗和护理操作时，必须戴手套；有可能出现血液、体液、气体、碎屑、化学消毒剂等外溅时，必须穿隔离衣，加戴护目镜。操作完毕脱去手套立即洗手，必要时进行手的消毒。

2）严格遵守操作规程　抽吸药液时严格使用无菌注射器，抽吸后禁止卡帽回套，一定要回套只能用单手法。遇不合作或有昏迷、躁动的患者应在多人协助配合的情况下完成操作。使用后的锐器必须及时、直接放入防刺和防渗漏的利器盒内，或利用针头处理设备进行安全处理（图 10-1）。锐器不可与其他医疗垃圾混放，锐器盒要有明显标志（图 10-2）。

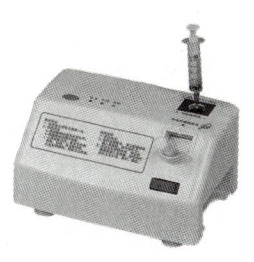

图 10-1 注射器全自动毁形器

图 10-2 锐器盒

3）纠正危险行为 ① 禁止徒手分离污染的注射器和针头；② 禁止给使用过的针头回套针帽；③ 禁止用手直接接触使用后的针头、刀片等锐器；④ 禁止用手折弯或弄直针头；⑤ 禁止使用消毒液浸泡针头；⑥ 禁止直接徒手传递锐器；⑦ 禁止徒手携带裸露针头等锐器物；⑧ 禁止直接接触医疗垃圾。

4）提倡使用安全器具 ① 使用具有安全保护性装置的用品，如可自动毁形的安全注射器、回缩注射器（图 10-3）及安全型静脉留置针等；② 使用可来福接头、一次性无针头输液管路等无针连接系统；③ 用一次性使用安全真空采血针采集血标本（图 10-4）。

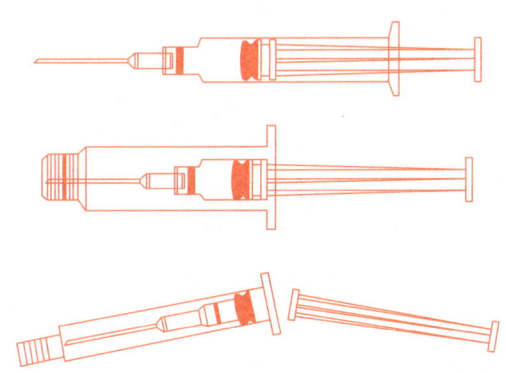

图 10-3 安全回缩注射器

图 10-4 一次性使用安全真空采血针

（3）应急处理流程

1）伤者保持镇静，戴手套者应按规范迅速脱去手套。

2）处理伤口 ① 立即用手从伤口的近心端向远心端挤出血液，禁止局部挤压或按压，以免产生虹吸作用而将污染的血液回吸入血管，增加感染机会；② 用肥皂水和流动水清洗污染的皮肤；用生理盐水反复冲洗暴露的黏膜；③ 用 75% 乙醇、0.5% 碘伏或安尔碘消毒伤口并包扎。

3）及时填写锐器伤登记表（表 10-1），尽早报告部门负责人、预防保健科及医院感染管理科。

表 10-1　护士锐器伤登记表

锐器伤发生日期：_____年____月____日　记录编号_____

1. 暴露者(护士)情况:姓名____　性别_____　年龄_____

科室_____　职称_____　工龄_____　联系电话_____

2. 暴露源(患者)情况:姓名_____　性别_____　年龄_____　病区_____　住院

号_____

病原检测:HBV(　　)HCV(　　)HIV(　　)梅毒(　　)

3. 锐器伤后首次检验日期:____年____月____日　锐器伤来源不明:□是□否

4. 监测周期记录

	HBV	HCV	HIV	梅毒
刺伤时(_____年____月____日)	____	____	____	____
第3个月(_____年____月____日)	____	____	____	____
第6个月(_____年____月____日)	____	____	____	____
第12个月(_____年____月____日)	____	____	____	____

5. 刺伤前是否接受乙型肝炎疫苗注射:□是(共　　次);□否

刺伤前是否接受乙型肝炎免疫球蛋白注射:□是(共　　次);□否

6. 锐器伤发生的地点:____　护士锐器伤的部位:____

7. 尖锐物品种类

□(1) 一般丢弃注射针　□(2) 留置针　□(3) 头皮针　□(4) 缝针

□(5) 外科器械　□(6) 玻璃物品　□(7) 其他(请详述):_____

8. 锐器伤时的操作

□(1) 采血　□(2) 放置导管等　□(3) 手术　□(4) 配制液体

□(5) 皮内、皮下或肌内注射　□(6) 整理或清洗器械　□(7) 其他(请详述):_____

9. 锐器伤时的动作

□(1) 打开针头套　□(2) 未对准或戳破　□(3) 加药时　□(4) 回套针帽

□(5) 分开针头及针筒弯曲或折断针头　□(6) 他人之意外扎伤

□(7) 分合器械如装上或取下刀片　　□(8) 整理或清理物品

□(9) 尖锐物品穿出收集盒　□(10) 尖锐物品隐藏于其他物品中

□(11) 使用时物品破碎　　□(12) 其他(请详述):_____

10. 锐器伤物品曾接触过病人的血液及体液污染:□(1) 是　□(2) 否　□(3) 未知

11. 锐器伤时是否戴手套:□(1) 是(戴单层手套)　□(2) 是(戴双层手套)　□(3) 否

12. 受伤次数:□(1) 首次受伤　□(2) 曾经受伤(总共次数____次)

13. 锐器伤后处理:□(1) 挤血　□(2) 冲水　□(3) 消毒　□(4) 其他_____

科室负责人(主任/护士长)　医院感染管理科科长　院办公室主任

签字:　　　　　　　　签字:　　　　　　　签字:

20____年____月____日　20____年____月____日　20____年____月____日

注:为维护自身利益和健康安全,请务必遵照防护处置流程;本单填妥后由当事者交医院感染管理科

2. 负重伤的防护

（1）正确运用人体力学原理 护士在日常工作中，应正确运用人体力学原理，注意节力原则的使用，运用科学的搬运方法保持正确的姿势，可提高工作效率。

（2）在工作中保持正确的姿势 护士在工作中应保持身体的正确姿态和体态，以缓解肌肉关节骨骼疲劳，减轻脊柱负荷。站位或坐位时，保持腰椎伸直，避免过度屈曲造成腰部韧带劳损。

（3）科学使用保护具 在工作中推广使用可减轻护理工作强度的辅助设备减少护士腰背及关节、骨骼肌肉损害的风险。

（4）加强锻炼 增强体质、加强锻炼、强身健体是预防负重损伤的重要措施。同时，通过锻炼还可增加身体的柔韧性，增加骨关节活动度，降低骨关节损伤概率。

（5）避免过重的工作负荷 在工作中合理排班，实施弹性排班和轮班的方法，避免护士的工作强度过大，减轻护士的职业压力。

（三）化学性损伤的防护

化疗药物损伤是护理工作中较为常见的化学性损伤，其防护的主要措施如下。

1. 提供安全的防护用品和设备 配制化疗药物时应具备如下条件：① 建立专门的静脉药物配置中心，并配备空气净化装置。② 配备垂直层流装置的Ⅱ级或Ⅲ级生物安全柜（图10-5），防止有毒气体的溢出和再循环。③ 操作台覆盖一次性防渗透的防护垫，以吸附溅出的药液，减少工作台面的污染。

2. 配备专业的化疗护士 执行化疗的护士需经过专门的职业训练，增强职业防护意识，并主动实施各种防护措施。

3. 遵守化疗药物配制规程 接触化疗药物的护士应做到：① 配药前洗手，主动佩戴各种防护用具。② 割安瓿前轻弹其颈部，使药物降至瓶底，打开安瓿

图10-5 垂直层流生物安全柜

时垫无菌纱布，避免药液、药粉飞溅并防止划破手套。③ 溶解药物时，溶媒应沿瓶壁缓慢注入瓶底。④ 抽取药液后，先在瓶内排气再拔针，以免瓶内压力过大药液溢于空气中。⑤ 抽取药物的剂量以不超过注射器容量的3/4为宜。⑥ 操作完毕后脱去所有防护用具，严格彻底冲洗双手并沐浴，以减少药物的毒性反应。

4. 执行化疗药物给药要求 护士在实施化疗药物的给药过程中应注意：① 给药时应戴手套、护目镜。② 静脉输液给药装置不使用带有排气孔的输液器，必须使用

时应在排气孔处固定纱布，以吸收漏出的药液。③ 确保注射器、输液器接头处连接紧密，防止药液外漏。

5. 规范处理化疗药物污染　为防止化疗药物的污染扩散应做到：① 化疗药物外溅后立即标明污染范围，避免其他人员接触。② 若药液溢到桌面或地上，应用纱布吸附药液；若为药粉则用湿纱布擦抹，防止药物粉尘飞扬；配药后均应拖地面。③ 如不慎将药液溅到皮肤上或眼睛里，应立即用肥皂水或等渗洁眼液彻底冲洗；若不慎溅到工作服上，要立即更换。

6. 妥善处置污染废弃物　污染物品的处理要求包括：① 接触过化疗药物的一次性注射器、输液器等要放置在有特别标记的密封的防漏、防刺破的容器中。② 所有污染物，一次性物品必须焚化处理，非一次性物品要与其他物品分装、标记，高温处理。③ 混有化疗药物的污水，应在医院污水处理系统中专门处理后才可排入城市污水系统。

（四）心理社会性损伤的防护

心理社会性损伤会导致护士出现各种职业心理卫生问题，进而影响其正常的护理工作，其防护的主要措施如下。

1. 合理配置人力资源　改善人力配置，采取弹性排班制，合理安排各科室护士，调整工作强度，减轻时间紧张和心理压力。

2. 创造健康的职业环境　医院应尽量创造安全舒适的工作环境，提供必要的防护保障，良好的职业环境可以在一定程度上缓解工作和思想的压力。

3. 自我心理调适　定期组织护士进行心理指导，学会调整自身心态。面对困难和挫折时，以积极乐观的态度对待，学会自我调适，如换位思考、准确定位等，必要时积极寻求专业帮助和争取社会支持。

4. 合理运用激励理论　医院应合理运用激励理论，适时为护士提供深造机会，并给优秀者以奖励和表彰，激发其工作热情，增强职业价值感。定期组织娱乐活动，营造和谐、良好的人际关系，缓解工作压力。

思政案例

职业暴露——患者生命至上

医院急诊科护士小王，某天值夜班时收治了一位农药中毒的女性病人。该病人因为丈夫长期酗酒，并家暴，导致其对生活丧失信心而服下农药。病人丈夫因为酒后情绪不稳，对医护破口大骂，并干扰护士抢救工作。为挽救病人生命，小王一边默默忍受家属责骂，但并没有停止洗胃抢救工作。其家属不满护士的行为，在护士洗胃时将护士的护目镜扯掉,但小王仍坚持完成了洗胃工作,因为护目镜被扯掉,导致部分洗胃液溅入小王眼中,引起急性结膜炎。事后病人家属给小王诚恳地承认错误,并为当时的过激行为感到羞愧。小王说作为一名护士,任何时候都要以争分夺秒抢救病人生命为己任。

（苏　娟）

自测题

【A1 型题】

1. 护士最容易且最频繁受到的职业损伤因素是(　　)。

A. 病毒感染　　　　　　B. 锐器伤　　　　　　C. 噪声损伤

D. 细菌感染　　　　　　E. 放射性职业损伤

2. 护士在工作环境中常会暴露在各种职业危害中,直接威胁护士安全和健康的因素是(　　)。

A. 心理社会性因素　　　B. 物理性因素　　　　C. 化学性因素

D. 生物性因素　　　　　E. 以上都是

3. 下列物理性职业损伤因素中导致血源性传染病的最主要因素是(　　)。

A. 噪声损伤　　　　　　B. 锐器伤　　　　　　C. 放射性损伤

D. 温度性损伤　　　　　E. 负重损伤

4. 防止感染扩散最简单有效的一项措施为(　　)。

A. 戴口罩　　　　　　　B. 戴手套　　　　　　C. 穿隔离衣

D. 洗手　　　　　　　　E. 戴防护目镜

5. WHO 规定的医院噪声标准,要求病房中的声音强度不应超过(　　)。

A. 35 dB　　　　　　　B. 60 dB　　　　　　C. 72 dB

D. 45 dB　　　　　　　E. 55 dB

6. 标准预防是认定病人的(　　)具有传染性。

A. 血液　　　　　　　　B. 体液　　　　　　　C. 分泌物

D. 排泄物　　　　　　　E. 以上均是

【A2 型题】

7. 病人吴某以"乙型病毒性肝炎"收住入院,护士小魏为病人注射后处理针头时,不慎刺破手指,立即挤出血液,用流水冲洗并消毒。由于护士小魏以前未接种过乙肝疫苗,此时她需要采取的最重要的防护措施是(　　)。

A. 检查肝功能

B. 加强营养

C. 注射乙肝疫苗和免疫球蛋白

D. 肌内注射丙肝球蛋白

E. 立即接种乙肝疫苗

8. 手术室护士小杨在手术台上传递器械时,不慎被手术刀片划破右手拇指,稍有出血,该护士在发生锐器伤后容易引起的最常见、危害最大的血源性传播疾病为(   )。

A. 结核病　　　　　　　B. 肝炎及艾滋病　　　　C. 梅毒

D. 霍乱　　　　　　　　E. 流行性感冒

【A3 型题】

(9~11 题共用题干)

苗某,女,23 岁,感染科护士,为一名乙肝患者进行静脉采血时,因患者躁动不安而将已刺入血管内的针头脱出又误伤了自己。

9. 苗护士受到的职业损伤是(   )。

A. 温度性损伤　　　　　B. 辐射性损伤　　　　　C. 噪声损伤

D. 锐器伤　　　　　　　E. 化学性职业损伤

10. 以下处理措施中,错误的一项是(   )。

A. 立即在伤口旁轻轻挤压,尽量挤出伤口处血液,但禁止做伤口的局部挤压

B. 肥皂水或流动水反复冲洗伤口

C. 立即抽血做相关病毒血清学检查

D. 用 0.5% 碘附消毒伤口

E. 立即按压伤口,减少出血

11. 该类职业损伤发生的防护措施不包括(   )。

A. 规范操作,自觉采取防护措施

B. 树立健康积极的生活观

C. 合理配备护理人力资源,避免过重的工作负荷

D. 使用具有安全装置的医疗器具

E. 为不配合的病人注射时,应有助手协助

(12~14 题共用题干)

齐某,女,42 岁,某医院重症监护室护士,从业 21 年,工作中需经常搬抬患者和搬运各种医疗仪器,3 年前开始出现腰背部疼痛,近期疼痛加剧。

12. 齐护士最有可能发生了(   )。

A. 负重损伤　　　　　　B. 辐射性损伤　　　　　C. 噪声损伤

D. 锐器伤　　　　　　　E. 放射性职业损伤

13. 齐护士有可能发生的职业损伤是(　　)。

A. 腰椎间盘突出症、风湿性关节炎、肾炎

B. 腰椎间盘突出症、腰肌劳损、肾炎

C. 腰椎间盘突出症、静脉曲张、恶性肿瘤

D. 腰椎间盘突出症、静脉曲张、腰肌劳损

E. 腰椎间盘突出症、胃炎、腰肌劳损

14. 齐护士需要掌握的预防职业损伤的最主要措施是(　　)。

A. 加强锻炼、保持正确姿势、充足睡眠、合理饮食

B. 加强锻炼、养成良好生活习惯、充足睡眠、剧烈运动

C. 剧烈运动、保持正确姿势、充足睡眠、合理饮食

D. 卧床休息、促进下肢血液循环、充足睡眠、合理饮食

E. 加强营养、保持正确姿势、剧烈运动、充足睡眠

附　录　一

《护理学导论》教学大纲

教学单元	主要内容	教学要求	教学方法	参考学时	
				理论	实践
一、绪论	（一）护理学的形成与发展		理论讲授	2	0
	1. 世界护理学的形成	了解	多媒体演示		
	2. 现代护理学的发展阶段	熟悉	小组讨论		
	3. 中国护理学的发展概况	熟悉	案例教学		
	4. 中国护理工作的展望	了解			
	（二）护理学的任务、范畴和工作方式	掌握			
	1. 护理学的任务				
	2. 护理学的研究范畴				
	3. 护理工作方式				
	（三）护士素质				
	1. 素质的概念	熟悉			
	2. 护士素质的基本内容	熟悉			
	3. 护士素质的形成、发展与提高	了解			
二、医疗卫生服务体系	（一）我国的医疗卫生体系		理论讲授	2	0
	1. 我国医疗卫生体系的组织结构	掌握	多媒体演示		
	2. 城乡三级医疗卫生网	熟悉	案例教学		
	（二）医院				
	1. 医院的基本性质、功能和特点	掌握			
	2. 医院的分级和组织机构	熟悉			
	3. 我国的护理组织机构	熟悉			
	（三）社区卫生服务				
	1. 社区及其相关概念	掌握			
	2. 社区卫生服务的原则	了解			
	3. 社区卫生服务的特点	熟悉			
	4. 我国社区卫生服务的现状	了解			

教学单元	主要内容	教学要求	教学方法	参考学时	
				理论	实践
三、护理学的 基本概念	（一）人 1. 人是一个统一的整体 2. 人是一个开放系统 3. 人有其基本需要 4. 人有健康需求 5. 人的自我概念 6. 人的成长与发展	掌握	理论讲授 多媒体演示 情景教学 案例教学 小组讨论	4	0
	（二）健康 1. 健康的概念 2. 影响健康的因素 3. 疾病的概念 4. 健康的模式 5. 健康与疾病的关系	掌握 熟悉 熟悉 掌握 熟悉 熟悉			
	（三）环境 1. 人的内环境 2. 人的外环境 3. 环境与人类健康的关系				
	（四）护理 1. 护理的概念 2. 护理的内涵 3. 整体护理 4. 人、环境、健康和护理的关系	掌握 掌握 熟悉 了解			
四、护士与 病人	（一）角色 1. 角色的基本概念 2. 角色的特征	了解	理论讲授 多媒体演示 小组讨论 案例教学	3	1
	（二）护士角色 1. 历史上的护士角色 2. 现代护士角色 3. 护士的权利与义务 4. 护士在维持和促进健康中的作用	了解 掌握 掌握 熟悉			
	（三）病人角色 1. 病人角色的特征 2. 病人的权利与义务	熟悉 熟悉			

教学单元	主要内容	教学要求	教学方法	参考学时	
				理论	实践
四、护士与病人	3. 病人角色适应过程中的问题	掌握			
	（四）护患关系				
	1. 护患关系的性质	了解			
	2. 护患关系的基本类型	掌握			
	3. 护患关系的发展过程	熟悉			
	4. 建立良好护患关系对护士的要求	熟悉			
五、护理相关理论	（一）一般系统理论		理论讲授	6	2
	1. 系统的概念	了解	多媒体演示		
	2. 系统的分类	熟悉	案例教学		
	3. 系统的特点	了解	小组讨论		
	4. 一般系统理论在护理工作中的应用	熟悉			
	（二）人的基本需要理论				
	1. 需要的概念	熟悉			
	2. 马斯洛的需要层次理论	掌握			
	3. 需要理论在护理工作中的应用	掌握			
	（三）压力与适应理论				
	1. 压力	掌握			
	2. 适应	掌握			
	3. 塞里的压力与适应学说	熟悉			
	4. 压力与适应理论在护理工作中的应用	掌握			
	（四）成长与发展理论				
	1. 成长与发展概述	熟悉			
	2. 成长与发展的相关理论	熟悉			
六、护理理论	（一）南丁格尔的环境理论		理论讲授	4	0
	1. 环境理论的主要内容	了解	多媒体演示		
	2. 环境理论对四个基本概念的阐述	熟悉	小组讨论		
	3. 环境理论在护理工作中的应用	了解	案例教学		
	（二）奥瑞姆的自理模式				
	1. 自理模式的主要内容	熟悉			
	2. 自理模式对四个基本概念的阐述	掌握			
	3. 自理模式在护理工作中的应用	掌握			

教学单元	主要内容	教学要求	教学方法	参考学时 理论	参考学时 实践
六、护理理论	（三）罗伊的适应模式				
	1. 罗伊适应模式的主要内容	掌握			
	2. 适应模式对四个基本概念的阐述	熟悉			
	3. 适应模式在护理工作中的应用	熟悉			
	（四）纽曼的健康系统模式				
	1. 健康系统模式的主要内容	掌握			
	2. 健康系统模式对四个基本概念的阐述	熟悉			
	3. 健康系统模式在护理工作中的应用	掌握			
七、护理程序	（一）概述		理论讲授	4	2
	1. 护理程序的概念	掌握	多媒体演示		
	2. 护理程序的步骤	掌握	情景教学		
	3. 护理程序的理论基础和特点	熟悉	案例教学		
	4. 护理程序的发展史	了解	小组讨论		
	5. 护理程序对护理实践的指导意义	了解			
	（二）护理评估				
	1. 收集资料	掌握			
	2. 整理资料	熟悉			
	3. 分析资料	熟悉			
	（三）护理诊断				
	1. 护理诊断的定义	熟悉			
	2. 护理诊断的组成	掌握			
	3. 护理诊断的步骤	熟悉			
	4. 护理诊断的陈述方式	掌握			
	5. 护理诊断的类型	熟悉			
	6. 护理诊断与合作性问题	掌握			
	7. 护理诊断与医疗诊断的区别	掌握			
	8. 书写护理诊断的注意事项	掌握			
	（四）护理计划				
	1. 排列护理诊断顺序	掌握			
	2. 确定预期目标	掌握			
	3. 制定护理措施	掌握			
	4. 书写护理计划	熟悉			

教学单元	主要内容	教学要求	教学方法	参考学时	
				理论	实践
七、护理程序	（五）护理实施				
	1. 实施前准备	熟悉			
	2. 实施的方法	熟悉			
	3. 实施后记录	熟悉			
	（六）护理评价				
	1. 评价内容	了解			
	2. 评价方式	熟悉			
	3. 评价步骤	熟悉			
	4. 评价与护理程序中其他步骤的关系	熟悉			
八、评判性思维与临床护理决策	（一）评判性思维		理论讲授	2	0
	1. 评判性思维的概念	掌握	多媒体演示		
	2. 评判性思维的意义	了解	案例教学		
	3. 评判性思维的构成	熟悉	小组讨论		
	4. 评判性思维的特点	熟悉			
	5. 评判性思维应具备的态度和认知技巧	了解			
	6. 评判性思维在护理工作中的应用	掌握			
	（二）临床护理决策				
	1. 临床护理决策的概念	掌握			
	2. 临床护理决策的类型	掌握			
	3. 临床护理决策的模式	熟悉			
	4. 临床护理决策的步骤	熟悉			
	5. 临床护理决策的影响因素	熟悉			
九、护理与法	（一）法律概述		理论讲授	2	0
	1. 法律的概念	了解	多媒体演示		
	2. 法律的分类	了解	案例教学		
	3. 法律的特征和作用	了解	小组讨论		
	（二）护理法律				
	1. 医疗卫生法	熟悉			
	2. 护理法规	熟悉			
	3. 护理工作中的法律问题	掌握			
	4. 护理纠纷、差错及事故的预防和处理	掌握			

教学单元	主要内容	教学要求	教学方法	参考学时 理论	参考学时 实践
十、护理职业安全与防护	（一）护理安全防范		理论讲授	1	1
	1. 概述	了解	多媒体演示		
	2. 护理安全的影响因素	了解	案例教学		
	3. 护理的防范原则	掌握	小组讨论		
	（二）护理职业防护				
	1. 护理职业防护的意义	了解			
	2. 护理职业暴露的危险因素	掌握			
	3. 常见护理职业损伤的防护措施	掌握			
合计				36 学时	

附 录 二

护理诊断一览表

（按 NANDA 分类法 II 排列）

一、促进健康（Health promotion）

1. 执行治疗方案有效
2. 执行治疗方案无效
3. 家庭执行治疗方案无效
4. 社区执行治疗方案无效
5. 寻求健康行为
6. 保持健康无效
7. 持家能力障碍

二、营养（Nutrition）

8. 无效性婴儿喂养型态
9. 吞咽障碍
10. 营养失调：低于机体需要量
11. 营养失调：高于机体需要量
12. 有营养失调的危险：高于机体需要量
13. 体液不足
14. 有体液不足的危险
15. 体液过多
16. 有体液失衡的危险

三、排泄（Elimination）

17. 排尿障碍
18. 尿潴留
19. 完全性尿失禁
20. 功能性尿失禁
21. 压力性尿失禁
22. 急迫性尿失禁

23. 反射性尿失禁

24. 有急迫性尿失禁的危险

25. 排便失禁

26. 腹泻

27. 便秘

28. 有便秘的危险

29. 感知性便秘

30. 气体交换受损

四、活动/休息（Activity/Rest）

31. 睡眠型态紊乱

32. 睡眠剥夺

33. 有废用综合征的危险

34. 躯体活动障碍

35. 床上活动障碍

36. 借助轮椅活动障碍

37. 转移能力障碍

38. 行走障碍

39. 缺乏娱乐活动

40. 漫游状态

41. 穿着/修饰自理缺陷

42. 沐浴/卫生自理缺陷

43. 进食自理缺陷

44. 如厕自理缺陷

45. 术后康复延缓

46. 能量场紊乱

47. 缺乏

48. 心输出量减少

49. 自主呼吸受损

50. 低效性呼吸型态

51. 活动无耐力

52. 有活动无耐力的危险

53. 功能障碍性撤离呼吸机反应

54. 组织灌注无效（具体说明类型：肾、大脑、心、肺、胃肠道、外周）

五、感知/认识（Perception/Cognition）

55. 单侧性忽视

56. 认识环境障碍综合征

57. 感知紊乱（具体说明：听觉、运动觉、味觉、触觉、嗅觉）

58. 知识缺乏

59. 急性意识障碍

60. 慢性意识障碍

61. 记忆受损

62. 思维过程紊乱

63. 语言沟通障碍

六、自我感知（Self- perception）

64. 自我认可紊乱

65. 无能为力感

66. 有无能为力感的危险

67. 无望感

68. 有孤独的危险

69. 长期自尊低下

70. 情境性自尊低下

71. 有情境性自尊低下的危险

72. 身体意象紊乱

七、角色关系（Role relationship）

73. 照顾者角色紧张

74. 有照顾者角色紧张的危险

75. 父母不称职

76. 有父母不称职的危险

77. 家庭运动中断

78. 家庭运动功能不全（酗酒）

79. 有亲子依恋受损的危险

80. 母乳喂养有效

81. 母乳喂养无效

82. 母乳喂养中断

83. 无效性角色行为

84. 父母角色冲突

85. 社交障碍

八、性（Sexuality）

86. 性功能障碍

87. 无效性性生活型态

九、应对/应激耐受性（Coping/Stress tolerance）

88. 迁居应激综合征

89. 有迁居应激综合征的危险

90. 强暴——创伤综合征

91. 强暴——创伤综合征隐匿性反应

92. 强暴——创伤综合征复合性反应

93. 创伤后综合征

94. 有创伤后综合征的危险

95. 恐惧

96. 焦虑

97. 对死亡的焦虑

98. 长期悲伤

99. 无效性否认

100. 预感性悲哀

101. 功能障碍性悲哀

102. 调节障碍

103. 应对无效

104. 无能性家庭应对

105. 妥协性家庭应对

106. 防卫性应对

107. 社区应对无效

108. 有增强家庭应对趋势

109. 有增强社区应对趋势

110. 自主性反射失调

111. 有自主性反射失调的危险

112. 婴儿行为紊乱

113. 有婴儿行为紊乱的危险

114. 有增强调节婴儿行为的趋势

115. 颅内适应能力下降

十、生活准则（Life principles）

116. 有增强精神健康的趋势

117. 精神困扰

118. 有精神困扰的危险

119. 抉择冲突

120. 不依从行为

十一、安全/防御（Safety/Protection）

121. 有感染的危险

122. 口腔黏膜受损

123. 有受伤的危险

124. 有围手术期体位损伤的危险

125. 有摔倒的危险

126. 有外伤的危险

127. 皮肤完整性受损

128. 有皮肤完整性受损的危险

129. 组织完整性受损

130. 牙齿受损

131. 有窒息的危险

132. 有误息的危险

133. 清理呼吸道无效

134. 有外周神经血管功能障碍的危险

135. 防护无效

136. 自伤

137. 有自伤的危险

138. 有对他人施行暴力的危险

139. 有对自己施行暴力的危险

140. 有自杀的危险

141. 有中毒的危险

142. 乳胶过敏反应

十二、舒适（Comfort）

十三、成长/发展（Growth/Development）

附 录 三

护理诊断内容举例

一、营养失调：高于机体需要量

【定义】 个体营养物质的摄入量超过机体代谢需要量的状态。

【诊断依据】

1. 主要依据

（1）体重超出理想体重的 10% 为超重，超过 20% 为肥胖。

（2）三头肌部+肩胛下部的皮褶厚度，男性超过 40 mm，女性超过 50 mm。

2. 次要依据

（1）好静的生活方式，活动量少。

（2）不良的饮食习惯，如好食零食，边吃边进行其他活动，晚上进食等。

（3）由于外界因素促进摄入量增加的情况，如存在焦虑时，有进食的习惯等。

【相关因素】

1. 病理生理因素 ① 味觉、嗅觉障碍引起摄入量增多；② 餐后缺乏饱胀感。

2. 治疗因素 服用激素药物使食欲亢进。

3. 情境因素 ① 缺乏基本的营养知识，食谱搭配不合理；② 不良的饮食习惯；③ 日常活动量少；④ 妊娠期体重增长过快；⑤ 民族文化习俗喜欢肥胖。

4. 年龄因素 成年人或老年人可因活动量减少，新陈代谢需要量降低而容易超重。

二、营养失调：低于机体需要量

【定义】 个体营养物质的摄入量不能满足机体代谢需要量的状态。

【诊断依据】

1. 主要依据

（1）低于理想体重的 10%~20% 或者更多。

（2）营养素的摄入量低于膳食推荐量（recommended dietary allowance，RDA）。

（3）三头肌皮褶厚度、上臂中围和上臂肌肉围值均低于正常值的 60%。

2. 次要依据

（1）有摄入不足的因素存在。

（2）典型营养不良表现有皮肤干燥、弹性差，毛发干枯、肌肉松软无力、血管脆性增加,情绪不稳定、记忆力减退、注意力不集中等。

【相关因素】

1. 病理生理因素　① 代谢率增加性疾病,如癌症、感染、甲状腺功能亢进症、烧伤、外伤等;② 消化吸收障碍性疾病,如慢性肠炎;③ 吞咽、咀嚼困难,如口腔疾病、心脑血管疾病等。

2. 治疗因素　口腔手术及药物或射线治疗的胃肠道不良反应等。

3. 情境因素　① 营养知识缺乏;② 情绪高度紧张或抑郁引起神经性厌食和呕吐等;③ 因经济困难、运输障碍或意外事件导致食物缺乏;④ 民族文化的饮食习惯使摄入量过少。

4. 年龄因素　① 婴儿及儿童的父母缺乏喂养知识;生长发育迅速,需要量增加。② 青年有神经性厌食、偏食、节食过度。③ 老年人缺齿、味觉迟钝或缺乏食物等。

三、营养失调:潜在的高于机体需要量

【定义】　个体营养物质摄入量有超过机体代谢需要量的危险状态。

【诊断依据】

1. 父母一方或双方肥胖。

2. 婴儿期或儿童期生长发育速度超过正常。

3. 教育孩子时,用食物作为奖赏或安抚的措施。

4. 孕妇早期妊娠时,其体重明显超出基础体重。

5. 有不良的饮食习惯,如边工作边吃东西,集中晚上进食或受外界影响进食等。

【相关因素】　遗传倾向;活动量少,摄入量超过需要量;不良的饮食习惯;多次妊娠;营养知识缺乏或经济条件不足,所选择的食物多属廉价的高热量食品。

四、体温过高

【定义】　个体体温高于正常范围的状态。

【诊断依据】

1. 主要依据　体温高于正常范围。

2. 次要依据

(1) 皮肤潮红、触摸发热。

(2) 心率、呼吸增快。

(3) 可有抽搐或惊厥发生。

【相关因素】

1. 病理生理因素　各种感染性疾病及非感染性致热疾病。

2. 治疗因素　药物或麻醉影响散热过程,体温升高。

3. 情境因素　在高温环境暴露过久;剧烈运动,衣着不当等。

4. 年龄因素　未成熟儿。

五、便秘

【定义】　个体正常排便习惯改变,便次减少和(或)排出干、硬便的状态。

【诊断依据】

1. 主要依据

(1) 排便次数每周少于3次。

(2) 排出干、硬成形便。

2. 次要依据　主诉直肠饱胀感,排便费力;肠鸣音减弱;左下腹可触及包块;此外可能有食欲减退、口臭、口腔溃疡、头痛、腰背痛,使用缓泻药等。

【相关因素】

1. 病理生理因素　感觉运动障碍,代谢及内分泌疾病,电解质紊乱,营养不良,肛门、会阴、腰背部疼痛性病灶,结肠发育不良等。

2. 治疗因素　腹部手术等治疗性限制;麻醉药、钙剂、铁剂、利尿药、抗生素等药物不良反应。

3. 情境因素　活动量少,精神、工作压力大,环境陌生等干扰排便规律。此外饮食过细、过精、缺乏纤维素及饮水少等。

4. 年龄因素　儿童饮食过精、没有接受定时排便训练。老年人肠蠕动减慢,活动量少。

六、腹泻

【定义】　个人排便次数增多,大便不成形或排出松散、水样便的状态。

【诊断依据】

1. 主要依据

(1) 大便次数增多,每天3次以上。

(2) 松散,不成形或水样。

2. 次要依据　腹痛、肠鸣音亢进;大便量增多,大便颜色改变;有里急后重感。

【相关因素】

1. 病理生理因素　各种胃肠道炎症、溃疡性疾病及结肠肿瘤等。

2. 治疗因素　药物不良反应,胃肠手术。

3. 情境因素　饮食改变;环境改变(水土不服等);焦虑及应激状态。

4. 年龄因素　① 婴幼儿生理性腹泻、辅食添加不当;② 老年人胃肠及括约肌功能减退。

七、体液过多

【定义】 个体细胞内或组织间质液体超负荷的状态。

【诊断依据】

1. 主要依据 皮肤水肿,绷紧而光亮,有指压痕。

2. 次要依据 液体摄入量大于排出量,气短,体重增加。

【相关因素】

1. 病理生理因素 ① 全身性疾病,如心、肝、肾衰竭,晚期肿瘤,感染;② 组织损伤或下肢静脉曲张;③ 内分泌紊乱。

2. 治疗因素 使用皮质激素治疗引起的水钠潴留。

3. 情境因素 ① 摄入水、钠过多;② 摄入蛋白质过少;③ 站立或坐的时间过长,石膏或绷带过紧;④ 妊娠或子宫压迫静脉。

4. 年龄因素 老年人周围血管阻力增加和静脉瓣失效的静脉回流受损。

八、体液不足

【定义】 个体血管、细胞间的脱水状态。

【诊断依据】

1. 主要依据 液体排出量大于摄入量;皮肤黏膜干燥、弹性差。

2. 次要依据 血清钠上升,尿量减少或过多,尿浓缩,口渴、恶心、厌食。

【相关因素】

1. 病理生理因素 ① 调节机制障碍性疾病,如糖尿病、尿崩症;② 体液丢失过多,如发热、代谢增快,腹泻、呕吐、烧伤渗出期等。

2. 治疗因素 服用利尿药、催吐药、泻药等引起。

3. 情境因素 环境过热、过于干燥;因抑郁和疲乏不愿喝水;运动量大,出汗过多和补充不足。

4. 年龄因素 婴幼儿液体储存能力差,尿浓缩能力低下;老年人液体储存量减少,口渴感下降。

九、尿潴留

【定义】 个体处于膀胱不能完全排空的状态。

【诊断依据】

1. 主要依据

(1) 膀胱膨胀。

(2) 无排尿或间歇性地少量排尿。

2. 次要依据

（1）下腹胀痛或不适感。

（2）排尿后膀胱残尿达 100 mL 以上。

（3）排尿困难,尿滴沥。

【相关因素】 均与病理生理因素有关。

1. 排尿反射弧受抑制,如盆腔手术、脊髓疾病。

2. 膀胱以下机械性梗阻。

3. 膀胱功能障碍。

十、气体交换受损

【定义】 个体肺泡与微血管之间的氧和二氧化碳气体交换减少的状态。

【诊断依据】

1. 主要依据

（1）呼吸困难、烦躁不安、易激动、嗜睡。

（2）低氧血症、高碳酸血症、血氧饱和度下降。

2. 次要依据 慢性缺氧、二氧化碳潴留引起多脏器功能障碍。

（1）精神错乱、焦虑。

（2）呼吸急促、出现啰音。

（3）右心室负荷加重及衰竭体征,心律失常。

（4）胃肠排空时间延长。

（5）尿量减少,蛋白尿、氮质血症。

（6）肌无力、肌萎缩、疲乏无力等。

【相关因素】

1. 病理生理因素 肺组织有效换气面积减少;气道分泌物黏稠、增多;肺表面活性物质减少。

2. 治疗因素 气管插管引起呼吸道梗阻、吸氧浓度不适宜等。

3. 年龄因素 早产儿、新生儿吸入性肺炎、肺透明膜病。老年人肺顺应性下降、肺表面活性物质减少。

十一、低效性呼吸型态

【定义】 个体呼气、吸气活动过程中肺组织不能有效扩张和排空的状态。

【诊断依据】

1. 主要依据

（1）呼吸型态异常,如呼吸延长、噘嘴呼吸。

（2）脉搏频率、节律、性质异常。

2. 次要依据

（1）发绀,鼻翼扇动,端坐呼吸、三凹征。

（2）桶状胸,使用辅助呼吸机,肺活量下降。

【相关因素】

1. 病理生理因素　支气管阻塞、神经肌肉损伤、认知感知障碍性疾病。

2. 情境因素　疼痛、疲劳、焦虑、恐惧等。

3. 年龄因素　婴幼儿、新生儿胸廓发育不完善。老年人胸廓退行性变化。

十二、清理呼吸道无效

【定义】　个体不能清除呼吸道分泌物或阻塞物,使呼吸道不能保持通畅的状态。

【诊断依据】

1. 主要依据

（1）无效咳嗽或咳嗽无力。

（2）无力排除呼吸道分泌物或阻塞物。

2. 次要依据　呼吸型态异常(呼吸频率、节律、深度变化);烦躁不安、口唇发绀;异常呼吸音。

【相关因素】

1. 病理生理因素　呼吸系统感染;因疼痛咳嗽无效;神经系统疾病使咳嗽反射受抑制或感知、认知障碍。

2. 治疗因素　手术导致咳嗽无力或无效;麻醉药、镇静安眠药抑制咳嗽反射;医疗性限制卧床过久等。

3. 情境因素　过度疲劳、焦虑、恐惧、张口呼吸使分泌物黏稠或缺乏咳嗽知识。

4. 年龄因素　新生儿咳嗽反射低下。老年人活动少、反射迟钝、咳嗽无力。

十三、有误吸的危险

【定义】　个体处于有可能将分泌物或异物吸入气管、支气管的危险状态。

【诊断依据】　有导致个体误吸的危险因素存在。

【相关因素】

1. 意识障碍或咳嗽反射、吞咽反应迟钝。

2. 气管切开或气管插管等。

3. 贲门括约肌失常,胃内容物反流。

4. 面、口、颈部手术及外伤。

十四、有受伤的危险

【定义】 个体适应、防御能力降低时，在与环境相互作用中容易受到损伤的危险状态。

【诊断依据】 有引起个体适应力下降而受伤的危险因素存在。

【相关因素】

1. 个体内部因素 ① 病理生理因素：神经调节（感觉、运动和感知）功能障碍；组织缺氧；营养不良；免疫功能降低；血常规异常（血红蛋白降低，白细胞、红细胞减少，凝血因子、血小板减少等）；皮肤破损等。② 心理因素。③ 年龄因素：各年龄段的生理、心理、社会适应力有差异，存在受伤因素。

2. 外部环境因素 ① 生物因素：病原体及人群免疫力。② 化学因素：药品、毒素、污染物、防腐剂、美容染发剂及酒精、咖啡因、尼古丁等。③ 物理因素：房屋结构与布局、室内设施是否合理。④ 交通、运输方式。⑤ 医护人员及社会支持系统状态（人员素质、身心状态、医疗机构布局等）。

十五、有失用综合征的危险

【定义】 个体因治疗或其他原因，使肌肉、骨骼不能活动而引起身体各系统功能退化的危险状态。

【诊断依据】 有导致个体长时间不能活动的危险因素存在。失用综合征表现有：压疮，便秘，肺、泌尿道感染，尿潴留，静脉血栓形成，直立性低血压，肌力、肌张力减退，关节活动受限，定向力障碍及焦虑、沮丧心理反应等。

【相关因素】

1. 意识障碍或瘫痪。

2. 医嘱限制活动或肢体机械制动不能活动。

3. 剧烈疼痛等不适。

十六、口腔黏膜改变

【定义】 个体口腔黏膜受到破坏的状态。

【诊断依据】

1. 主要依据 口腔黏膜溃疡、疼痛或不适。

2. 次要依据 口腔黏膜充血、水肿，口腔炎、口臭、牙龈炎、唾液缺乏、口腔黏膜白斑、龋齿等。

【相关因素】

1. 病理生理因素 感染、脱水、营养不良等引起唾液减少性疾病。

2. 治疗因素　口腔手术、插管、义齿不合适;禁食超过 24 h;免疫抑制药物等。

3. 情境因素　酸性食物、有毒物质、酗酒、口腔不卫生、用口呼吸,缺乏口腔保健知识等。

十七、个体皮肤处于受损状态

【定义】　个体皮肤处于受损状态。

【诊断依据】

1. 病理生理因素　躯体感觉、活动障碍,循环障碍,营养不良或肥胖,体液过少或过多,外伤,过敏,色素沉着、皮肤弹性改变等。

2. 治疗因素　① 手术损伤、导管插入损伤等。② 射线损伤。

3. 情境因素　温度过高或过低(烧烫伤、冻伤);电击伤;日光晒伤;分泌物及排泄物刺激;潮湿;缺乏卫生保健知识和习惯;心理因素。

4. 年龄因素　① 婴幼儿尿布疹、湿疹等。② 老年人皮肤退化干燥、变薄、皮下组织萎缩易引起损伤。

十八、有皮肤完整性受损的危险

【定义】　个体皮肤处于可能受损的危险。

【诊断依据】　有致皮肤损害的危险因素存在。

【相关因素】

1. 个体因素　① 躯体感觉、活动障碍,循环不良,代谢率异常及营养障碍(消瘦或肥胖)。② 皮肤水肿、干燥、多汗,皮肤变薄或弹性降低,色素沉着等。③ 缺乏保持皮肤卫生的知识和习惯。

2. 环境因素　存在理化刺激因素及缺乏皮肤卫生的条件。

十九、躯体移动障碍

【定义】　个体独立移动躯体的能力受限制的状态。

【诊断依据】

1. 主要依据　不能自主地活动(床上活动,上、下床及室内活动等);强制性约束不能活动,如肢体制动、牵引、医嘱绝对卧床等。

2. 次要依据　肌肉萎缩,肌力、肌张力下降;协调、共济运动障碍;关节活动受限。

【相关因素】

1. 病理生理因素　神经肌肉收缩,肌肉、骨骼损伤。感知认知障碍,活动无耐力的疾病;疼痛不适。

2. 情境因素　抑郁、焦虑心理。

3. 年龄因素　老年人运动功能退行性变化使活动受限。

活动功能分级：

0 级　能完全独立的活动。

Ⅰ 级　需助行器械辅助活动。

Ⅱ 级　需他人帮助活动。

Ⅲ 级　既需助行器又需他人帮助活动。

Ⅳ 级　不能活动,完全依赖帮助。

二十、活动无耐力

【定义】　个体进行日常活动或希望活动时,生理耐受能力下降。

【诊断依据】

1. 主要依据

（1）活动后生理反应的改变　① 呼吸增快或呼吸困难。② 脉搏减弱、减慢、过快,节律改变或活动 3 min 后仍不能恢复常态。③ 血压降低或舒张压增高。④ 心电图有心律失常或心肌缺血的改变。

（2）主诉疲乏或虚弱无力。

2. 次要依据　面色苍白或发绀、发晕、精神恍惚。

【相关因素】

1. 病理生理因素　① 引起供血、供氧障碍的疾病,如各种心脏疾病、慢性阻塞性肺疾病、贫血等。② 慢性消耗性疾病、如肝、肾疾病,感染,肿瘤,营养不良等。

2. 治疗因素　外科手术,诊断性检查和治疗过于频繁等。

3. 情境因素　长期卧床;情绪抑郁;工作负荷过重,缺乏休息;大气压改变;气候异常等。

4. 年龄因素　老年人体质虚弱和活动能力降低。

二十一、睡眠型态紊乱

【定义】　个体由于睡眠的时间和(或)睡眠质量发生改变,以致无法满足其生理和精神的需要。

【诊断依据】

1. 主要依据　难以入睡或难以维持睡眠状态。

2. 次要依据　白天或清醒时感到疲乏、倦怠、眼圈发黑、情绪改变。儿童行为改变。

【相关因素】

1. 病理生理因素　① 某些呼吸、循环系统疾病。② 腹泻、尿失禁、尿频等。③ 神经系统疾病。

2. 治疗因素　受石膏、牵引限制不能移动;药物影响。

3. 情境因素　工作生活、学习的压力,影响正常生活规律:睡眠过多;环境的变化;妊娠所致不适等。

4. 年龄因素　儿童惧怕黑暗;妇女激素水平的改变。

二十二、进食自理缺陷

【定义】　个体因各种原因进食活动能力受损的状态。

【诊断依据】　个体不能将食物送入口腔。

【相关因素】

1. 病理生理因素　神经、肌肉、骨骼疾病;视力障碍性疾病等。

2. 治疗因素　进食活动受限制的治疗措施。

3. 情境因素　抑郁、焦虑等心理障碍;活动耐力下降。

4. 年龄因素　① 婴幼儿缺乏独立能力。② 老年人感知、认知及运动障碍。

二十三、沐浴和(或)卫生自理缺陷

【定义】　个体沐浴或清洁卫生活动能力受损的状态(沐浴、卫生自理活动受损程度参考活动功能分级标准)。

【诊断依据】

1. 主要依据　不能独自清洗全身或躯体某一部分。

2. 次要依据　不能得到水源;不能调节水温和流量。

【相关因素】　参见进食自理缺陷。

二十四、穿着和(或)修饰自理缺陷

【定义】　个体穿衣、修饰自理活动能力受损的状态(穿衣等自理活动受损程度参考活动功能分级标准)。

【诊断依据】

1. 主要依据　不能自己脱衣、穿衣。

2. 次要依据　不能系腰带、领带,不能扣衣扣;不能独立戴、摘装饰品;不能维持整洁的仪表。

【相关因素】　参见进食自理缺陷。

二十五、如厕自理缺陷

【定义】　个体处于完成自我如厕活动的能力降低的状态。

【诊断依据】 不能如厕或使用便盆;不能保持如厕卫生;不能在如厕前后脱穿裤子;不能完成如厕时蹲下或站起的动作。

【相关因素】 参见进食自理缺陷。

二十六、自我形象紊乱

【定义】 个体在感知自我身体形象方面受到干扰。

【诊断依据】

1. 主要依据 对存在的或感知到的身体结构或(和)功能的改变所表现的语言或非语言的消极反应,如羞辱感、窘迫感、内疚或厌恶。

2. 次要依据 对损伤的身体部分不看也不愿触摸;故意遮盖或过于暴露;有自伤行为;改变社交活动的参与等。

【相关因素】

1. 病理生理因素 ① 确有身体部分缺失或丧失功能。② 严重创伤致容貌改变或发育有缺陷。③ 认知或感受性发生障碍。

2. 治疗因素 手术、化疗、放疗引起身体结构或功能改变。

3. 情境因素 肥胖、妊娠、活动障碍等。

二十七、知识缺乏(特定的)

【定义】 个体缺乏特定的信息和技能,出现心理、认知能力受损的状态。

【诊断依据】 陈诉不懂或不理解有关知识及技能;不能正确执行医护措施;因知识缺乏有异常心理表现,如激动、敌视、冷漠、焦虑及粗暴行为等。

【相关因素】

1. 病理生理因素 缺乏疾病诊断、防治知识;疾病导致认知障碍。

2. 情境因素 认知水平障碍;缺乏信息资源;对信息理解不正确;文化、语言沟通障碍;缺乏学习兴趣和动机。

3. 年龄因素 儿童缺乏卫生、安全、自理、营养等知识。青年人缺乏安全、性知识及保持健康等知识。老年人缺乏识别早期疾病知识及老年保健等知识。

二十八、疼痛

【定义】 个人经受或有严重不舒服的感觉状态。

【诊断依据】

1. 主诉有疼痛不适感。

2. 有痛苦表情、强迫体位和防卫性宣泄行为表现。

3. 有自主神经反应,如血压升高、脉搏呼吸增快、瞳孔散大、出汗、肌肉紧张度增高等。

4. 有社交、思维改变。

【相关因素】

1. 病理生理因素　脏器疾病;骨骼、肌肉病变;血管疾病;肿瘤;炎症及损伤等。

2. 治疗因素　有创伤性诊疗措施(穿刺、插管、活检、手术等);治疗性局部受压(绷带、石膏等);限制性体位不适;分娩及经痛。

3. 情境因素　环境刺激物致物理性、化学性损伤;心理损伤因素亦可引起疼痛加剧。

二十九、焦虑

【定义】　个体因非特异的、不明确的因素引起的一种模糊不适感觉的状态。

【诊断依据】

1. 生理表现

(1) 主观表现　有失眠、疲劳、虚弱感及口干、肌肉紧张、疼痛(颈、背部尤为明显)、眩晕、感觉异常等。

(2) 客观表现　主要是交感神经兴奋症状如面色苍白、表情紧张、多动、声音颤抖及血压升高、心率加快、多汗、瞳孔散大、尿频等。

2. 心理表现

(1) 主观表现　抑郁、恐惧、神经质、控制力差、紧张不易放松。

(2) 客观表现　易激动、哭泣、抱怨、退缩、缺乏耐性和主动性。

3. 认知障碍　注意力不集中、思维混乱、健忘、不能面对现实。

【相关因素】

1. 病理生理因素　基本生理需要(空气、水、食物、休息、性、活动、排泄、避免疼痛)得不到满足的各种病理因素。

2. 治疗因素　创伤性检查,治疗手段对躯体的威胁;住院、隔离等生活环境改变的威胁。

3. 情境因素　自我概念,自尊受到威胁;死亡、离别威胁;搬家、退休、环境污染使安全受到威胁;角色功能和角色转换的威胁(晋升、失业、调换工作、降级)等。

4. 年龄因素　儿童与父母离别、学习压力、与伙伴关系、残废等。老年人躯体功能下降、退休、经济拮据等。

三十、恐惧

【定义】　个体对明确刺激因素产生的惧怕感。

【诊断依据】

1. 主要依据　有害怕、不安的感觉;有逃避行为,有集中注意威胁物行为。

2. **次要依据**　有攻击和退缩行为；有心身反应，如心搏、呼吸增快，血压升高，皮肤苍白或潮红、出汗，瞳孔散大，恶心、呕吐，大小便失禁，失眠、晕厥等。

【相关因素】

1. **病理生理因素**　躯体功能丧失；结构丧失；急性传染病等。

2. **治疗因素**　创伤性检查、治疗；手术、疼痛等刺激因素。

3. **情境因素**　因环境陌生、陌生人、失去亲人、事业失败、知识缺乏引起恐惧。

4. **年龄因素**　儿童对黑暗、陌生的人和环境害怕。成年人对婚姻、妊娠、竞争压力害怕。老年人对孤独、躯体功能丧失害怕。

附 录 四

《中华人民共和国护士管理条例》

（于 2008 年 1 月 23 日由国务院第 206 次常务会议通过，

自 2008 年 5 月 12 日起施行）

第一章 总 则

第一条 为了维护护士的合法权益，规范护理行为，促进护理事业发展，保障医疗安全和人体健康，制定本条例。

第二条 本条例所称护士，是指经执业注册取得护士执业证书，依照本条例规定从事护理活动，履行保护生命、减轻痛苦、增进健康职责的卫生技术人员。

第三条 护士人格尊严、人身安全不受侵犯。护士依法履行职责，受法律保护。全社会应当尊重护士。

第四条 国务院有关部门、县级以上地方人民政府及其有关部门以及乡（镇）人民政府应当采取措施，改善护士的工作条件，保障护士待遇，加强护士队伍建设，促进护理事业健康发展。

国务院有关部门和县级以上地方人民政府应当采取措施，鼓励护士到农村、基层医疗卫生机构工作。

第五条 国务院卫生主管部门负责全国的护士监督管理工作。

县级以上地方人民政府卫生主管部门负责本行政区域的护士监督管理工作。

第六条 国务院有关部门对在护理工作中做出杰出贡献的护士，应当授予全国卫生系统先进工作者荣誉称号或者颁发白求恩奖章，受到表彰、奖励的护士享受省部级劳动模范、先进工作者待遇；对长期从事护理工作的护士应当颁发荣誉证书。具体办法由国务院有关部门制定。

县级以上地方人民政府及其有关部门对本行政区域内做出突出贡献的护士，按照省、自治区、直辖市人民政府的有关规定给予表彰、奖励。

第二章 执 业 注 册

第七条 护士执业，应当经执业注册取得护士执业证书。

申请护士执业注册，应当具备下列条件：

（一）具有完全民事行为能力；

（二）在中等职业学校、高等学校完成国务院教育主管部门和国务院卫生主管部门规定的普通全日制3年以上的护理、助产专业课程学习，包括在教学、综合医院完成8个月以上护理临床实习，并取得相应学历证书；

（三）通过国务院卫生主管部门组织的护士执业资格考试；

（四）符合国务院卫生主管部门规定的健康标准。

护士执业注册申请，应当自通过护士执业资格考试之日起3年内提出；逾期提出申请的，除应当具备前款第（一）项、第（二）项和第（四）项规定条件外，还应当在符合国务院卫生主管部门规定条件的医疗卫生机构接受3个月临床护理培训并考核合格。

护士执业资格考试办法由国务院卫生主管部门会同国务院人事部门制定。

第八条　申请护士执业注册的，应当向拟执业地省、自治区、直辖市人民政府卫生主管部门提出申请。收到申请的卫生主管部门应当自收到申请之日起20个工作日内做出决定，对具备本条例规定条件的，准予注册，并发给护士执业证书；对不具备本条例规定条件的，不予注册，并书面说明理由。

护士执业注册有效期为5年。

第九条　护士在其执业注册有效期内变更执业地点的，应当向拟执业地省、自治区、直辖市人民政府卫生主管部门报告。收到报告的卫生主管部门应当自收到报告之日起7个工作日内为其办理变更手续。护士跨省、自治区、直辖市变更执业地点的，收到报告的卫生主管部门还应当向其原执业地省、自治区、直辖市人民政府卫生主管部门通报。

第十条　护士执业注册有效期届满需要继续执业的，应当在护士执业注册有效期届满前30日向执业地省、自治区、直辖市人民政府卫生主管部门申请延续注册。收到申请的卫生主管部门对具备本条例规定条件的，准予延续，延续执业注册有效期为5年；对不具备本条例规定条件的，不予延续，并书面说明理由。

护士有行政许可法规定的应当予以注销执业注册情形的，原注册部门应当依照行政许可法的规定注销其执业注册。

第十一条　县级以上地方人民政府卫生主管部门应当建立本行政区域的护士执业良好记录和不良记录，并将该记录记入护士执业信息系统。

护士执业良好记录包括护士受到的表彰、奖励以及完成政府指令性任务的情况等内容。护士执业不良记录包括护士因违反本条例以及其他卫生管理法律、法规、规章或者诊疗技术规范的规定受到行政处罚、处分的情况等内容。

第三章　权利和义务

第十二条　护士执业，有按照国家有关规定获取工资报酬、享受福利待遇、参加社会保险的权利。任何单位或者个人不得克扣护士工资，降低或者取消护士福利等待遇。

第十三条　护士执业，有获得与其所从事的护理工作相适应的卫生防护、医疗保健服务的权利。从事直接接触有毒有害物质、有感染传染病危险工作的护士，有依照有关法律、行政法规的规定接受职业健康监护的权利；患职业病的，有依照有关法律、行政法规的规定获得赔偿的权利。

第十四条　护士有按照国家有关规定获得与本人业务能力和学术水平相应的专业技术职务、职称的权利；有参加专业培训、从事学术研究和交流、参加行业协会和专业学术团体的权利。

第十五条　护士有获得疾病诊疗、护理相关信息的权利和其他与履行护理职责相关的权利，可以对医疗卫生机构和卫生主管部门的工作提出意见和建议。

第十六条　护士执业，应当遵守法律、法规、规章和诊疗技术规范的规定。

第十七条　护士在执业活动中，发现患者病情危急，应当立即通知医师；在紧急情况下为抢救垂危患者生命，应当先行实施必要的紧急救护。

护士发现医嘱违反法律、法规、规章或者诊疗技术规范规定的，应当及时向开具医嘱的医师提出；必要时，应当向该医师所在科室的负责人或者医疗卫生机构负责医疗服务管理的人员报告。

第十八条　护士应当尊重、关心、爱护患者，保护患者的隐私。

第十九条　护士有义务参与公共卫生和疾病预防控制工作。发生自然灾害、公共卫生事件等严重威胁公众生命健康的突发事件，护士应当服从县级以上人民政府卫生主管部门或者所在医疗卫生机构的安排，参加医疗救护。

第四章　医疗卫生机构的职责

第二十条　医疗卫生机构配备护士的数量不得低于国务院卫生主管部门规定的护士配备标准。

第二十一条　医疗卫生机构不得允许下列人员在本机构从事诊疗技术规范规定的护理活动：

（一）未取得护士执业证书的人员；

（二）未依照本条例第九条的规定办理执业地点变更手续的护士；

（三）护士执业注册有效期届满未延续执业注册的护士。

在教学、综合医院进行护理临床实习的人员应当在护士指导下开展有关工作。

第二十二条　医疗卫生机构应当为护士提供卫生防护用品，并采取有效的卫生防护措施和医疗保健措施。

第二十三条　医疗卫生机构应当执行国家有关工资、福利待遇等规定，按照国家有关规定为在本机构从事护理工作的护士足额缴纳社会保险费用,保障护士的合法权益。

对在艰苦边远地区工作,或者从事直接接触有毒有害物质、有感染传染病危险工作的护士,所在医疗卫生机构应当按照国家有关规定给予津贴。

第二十四条　医疗卫生机构应当制定、实施本机构护士在职培训计划,并保证护士接受培训。

护士培训应当注重新知识、新技术的应用;根据临床专科护理发展和专科护理岗位的需要,开展对护士的专科护理培训。

第二十五条　医疗卫生机构应当按照国务院卫生主管部门的规定,设置专门机构或者配备专(兼)职人员负责护理管理工作。

第二十六条　医疗卫生机构应当建立护士岗位责任制并进行监督检查。

护士因不履行职责或者违反职业道德受到投诉的,其所在医疗卫生机构应当进行调查。经查证属实的,医疗卫生机构应当对护士做出处理,并将调查处理情况告知投诉人。

第五章　法律责任

第二十七条　卫生主管部门的工作人员未依照本条例规定履行职责,在护士监督管理工作中滥用职权、徇私舞弊,或者有其他失职、渎职行为的,依法给予处分;构成犯罪的,依法追究刑事责任。

第二十八条　医疗卫生机构有下列情形之一的,由县级以上地方人民政府卫生主管部门依据职责分工责令限期改正,给予警告;逾期不改正的,根据国务院卫生主管部门规定的护士配备标准和在医疗卫生机构合法执业的护士数量核减其诊疗科目,或者暂停其6个月以上1年以下执业活动;国家举办的医疗卫生机构有下列情形之一、情节严重的,还应当对负有责任的主管人员和其他直接责任人员依法给予处分:

(一)违反本条例规定,护士的配备数量低于国务院卫生主管部门规定的护士配备标准的;

(二)允许未取得护士执业证书的人员或者允许未依照本条例规定办理执业地点变更手续、延续执业注册有效期的护士在本机构从事诊疗技术规范规定的护理活动的。

第二十九条　医疗卫生机构有下列情形之一的,依照有关法律、行政法规的规定给予处罚;国家举办的医疗卫生机构有下列情形之一、情节严重的,还应当对负有责任的主管人员和其他直接责任人员依法给予处分:

(一)未执行国家有关工资、福利待遇等规定的;

（二）对在本机构从事护理工作的护士，未按照国家有关规定足额缴纳社会保险费用的；

（三）未为护士提供卫生防护用品，或者未采取有效的卫生防护措施、医疗保健措施的；

（四）对在艰苦边远地区工作，或者从事直接接触有毒有害物质、有感染传染病危险工作的护士，未按照国家有关规定给予津贴的。

第三十条　医疗卫生机构有下列情形之一的，由县级以上地方人民政府卫生主管部门依据职责分工责令限期改正，给予警告：

（一）未制定、实施本机构护士在职培训计划或者未保证护士接受培训的；

（二）未依照本条例规定履行护士管理职责的。

第三十一条　护士在执业活动中有下列情形之一的，由县级以上地方人民政府卫生主管部门依据职责分工责令改正，给予警告；情节严重的，暂停其 6 个月以上 1 年以下执业活动，直至由原发证部门吊销其护士执业证书：

（一）发现患者病情危急未立即通知医师的；

（二）发现医嘱违反法律、法规、规章或者诊疗技术规范的规定，未依照本条例第十七条的规定提出或者报告的；

（三）泄露患者隐私的；

（四）发生自然灾害、公共卫生事件等严重威胁公众生命健康的突发事件，不服从安排参加医疗救护的。

护士在执业活动中造成医疗事故的，依照医疗事故处理的有关规定承担法律责任。

第三十二条　护士被吊销执业证书的，自执业证书被吊销之日起 2 年内不得申请执业注册。

第三十三条　扰乱医疗秩序，阻碍护士依法开展执业活动，侮辱、威胁、殴打护士，或者有其他侵犯护士合法权益行为的，由公安机关依照治安管理处罚法的规定给予处罚；构成犯罪的，依法追究刑事责任。

第六章　附　　则

第三十四条　本条例施行前按照国家有关规定已经取得护士执业证书或者护理专业技术职称、从事护理活动的人员，经执业地省、自治区、直辖市人民政府卫生主管部门审核合格，换领护士执业证书。

本条例施行前，尚未达到护士配备标准的医疗卫生机构，应当按照国务院卫生主管部门规定的实施步骤，自本条例施行之日起 3 年内达到护士配备标准。

第三十五条　本条例自 2008 年 5 月 12 日起施行。

附　录　五

《医疗事故处理条例》

（于 2002 年 2 月 20 日由国务院第 55 次常务会议通过，
于 2002 年 9 月 1 日起公布施行）

第一章　总　　则

第一条　为了正确处理医疗事故，保护患者和医疗机构及其医务人员的合法权益，维护医疗秩序，保障医疗安全，促进医学科学的发展，制定本条例。

第二条　本条例所称医疗事故，是指医疗机构及其医务人员在医疗活动中，违反医疗卫生管理法律、行政法规、部门规章和诊疗护理规范、常规，过失造成患者人身损害的事故。

第三条　处理医疗事故，应当遵循公开、公平、公正、及时、便民的原则，坚持实事求是的科学态度，做到事实清楚、定性准确、责任明确、处理恰当。

第四条　根据对患者人身造成的损害程度，医疗事故分为四级：

一级医疗事故：造成患者死亡、重度残疾的；

二级医疗事故：造成患者中度残疾、器官组织损伤导致严重功能障碍的；

三级医疗事故：造成患者轻度残疾、器官组织损伤导致一般功能障碍的；

四级医疗事故：造成患者明显人身损害的其他后果的。

具体分级标准由国务院卫生行政部门制定。

第二章　医疗事故的预防与处置

第五条　医疗机构及其医务人员在医疗活动中，必须严格遵守医疗卫生管理法律、行政法规、部门规章和诊疗护理规范、常规，恪守医疗服务职业道德。

第六条　医疗机构应当对其医务人员进行医疗卫生管理法律、行政法规、部门规章和诊疗护理规范、常规的培训和医疗服务职业道德教育。

第七条　医疗机构应当设置医疗服务质量监控部门或者配备专（兼）职人员，具体负责监督本医疗机构的医务人员的医疗服务工作，检查医务人员执业情况，接受患者对医疗服务的投诉，向其提供咨询服务。

第八条　医疗机构应当按照国务院卫生行政部门规定的要求，书写并妥善保管病历资料。因抢救急危患者，未能及时书写病历的，有关医务人员应当在抢救结束后

6 h内据实补记,并加以注明。

第九条　严禁涂改、伪造、隐匿、销毁或者抢夺病历资料。

第十条　患者有权复印或者复制其门诊病历、住院志、体温单、医嘱单、化验单(检验报告)、医学影像检查资料、特殊检查同意书、手术同意书、手术及麻醉记录单、病理资料、护理记录以及国务院卫生行政部门规定的其他病历资料。

患者依照前款规定要求复印或者复制病历资料的,医疗机构应当提供复印或者复制服务并在复印或者复制的病历资料上加盖证明印记。复印或者复制病历资料时,应当有患者在场。

医疗机构应患者的要求,为其复印或者复制病历资料,可以按照规定收取工本费。具体收费标准由省、自治区、直辖市人民政府价格主管部门会同同级卫生行政部门规定。

第十一条　在医疗活动中,医疗机构及其医务人员应当将患者的病情、医疗措施、医疗风险等如实告知患者,及时解答其咨询;但是,应当避免对患者产生不利后果。

第十二条　医疗机构应当制定防范、处理医疗事故的预案,预防医疗事故的发生,减轻医疗事故的损害。

第十三条　医务人员在医疗活动中发生或者发现医疗事故、可能引起医疗事故的医疗过失行为或者发生医疗事故争议的,应当立即向所在科室负责人报告,科室负责人应当及时向本医疗机构负责医疗服务质量监控的部门或者专(兼)职人员报告;负责医疗服务质量监控的部门或者专(兼)职人员接到报告后,应当立即进行调查、核实,将有关情况如实向本医疗机构的负责人报告,并向患者通报、解释。

第十四条　发生医疗事故的,医疗机构应当按照规定向所在地卫生行政部门报告。

发生下列重大医疗过失行为的,医疗机构应当在12小时内向所在地卫生行政部门报告:

(一)导致患者死亡或者可能为二级以上的医疗事故;

(二)导致3人以上人身损害后果;

(三)国务院卫生行政部门和省、自治区、直辖市人民政府卫生行政部门规定的其他情形。

第十五条　发生或者发现医疗过失行为,医疗机构及其医务人员应当立即采取有效措施,避免或者减轻对患者身体健康的损害,防止损害扩大。

第十六条　发生医疗事故争议时,死亡病例讨论记录、疑难病例讨论记录、上级医师查房记录、会诊意见、病程记录应当在医患双方在场的情况下封存和启封。封存的病历资料可以是复印件,由医疗机构保管。

第十七条　疑似输液、输血、注射、药物等引起不良后果的,医患双方应当共同对现场实物进行封存和启封,封存的现场实物由医疗机构保管;需要检验的,应当由双方共同指定的、依法具有检验资格的检验机构进行检验;双方无法共同指定时,由卫生行政部门指定。

疑似输血引起不良后果,需要对血液进行封存保留的,医疗机构应当通知提供该血液的采供血机构派员到场。

第十八条　患者死亡,医患双方当事人不能确定死因或者对死因有异议的,应当在患者死亡后48小时内进行尸检;具备尸体冻存条件的,可以延长至7日。尸检应当经死者近亲属同意并签字。

尸检应当由按照国家有关规定取得相应资格的机构和病理解剖专业技术人员进行。承担尸检任务的机构和病理解剖专业技术人员有进行尸检的义务。

医疗事故争议双方当事人可以请法医病理学人员参加尸检,也可以委派代表观察尸检过程。拒绝或者拖延尸检,超过规定时间,影响对死因判定的,由拒绝或者拖延的一方承担责任。

第十九条　患者在医疗机构内死亡的,尸体应当立即移放太平间。死者尸体存放时间一般不得超过2周。逾期不处理的尸体,经医疗机构所在地卫生行政部门批准,并报经同级公安部门备案后,由医疗机构按照规定进行处理。

第三章　医疗事故的技术鉴定

第二十条　卫生行政部门接到医疗机构关于重大医疗过失行为的报告或者医疗事故争议当事人要求处理医疗事故争议的申请后,对需要进行医疗事故技术鉴定的,应当交由负责医疗事故技术鉴定工作的医学会组织鉴定;医患双方协商解决医疗事故争议,需要进行医疗事故技术鉴定的,由双方当事人共同委托负责医疗事故技术鉴定工作的医学会组织鉴定。

第二十一条　设区的市级地方医学会和省、自治区、直辖市直接管辖的县(市)地方医学会负责组织首次医疗事故技术鉴定工作。省、自治区、直辖市地方医学会负责组织再次鉴定工作。必要时,中华医学会可以组织疑难、复杂并在全国有重大影响的医疗事故争议的技术鉴定工作。

第二十二条　当事人对首次医疗事故技术鉴定结论不服的,可以自收到首次鉴定结论之日起15日内向医疗机构所在地卫生行政部门提出再次鉴定的申请。

第二十三条　负责组织医疗事故技术鉴定工作的医学会应当建立专家库。

专家库由具备下列条件的医疗卫生专业技术人员组成:

(一)有良好的业务素质和执业品德;

(二)受聘于医疗卫生机构或者医学教学、科研机构并担任相应专业高级技术职务 3 年以上。符合前款第(一)项规定条件并具备高级技术任职资格的法医可以受聘进入专家库。

负责组织医疗事故技术鉴定工作的医学会依照本条例规定聘请医疗卫生专业技术人员和法医进入专家库,可以不受行政区域的限制。

第二十四条 医疗事故技术鉴定,由负责组织医疗事故技术鉴定工作的医学会组织专家鉴定组进行。

参加医疗事故技术鉴定的相关专业的专家,由医患双方在医学会主持下从专家库中随机抽取。在特殊情况下,医学会根据医疗事故技术鉴定工作的需要,可以组织医患双方在其他医学会建立的专家库中随机抽取相关专业的专家参加鉴定或者函件咨询。

符合本条例第二十三条规定条件的医疗卫生专业技术人员和法医有义务受聘进入专家库,并承担医疗事故技术鉴定工作。

第二十五条 专家鉴定组进行医疗事故技术鉴定,实行合议制。专家鉴定组人数为单数,涉及的主要学科的专家一般不得少于鉴定组成员的二分之一;涉及死因、伤残等级鉴定的,并应当从专家库中随机抽取法医参加专家鉴定组。

第二十六条 专家鉴定组成员有下列情形之一的,应当回避,当事人也可以以口头或者书面的方式申请其回避:

(一)是医疗事故争议当事人或者当事人的近亲属的;

(二)与医疗事故争议有利害关系的;

(三)与医疗事故争议当事人有其他关系,可能影响公正鉴定的。

第二十七条 专家鉴定组依照医疗卫生管理法律、行政法规、部门规章和诊疗护理规范、常规,运用医学科学原理和专业知识,独立进行医疗事故技术鉴定,对医疗事故进行鉴别和判定,为处理医疗事故争议提供医学依据。

任何单位或者个人不得干扰医疗事故技术鉴定工作,不得威胁、利诱、辱骂、殴打专家鉴定组成员。

专家鉴定组成员不得接受双方当事人的财物或者其他利益。

第二十八条 负责组织医疗事故技术鉴定工作的医学会应当自受理医疗事故技术鉴定之日起 5 日内通知医疗事故争议双方当事人提交进行医疗事故技术鉴定所需的材料。

当事人应当自收到医学会的通知之日起 10 日内提交有关医疗事故技术鉴定的材料、书面陈述及答辩。医疗机构提交的有关医疗事故技术鉴定的材料应当包括下列内容:

(一)住院患者的病程记录、死亡病例讨论记录、疑难病例讨论记录、会诊意见、上级医师查房记录等病历资料原件;

（二）住院患者的住院志、体温单、医嘱单、化验单（检验报告）、医学影像检查资料、特殊检查同意书、手术同意书、手术及麻醉记录单、病理资料、护理记录等病历资料原件；

（三）抢救急危患者，在规定时间内补记的病历资料原件；

（四）封存保留的输液、注射用物品和血液、药物等实物，或者依法具有检验资格的检验机构对这些物品、实物做出的检验报告；

（五）与医疗事故技术鉴定有关的其他材料。

在医疗机构建有病历档案的门诊、急诊患者，其病历资料由医疗机构提供；没有在医疗机构建立病历档案的，由患者提供。

医患双方应当依照本条例的规定提交相关材料。医疗机构无正当理由未依照本条例的规定如实提供相关材料，导致医疗事故技术鉴定不能进行的，应当承担责任。

第二十九条　负责组织医疗事故技术鉴定工作的医学会应当自接到当事人提交的有关医疗事故技术鉴定的材料、书面陈述及答辩之日起 45 日内组织鉴定并出具医疗事故技术鉴定书。负责组织医疗事故技术鉴定工作的医学会可以向双方当事人调查取证。

第三十条　专家鉴定组应当认真审查双方当事人提交的材料，听取双方当事人的陈述及答辩并进行核实。

双方当事人应当按照本条例的规定如实提交进行医疗事故技术鉴定所需要的材料，并积极配合调查。当事人任何一方不予配合，影响医疗事故技术鉴定的，由不予配合的一方承担责任。

第三十一条　专家鉴定组应当在事实清楚、证据确凿的基础上，综合分析患者的病情和个体差异，作出鉴定结论，并制作医疗事故技术鉴定书。鉴定结论以专家鉴定组成员的过半数通过。鉴定过程应当如实记载。

医疗事故技术鉴定书应当包括下列主要内容：

（一）双方当事人的基本情况及要求；

（二）当事人提交的材料和负责组织医疗事故技术鉴定工作的医学会的调查材料；

（三）对鉴定过程的说明；

（四）医疗行为是否违反医疗卫生管理法律、行政法规、部门规章和诊疗护理规范、常规；

（五）医疗过失行为与人身损害后果之间是否存在因果关系；

（六）医疗过失行为在医疗事故损害后果中的责任程度；

（七）医疗事故等级；

（八）对医疗事故患者的医疗护理医学建议。

第三十二条　医疗事故技术鉴定办法由国务院卫生行政部门制定。

第三十三条　有下列情形之一的,不属于医疗事故:

（一）在紧急情况下为抢救垂危患者生命而采取紧急医学措施造成不良后果的;

（二）在医疗活动中由于患者病情异常或者患者体质特殊而发生医疗意外的;

（三）在现有医学科学技术条件下,发生无法预料或者不能防范的不良后果的;

（四）无过错输血感染造成不良后果的;

（五）因患方原因延误诊疗导致不良后果的;

（六）因不可抗力造成不良后果的。

第三十四条　医疗事故技术鉴定,可以收取鉴定费用。经鉴定,属于医疗事故的,鉴定费用由医疗机构支付;不属于医疗事故的,鉴定费用由提出医疗事故处理申请的一方支付。鉴定费用标准由省、自治区、直辖市人民政府价格主管部门会同同级财政部门、卫生行政部门规定。

第四章　医疗事故的行政处理与监督

第三十五条　卫生行政部门应当依照本条例和有关法律、行政法规、部门规章的规定,对发生医疗事故的医疗机构和医务人员做出行政处理。

第三十六条　卫生行政部门接到医疗机构关于重大医疗过失行为的报告后,除责令医疗机构及时采取必要的医疗救治措施,防止损害后果扩大外,应当组织调查,判定是否属于医疗事故;对不能判定是否属于医疗事故的,应当依照本条例的有关规定交由负责医疗事故技术鉴定工作的医学会组织鉴定。

第三十七条　发生医疗事故争议,当事人申请卫生行政部门处理的,应当提出书面申请。申请书应当载明申请人的基本情况、有关事实、具体请求及理由等。

当事人自知道或者应当知道其身体健康受到损害之日起1年内,可以向卫生行政部门提出医疗事故争议处理申请。

第三十八条　发生医疗事故争议,当事人申请卫生行政部门处理的,由医疗机构所在地的县级人民政府卫生行政部门受理。医疗机构所在地是直辖市的,由医疗机构所在地的区、县人民政府卫生行政部门受理。

有下列情形之一的,县级人民政府卫生行政部门应当自接到医疗机构的报告或者当事人提出医疗事故争议处理申请之日起7日内移送上一级人民政府卫生行政部门处理:

（一）患者死亡;

（二）可能为二级以上的医疗事故;

（三）国务院卫生行政部门和省、自治区、直辖市人民政府卫生行政部门规定的其他情形。

第三十九条　卫生行政部门应当自收到医疗事故争议处理申请之日起 10 日内进行审查，做出是否受理的决定。对符合本条例规定，予以受理，需要进行医疗事故技术鉴定的，应当自做出受理决定之日起 5 日内将有关材料交由负责医疗事故技术鉴定工作的医学会组织鉴定并书面通知申请人；对不符合本条例规定，不予受理的，应当书面通知申请人并说明理由。当事人对首次医疗事故技术鉴定结论有异议，申请再次鉴定的，卫生行政部门应当自收到申请之日起 7 日内交由省、自治区、直辖市地方医学会组织再次鉴定。

第四十条　当事人既向卫生行政部门提出医疗事故争议处理申请，又向人民法院提起诉讼的，卫生行政部门不予受理；卫生行政部门已经受理的，应当终止处理。

第四十一条　卫生行政部门收到负责组织医疗事故技术鉴定工作的医学会出具的医疗事故技术鉴定书后，应当对参加鉴定的人员资格和专业类别、鉴定程序进行审核；必要时，可以组织调查，听取医疗事故争议双方当事人的意见。

第四十二条　卫生行政部门经审核，对符合本条例规定做出的医疗事故技术鉴定结论，应当作为对发生医疗事故的医疗机构和医务人员做出行政处理以及进行医疗事故赔偿调解的依据；经审核，发现医疗事故技术鉴定不符合本条例规定的，应当要求重新鉴定。

第四十三条　医疗事故争议由双方当事人自行协商解决的，医疗机构应当自协商解决之日起 7 日内向所在地卫生行政部门做出书面报告，并附具协议书。

第四十四条　医疗事故争议经人民法院调解或者判决解决的，医疗机构应当自收到生效的人民法院的调解书或者判决书之日起 7 日内向所在地卫生行政部门做出书面报告，并附具调解书或者判决书。

第四十五条　县级以上地方人民政府卫生行政部门应当按照规定逐级将当地发生的医疗事故以及依法对发生医疗事故的医疗机构和医务人员做出行政处理的情况，上报国务院卫生行政部门。

第五章　医疗事故的赔偿

第四十六条　发生医疗事故的赔偿等民事责任争议，医患双方可以协商解决；不愿意协商或者协商不成的，当事人可以向卫生行政部门提出调解申请，也可以直接向人民法院提起民事诉讼。

第四十七条　双方当事人协商解决医疗事故的赔偿等民事责任争议的，应当制作协议书。协议书应当载明双方当事人的基本情况和医疗事故的原因、双方当事人共同认定的医疗事故等级以及协商确定的赔偿数额等，并由双方当事人在协议书上签名。

第四十八条　已确定为医疗事故的,卫生行政部门应医疗事故争议双方当事人请求,可以进行医疗事故赔偿调解。调解时,应当遵循当事人双方自愿原则,并应当依据本条例的规定计算赔偿数额。

经调解,双方当事人就赔偿数额达成协议的,制作调解书,双方当事人应当履行;调解不成或者经调解达成协议后一方反悔的,卫生行政部门不再调解。

第四十九条　医疗事故赔偿,应当考虑下列因素,确定具体赔偿数额:

(一)医疗事故等级;

(二)医疗过失行为在医疗事故损害后果中的责任程度;

(三)医疗事故损害后果与患者原有疾病状况之间的关系。

不属于医疗事故的,医疗机构不承担赔偿责任。

第五十条　医疗事故赔偿,按照下列项目和标准计算:

(一)医疗费:按照医疗事故对患者造成的人身损害进行治疗所发生的医疗费用计算,凭据支付,但不包括原发病医疗费用。结案后确实需要继续治疗的,按照基本医疗费用支付。

(二)误工费:患者有固定收入的,按照本人因误工减少的固定收入计算,对收入高于医疗事故发生地上一年度职工年平均工资3倍以上的,按照3倍计算;无固定收入的,按照医疗事故发生地上一年度职工年平均工资计算。

(三)住院伙食补助费:按照医疗事故发生地国家机关一般工作人员的出差伙食补助标准计算。

(四)陪护费:患者住院期间需要专人陪护的,按照医疗事故发生地上一年度职工年平均工资计算。

(五)残疾生活补助费:根据伤残等级,按照医疗事故发生地居民年平均生活费计算,自定残之月起最长赔偿30年;但是,60周岁以上的,不超过15年;70周岁以上的,不超过5年。

(六)残疾用具费:因残疾需要配置补偿功能器具的,凭医疗机构证明,按照普及型器具的费用计算。

(七)丧葬费:按照医疗事故发生地规定的丧葬费补助标准计算。

(八)被扶养人生活费:以死者生前或者残疾者丧失劳动能力前实际扶养且没有劳动能力的人为限,按照其户籍所在地或者居所地居民最低生活保障标准计算。对不满16周岁的,扶养到16周岁。对年满16周岁但无劳动能力的,扶养20年;但是,60周岁以上的,不超过15年;70周岁以上的,不超过5年。

(九)交通费:按照患者实际必需的交通费用计算,凭据支付。

(十)住宿费:按照医疗事故发生地国家机关一般工作人员的出差住宿补助标准计算,凭据支付。

（十一）精神损害抚慰金：按照医疗事故发生地居民年平均生活费计算。造成患者死亡的，赔偿年限最长不超过6年；造成患者残疾的，赔偿年限最长不超过3年。

第五十一条　参加医疗事故处理的患者近亲属所需交通费、误工费、住宿费，参照本条例第五十条的有关规定计算，计算费用的人数不超过2人。

医疗事故造成患者死亡的，参加丧葬活动的患者的配偶和直系亲属所需交通费、误工费、住宿费，参照本条例第五十条的有关规定计算，计算费用的人数不超过2人。

第五十二条　医疗事故赔偿费用，实行一次性结算，由承担医疗事故责任的医疗机构支付。

第六章　罚　则

第五十三条　卫生行政部门的工作人员在处理医疗事故过程中违反本条例的规定，利用职务上的便利收受他人财物或者其他利益，滥用职权，玩忽职守，或者发现违法行为不予查处，造成严重后果的，依照刑法关于受贿罪、滥用职权罪、玩忽职守罪或者其他有关罪的规定，依法追究刑事责任；尚不够刑事处罚的，依法给予降级或者撤职的行政处分。

第五十四条　卫生行政部门违反本条例的规定，有下列情形之一的，由上级卫生行政部门给予警告并责令限期改正；情节严重的，对负有责任的主管人员和其他直接责任人员依法给予行政处分：

（一）接到医疗机构关于重大医疗过失行为的报告后，未及时组织调查的；

（二）接到医疗事故争议处理申请后，未在规定时间内审查或者移送上一级人民政府卫生行政部门处理的；

（三）未将应当进行医疗事故技术鉴定的重大医疗过失行为或者医疗事故争议移交医学会组织鉴定的；

（四）未按照规定逐级将当地发生的医疗事故以及依法对发生医疗事故的医疗机构和医务人员的行政处理情况上报的；

（五）未依照本条例规定审核医疗事故技术鉴定书的。

第五十五条　医疗机构发生医疗事故的，由卫生行政部门根据医疗事故等级和情节，给予警告；情节严重的，责令限期停业整顿直至由原发证部门吊销执业许可证，对负有责任的医务人员依照刑法关于医疗事故罪的规定，依法追究刑事责任；尚不够刑事处罚的，依法给予行政处分或者纪律处分。

对发生医疗事故的有关医务人员，除依照前款处罚外，卫生行政部门并可以责令暂停6个月以上1年以下执业活动；情节严重的，吊销其执业证书。

第五十六条　医疗机构违反本条例的规定，有下列情形之一的，由卫生行政部门责令改正；情节严重的，对负有责任的主管人员和其他直接责任人员依法给予行政处分或者纪律处分：

（一）未如实告知患者病情、医疗措施和医疗风险的；

（二）没有正当理由，拒绝为患者提供复印或者复制病历资料服务的；

（三）未按照国务院卫生行政部门规定的要求书写和妥善保管病历资料的；

（四）未在规定时间内补记抢救工作病历内容的；

（五）未按照本条例的规定封存、保管和启封病历资料和实物的；

（六）未设置医疗服务质量监控部门或者配备专（兼）职人员的；

（七）未制定有关医疗事故防范和处理预案的；

（八）未在规定时间内向卫生行政部门报告重大医疗过失行为的；

（九）未按照本条例的规定向卫生行政部门报告医疗事故的；

（十）未按照规定进行尸检和保存、处理尸体的。

第五十七条 参加医疗事故技术鉴定工作的人员违反本条例的规定，接受申请鉴定双方或者一方当事人的财物或者其他利益，出具虚假医疗事故技术鉴定书，造成严重后果的，依照刑法关于受贿罪的规定，依法追究刑事责任；尚不够刑事处罚的，由原发证部门吊销其执业证书或者资格证书。

第五十八条 医疗机构或者其他有关机构违反本条例的规定，有下列情形之一的，由卫生行政部门责令改正，给予警告；对负有责任的主管人员和其他直接责任人员依法给予行政处分或者纪律处分；情节严重的，由原发证部门吊销其执业证书或者资格证书：

（一）承担尸检任务的机构没有正当理由，拒绝进行尸检的；

（二）涂改、伪造、隐匿、销毁病历资料的。

第五十九条 以医疗事故为由，寻衅滋事、抢夺病历资料，扰乱医疗机构正常医疗秩序和医疗事故技术鉴定工作，依照刑法关于扰乱社会秩序罪的规定，依法追究刑事责任；尚不够刑事处罚的，依法给予治安管理处罚。

第七章 附 则

第六十条 本条例所称医疗机构，是指依照《医疗机构管理条例》的规定取得《医疗机构执业许可证》的机构。

县级以上城市从事计划生育技术服务的机构依照《计划生育技术服务管理条例》的规定开展与计划生育有关的临床医疗服务，发生的计划生育技术服务事故，依照本条例的有关规定处理；但是，其中不属于医疗机构的县级以上城市从事计划生育技术服务的机构发生的计划生育技术服务事故，由计划生育行政部门行使依照本条例有关规定由卫生行政部门承担的受理、交由负责医疗事故技术鉴定工作的医学会组织鉴定和赔偿调解的职能；对发生计划生育技术服务事故的该机构及其有关责任人员，依法进行处理。

第六十一条　非法行医,造成患者人身损害,不属于医疗事故,触犯刑律的,依法追究刑事责任;有关赔偿,由受害人直接向人民法院提起诉讼。

第六十二条　军队医疗机构的医疗事故处理办法,由中国人民解放军卫生主管部门会同国务院卫生行政部门依据本条例制定。

第六十三条　本条例自 2002 年 9 月 1 日起施行。1987 年 6 月 29 日国务院发布的《医疗事故处理办法》同时废止。本条例施行前已经处理结案的医疗事故争议,不再重新处理。

附 录 六

自测题参考答案

第一章

1. B 2. D 3. D 4. C 5. C 6. B 7. C 8. E 9. D 10. D 11. A

12. B

第二章

1. B 2. E 3. C 4. A 5. A 6. D 7. C

第三章

1. D 2. C 3. C 4. A 5. A 6. E 7. D 8. E 9. B 10. A 11. C

12. C 13. A

第四章

1. B 2. E 3. B 4. C 5. A 6. C 7. B 8. E 9. D 10. C 11. A

12. A 13. C

第五章

1. B 2. C 3. B 4. B 5. D 6. C 7. C 8. A 9. C 10. C 11. A

12. C

第六章

1. D 2. C 3. D 4. B 5. C 6. A 7. A 8. A 9. C 10. D

第七章

1. A 2. C 3. D 4. A 5. D 6. E 7. B 8. E 9. C 10. D 11. E

12. A 13. B 14. B 15. B 16. D

第八章

1. C 2. E 3. C 4. B 5. C 6. B 7. C 8. B 9. B 10. C 11. B

12. C 13. E 14. C

第九章

1. E 2. C 3. E 4. D 5. D 6. B 7. C 8. B 9. E 10. B

第十章

1. B 2. E 3. B 4. D 5. A 6. E 7. C 8. B 9. D 10. E 11. B

12. A 13. D 14. A

参 考 文 献

［1］李晓松,章晓幸.护理学导论.4 版.北京:人民卫生出版社,2018.

［2］李小妹,冯先琼.护理学导论.5 版.北京:人民卫生出版社,2022.

［3］李丽娟,邢爱红.护理学导论.北京:高等教育出版社,2015.

［4］杨新月.护理学导论.2 版.北京:高等教育出版社,2015.

［5］杨辉,颜琬华.护理学导论.2 版.北京:北京大学医学出版社,2024.

［6］侯玉华,董云青.护理学导论.4 版.北京:科学出版社,2024.

［7］章晓幸,邢爱红.基本护理技术.3 版.北京:高等教育出版社,2024.

［8］王春桃,刘亚莉.健康评估.3 版.北京:高等教育出版社,2023.

［9］唐萍,林雪峰.杨术兰.老年护理.3 版.北京:高等教育出版社,2022.

郑重声明

高等教育出版社依法对本书享有专有出版权。任何未经许可的复制、销售行为均违反《中华人民共和国著作权法》,其行为人将承担相应的民事责任和行政责任;构成犯罪的,将被依法追究刑事责任。为了维护市场秩序,保护读者的合法权益,避免读者误用盗版书造成不良后果,我社将配合行政执法部门和司法机关对违法犯罪的单位和个人进行严厉打击。社会各界人士如发现上述侵权行为,希望及时举报,我社将奖励举报有功人员。

反盗版举报电话　　(010)58581999　58582371

反盗版举报邮箱　　dd@ hep. com. cn

通信地址　北京市西城区德外大街 4 号

　　　　　　高等教育出版社知识产权与法律事务部

邮政编码　100120

读者意见反馈

为收集对教材的意见建议,进一步完善教材编写并做好服务工作,读者可将对本教材的意见建议通过如下渠道反馈至我社。

咨询电话　400-810-0598

反馈邮箱　gjdzfwb@ pub.hep.cn

通信地址　北京市朝阳区惠新东街 4 号富盛大厦 1 座

　　　　　　高等教育出版社总编辑办公室

邮政编码　100029

资源服务提示

授课教师如需获取本书配套教辅资源,请登录"高等教育出版社产品信息检索系统"(http://xuanshu.hep.com.cn/)搜索下载,首次使用本系统的用户,请先进行注册并完成教师资格认证。

高教社高职医药卫生教师 QQ 群:191320409